本著作获西华师范大学文学院学术著作出版资助

后理论时期的
西方马克思主义文艺理论

Western Marxist literary theory in the post-theoretical period

李长生　傅　庶　唐诗佳◎著

四川大学出版社
SICHUAN UNIVERSITY PRESS

图书在版编目（CIP）数据

后理论时期的西方马克思主义文艺理论 / 李长生，傅庶，唐诗佳著． -- 成都：四川大学出版社，2024.12． --（西方人文论丛）． -- ISBN 978-7-5690-7429-1

Ⅰ．A811.691

中国国家版本馆 CIP 数据核字第 2024CH2619 号

书　　　名：	后理论时期的西方马克思主义文艺理论
	Houlilun Shiqi de Xifang Makesi Zhuyi Wenyi Lilun
著　　　者：	李长生　傅　庶　唐诗佳
丛　书　名：	西方人文论丛
出　版　人：	侯宏虹
总　策　划：	张宏辉
丛书策划：	侯宏虹　张宏辉　余　芳
选题策划：	蒋姗姗　庄　溢
责任编辑：	庄　溢
责任校对：	刘一畅
装帧设计：	墨创文化
责任印制：	李金兰
出版发行：	四川大学出版社有限责任公司
	地址：成都市一环路南一段 24 号（610065）
	电话：（028）85408311（发行部）、85400276（总编室）
	电子邮箱：scupress@vip.163.com
	网址：https://press.scu.edu.cn
印前制作：	四川胜翔数码印务设计有限公司
印刷装订：	成都金阳印务有限责任公司
成品尺寸：	148mm×210mm
印　　张：	11.5
字　　数：	276 千字
版　　次：	2025 年 5 月 第 1 版
印　　次：	2025 年 5 月 第 1 次印刷
定　　价：	68.00 元

本社图书如有印装质量问题，请联系发行部调换

版权所有 ◆ 侵权必究

「目录」

导论
作为"症候"与"问题式"的"后理论"

第一章
"文学事件"与后理论时期的伊格尔顿

　　第一节　重访"文学的本质"　/050
　　第二节　一种新的文学批评观念的创生　/099
　　第三节　作为方法与问题的文学批评实践　/127

第二章
阿兰·巴迪欧与"非美学"文艺思想

　　第一节　"事件":"激进左翼"理论家阿兰·巴迪欧的出场　/159
　　第二节　阿兰·巴迪欧的"非美学"文艺思想　/174

第三章
朗西埃:感性分享/分配、艺术体制与电影寓言

　　第一节　感性的分享/分配　/219
　　第二节　艺术体制论与艺术实践　/233
　　第三节　巴迪欧与朗西埃的美学分歧　/242

第四章
空间批评：后理论时期文学研究新范式

　　第一节　资本的空间化：垄断地租、景观资本主义与
　　　　　　迪斯尼化　/253
　　第二节　戴维·哈维与法国文学的"空间批评"　/284
　　第三节　杰姆逊及其空间批评　/309

结　语　/331

参考文献　/337

导论

作为『症候』与『问题式』的『后理论』

一、"理论之后"或"后理论"问题的发生

"理论之后"(After theory)或"后理论"(Post theory)是 21 世纪以来中西方文学理论研究中的一个新主题。关于这一主题,理论界目前已有一些探讨。其代表成果,包括由马丁·麦奎兰(Martin McQuillan)、格雷姆·麦克唐纳(Graeme Macdonald)、罗宾·珀维斯(Robin Purves)和斯蒂芬·汤姆森(Stephen Thomson)合编的论文集《后理论:文化批评的新方向》(*Post-Theory: New Directions in Criticism*)[1],由加州大学伯克利分校的朱迪斯·巴特勒(Judith Butler)、纽约大学的约翰·杰洛瑞(John Guillory)和哥伦比亚大学的肯德尔·托马斯(Kendall Thomas)合编的论文集《理论还剩下什么?》(*What's Left of Theory*)[2],由迈克尔·佩恩(Michael Payne)和约翰·沙德(John Schad)合编的《理论之后的生活》(*Life After Theory*)[3],由达芙妮·帕塔(Daphne Pata)和威尔·克拉尔(Will Corral)合编的厚达 700 多页的论文集《理论的帝国:异议选集》(*Theory's Empire: An Anthology of Dissent*)[4],由约翰·霍伯(John Holbo)主编的论

---

[1] Martin McQuillan, Graeme Macdonald, Robin Purves, Stephen Thomson. *Post-Theory: New Directions in Criticism* [M]. Edinburgh: Edinburgh University Press, 1999.
[2] Judith Butler, John Guillory, Kendall Thomas. *What's Left of Theory* [M]. New York: Routledge, 2000.
[3] Michael Payne, John Schad. *Life After Theory* [M]. London: Continuum, 2003.
[4] Daphne Pata, Will Corral. *Theory's Empire: An Anthology of Dissent* [M]. New York: Columbia University Press, 2005.

文集《构建理论的帝国》(*Framing Theory's Empire*)①，以及特里·伊格尔顿 (Terry Eagleton) 那本著名的《理论之后》(*After Theory*)②。在这些著作中，西方理论家们集中讨论了诸如"解构主义的遗产""未完成的现代性计划""后性别与酷儿理论""后马克思主义美学""文学理论的权力与限度"等问题，并对"理论"的未来表达出一种普遍的忧思。一方面，旧有的"理论"活力不足，已经无力应对巨变的社会现实；另一方面，巨变的时代并未生产出与之相对应的新"理论"。

新千年以来，国内知识界也逐步开始关注"后理论"问题。其主要代表包括王晓群主编的《理论的帝国》，③ 王宁的《"后理论时代"的文学与文化研究》④ 以及宋伟的《后理论时代的来临：当代社会转型中的批评理论重构》⑤ 等。

以上这些国内外著作都指向一个基本事实，那就是由雅克·拉康 (Jacques Lacan)、克劳德·列维－施特劳斯 (Claude Levi-Strauss)、路易·皮埃尔·阿尔都塞 (Louis Pierre Althusser)、罗兰·巴特 (Roland Barthes)、米歇尔·福柯 (Michel Foucault) 等人开启的文化理论的黄金时代已经结束，在当前时代，文化理论正

---

① John Holbo. *Framing Theory's Empire* [M]. West Lafayette：Parlor Press，2007.
② Terry Eagleton. *After Theory* [M]. London：Allen Lane，2003. 中译本见特里·伊格尔顿. 理论之后 [M]. 商正，译. 欣展，校. 北京：商务印书馆，2009.
③ 王晓群. 理论的帝国 [M]. 北京：中国社会科学出版社，2004.
④ 王宁. "后理论时代"的文学与文化研究 [M]. 北京：北京大学出版社，2009.
⑤ 宋伟. 后理论时代的来临：当代社会转型中的批评理论重构 [M]. 北京：文化艺术出版社，2011.

面临前所未有的危机与挑战。对此,伊格尔顿在《理论之后》的开篇就不乏诙谐地说道:

> 文化理论的黄金时期早已消失。雅克·拉康、列维—施特劳斯、阿尔都塞、巴特、福柯的开创性著作远离我们有了几十年。R. 威廉斯、L. 依利格瑞、皮埃尔·布迪厄、朱丽娅·克莉斯蒂娃、雅克·德里达、H. 西克苏、F. 杰姆逊、E. 赛义德早期的开创性著作也成明日黄花。从那时起可与那些开山鼻祖的雄心大志和新颖独创相颉颃的著作寥寥无几。他们有些人已经倒下。命运使得罗兰·巴特丧生于巴黎的洗衣货车之下,让米歇尔·福柯感染了艾滋,命运召回了拉康、威廉斯、布迪厄,并把路易·阿尔都塞因谋杀妻子打发进了精神病院。看来,上帝并非结构主义者。[1]

然而,"理论之后"或"后理论"问题却并非一句简单的"文化理论的危机或终结"就可以轻松打发掉的,其背后潜藏着更为复杂的知识脉络与时代背景。第一,2001年爆发的"9·11"事件进一步加剧了对伊斯兰世界的污名化,极大地挑战了文化理论中关于后殖民主义、文化多元主义等经典论述和理论预设。正如哈里·哈

---

[1] 特里·伊格尔顿. 理论之后 [M]. 商正,译. 欣展,校. 北京:商务印书馆,2009:1.

鲁图尼安（Harry Harootunian）所说："毫无疑问我们到了一个关键的时刻，在这里理论和其分支文化研究正在受到围攻，而且在某些突出的地方正在全面溃败。目前我们所处位置的重要意义是它正在改变我们经历的重大历史关头，其标志是经济失败、政治镇压（没人想使用骂人话，但是更准确地描述这一时刻的话是法西斯的卷土重来），毫无意义的帝国战争迫在眉睫，错误酝酿的入侵伊拉克和无止境的无形军事占领已经开始。说'9·11'事件导致全面拒绝理论（这在该事件的巨大推动之前就已经开始了），导致普遍指责文化研究和多元文化主义是标准松懈和未受制止的相对论所产生的侵蚀性灾祸的原因，是对'9·11'事件的诸多利用（因此也是滥用）的一种。"[①] "9·11"事件为美国保守主义知识分子批判文化理论提供了最佳口实，在这些批评者看来，正是文化理论对多元文化主义的鼓吹才导致了宗族极端势力的坐大，并最终导致了"9·11"事件这一世纪悲剧。

第二，美国保守主义的兴起极大地压缩了文化理论的生存空间，消解了文化理论的理论基础。对此，《批评与探索》主编 W. J. T. 米切尔在2003年4月21日给《纽约时报》编辑的一封书信中写道："那些认为理论并不重要的人应该注意到，目前在伊拉克进行的战争就是政治理论长期影响的结果。这些理论的主要代表人物就是布什政府中那几个关键的知识分子（芝加哥大学等培养出来

---

① 王晓群. 理论的帝国 [M]. 北京：中国社会科学出版社，2004：41.

的)。"① 很显然，米切尔在这封未曾刊发的信中所指明的"那几个关键的知识分子"，就是新世纪以来被美国知识界突然发现的"施特劳斯学派"。关于这一学派，甘阳在列奥·施特劳斯（Leo Strauss）《自然权利与历史》② 一书的导言，即《政治哲人施特劳斯：古典保守主义政治哲学的复兴》一文中做过非常清晰的介绍。

  从80年代后期以来，施特劳斯这样一种对西方现代性和自由主义传统进行最彻底批判的政治哲学，突然被美国主流媒体说成已经成为华盛顿的官方政治哲学，特别是成了美国共和党高层的政治理念。尤其在1994年共和党一举结束美国国会被民主党把持长达六十年的格局，取得在参、众两院都成为多数党的历史性胜利时，美国主要媒体如《纽约时报》《时代周刊》《新闻周刊》《新共和周刊》以及《纽约时报杂志》等在惊呼美国政治大地震时，都指称当时已经去世二十年的施特劳斯是"共和党革命的教父"，认为这位原芝加哥大学政治哲学家是"当今美国政治最有影响的人物之一"。不可否认，施特劳斯的学生或学生的学生确实大量进入美国联邦政府的各重要决策部门，而且实际并不限于共和党。在政界地位较高的包括目

---

① 王晓群. 理论的帝国 [M]. 北京：中国社会科学出版社，2004：9.
② 列奥·施特劳斯. 自然权利与历史 [M]. 彭刚，译. 北京：生活·读书·新知三联书店，2003.

前小布什政府的首席全球战略家、国防部副部长沃尔福维兹（Paul Wolfowitz）以及共和党军师小克利斯托（William Kristol），但也包括克林顿的政治顾问、自由主义派政治哲学家盖尔斯顿（William Galston）等。1999年施特劳斯诞辰百年，其弟子们出版纪念文集，书名为《施特劳斯、施特劳斯派与美国政教体制》，似乎也有意突出施特劳斯对美国政治的影响。而在此之前，自由派学者更出版有《施特劳斯与美国右派》，将施特劳斯与美国右翼政治直接挂钩。①

美国保守主义的兴起，直接为针对伊拉克史无前例的、先发制人的单边主义战争奠定了意识形态和政治哲学基础。尽管美国国内反战运动一浪高过一浪，但最终小布什政府还是成功违逆联合国和国内民众的反对，发动了这场战争。伊拉克战争对文化理论的冲击是不言而喻的。在面对美国的军国主义、单边主义和国家斯巴达化的时候，文化理论表现出了一种前所未有的无力和软弱。对此，W.J.T.米切尔也表达过类似的担忧："面对和平运动毁灭性的失败，一个悬而未决的问题是：批评和理论应该做些什么才能够抵制军国主义、单边主义和永久的紧急状态？现在永久的紧急状态已经

---

① 列奥·施特劳斯. 自然权利与历史［M］. 彭刚, 译. 北京：生活·读书·新知三联书店, 2003：5—6.

成了美国政府的明确决策。面对美国公众生活中根深蒂固的反知识分子的精神特质,知识分子的工作还有什么用?更何况人们普遍认为对劝告、辩论和理喻,甚至对正确无误的信息流动都置之不理的共和党极端派已牢牢地控制了政权。在这样的危机中,相对力量比较薄弱的批评理论能做些什么?在权力拒绝倾听,极力压制和恫吓持不同见解者时,在它有步骤地说谎、言过其实地动员民众支持其议程时,在它用'反恐战争'的口号来剥夺其公民的权力时,人们怎样能够听取爱德华·萨义德的忠告,向权力说真话呢?人们禁不住要使用骂人的话,并耳语这样的问题:法西斯要来了吗?"[1] 由此可见,以"反恐"为名号的伊拉克战争,进一步挤压了文化理论的生存空间,它以一种卡尔·施米特(Carl Schmitt)所倡导的"政治决断论"的方式铲除了文化理论得以继续保存的理论根基。"国家作为决定性的政治统一体拥有巨大的力量:即发动战争和以国家名义安排人民生活的可能性。战争法权便包括这种安排。它意味着双重的可能性:即要求国民随时准备赴死的权利和毫不犹豫地消灭敌人的权利。一个正常国家的首要问题就是努力确保国家和疆域之内的彻底和平。创造'安宁、安全和秩序'并进而确立正常处境,这是各种法律规范得以实施的先决条件。每一种规范都以正常处境为条件,在一种完全不正常的情况下,任何规范都无法生效。"[2] 正

---

[1] 王晓群. 理论的帝国 [M]. 北京:中国社会科学出版社,2004:7—8.
[2] 卡尔·施米特. 政治的概念 [M]. 刘宗坤等,译. 上海:上海人民出版社,2004:125—126.

是这一保守主义思潮的全面兴起，对美国政治实现了隐形操控，使得曾经风光无限的文化理论在北美日趋式微。

第三，文化理论在欧洲的情况也不容乐观。一桩被广泛讨论的公共事件便是 2002 年 6 月，文化研究学派的发源地——理查德·霍加特（Richard Hoggart）于 1964 年创建的英国伯明翰大学当代文化研究中心（The Centre for Contemporary Cultural Studies，简称 CCCS）在存在了近 40 年后被校方撤销。以反体制著称的文化研究学派，最后却不得不寻求体制的庇护，乃至寻求庇护而不得，这对文化理论而言，无疑是莫大的尴尬。究其原因，在于文化研究学派舍本逐末，放弃了对文化生产方式的政治经济学分析和批判，转而沉迷于对文化工业生产出的各类文化文本进行各类"花样翻新式"的文本细读，最终无意间扮演了资本全球化运动最佳传声筒的角色，而其最初关于资本主义的诸多批判性主张，早已沦为令人尴尬的理论遗迹。

第四，伴随着 20 世纪 80 年代末的"东欧剧变"与 90 年代初的苏联解体，资本主义突破了由苏联和东欧社会主义国家联合搭建的意识形态藩篱，扫除了全球化运动中最大的障碍，赢得了近二十年的黄金发展时间，这段时期被汪晖称为"短 20 世纪的终结"[1]。资本主义这一空前迅猛的全球化运动，带来了前所未有的全球性的社会危机、系统性的社会风险以及普遍性的生态灾难。在国际层面

---

[1] 汪晖. 去政治化的政治——短 20 世纪的终结与 90 年代 [M]. 北京：生活·读书·新知三联书店，2008.

表现为发达国家与发展中国家之间不断加剧的矛盾、裂痕和冲突，世界发展的不平衡越来越严重；在发达国家内部层面，则正如托马斯·皮凯蒂（Thomas Piketty）在《21世纪资本论》中所分析的那样①，表现为空前绝后的急剧的贫富分化，并最终导致了2011年席卷美国的"占领华尔街"运动。但令人诧异的是，这一切却并未引起文化理论界足够的关注。面对这些重要的问题，文化理论界表现出了一种令人不解的可怕沉默。相反，恰好是诸如弗朗西斯·福山（Francis Fukuyama）"历史终结论"②之类的表述，迅速赢得了原本文化理论理想受众的好感。由于丢掉了对资本主义全球化运动的传统分析武器——马克思主义，文化理论最终丧失了自己的基本盘，完全沦为学院内的智力活动。

最后，文化理论的衰退还必须被置于更为漫长的思想史脉络中来考察。这一脉络一个显著的起点就是1968年发生在法国的"五月风暴"，以及随之而来的所谓的"七十年代的消逝"③。从某种意义上说，"五月风暴"构成了文化理论发展过程中的分水岭，自那以后，文化理论背后原初的政治性开始逐渐消退，最后只剩下作为学术话语而出现的理论残渣与躯壳。正如王璞所总结的："最后，'五月'竟成了一种结构主义和后结构主义思想图景。在这所有的

---

① 托马斯·皮凯蒂. 21世纪资本论［M］. 巴曙松等，译. 北京：中信出版社，2014.
② 弗朗西斯·福山. 历史的终结与最后的人［M］. 陈高华，译. 孟凡礼，校译. 桂林：广西师范大学出版社，2014.
③ 王璞. 七十年代：政治消逝的时刻——谈巴迪乌的《主体理论》［J］. 书城，2010（8）：26—31.

改写中，这最后一种也极为离谱，因为正如罗斯所提醒的，不管福柯、德里达、拉康、阿尔都塞、布尔迪厄的思想多么重要，他们和他们的著作同'五月'的关系并不像后人想象的那么大。福柯当时在突尼斯，而且他似乎以此为傲，因为他喜欢历史的边缘位置；德里达对五月风暴态度非常保留（Bruno Bosteels 的新书会探讨为何解构主义只愿在'五月之后'的远处反思'五月'）；拉康对'五月'的冷感在当时完全符合人们对他的印象；阿尔都塞，结构主义马克思主义大师兼法共党员，1968年5月在住院；布尔迪厄不愿让自己的学生参加游行。根据罗斯的调查，到了1968年以后，法国人才开始大量阅读马尔库塞、居伊·德波和国际情境主义的著作。在运动突然爆发时，青年们真正读过的主要还是一点点马克思和一点点毛泽东，而几乎所有人都读过的思想家，只有萨特。真正参与到五月风暴和五月之后的作者们——萨特、布朗肖、杜拉斯，等等——反而在所谓'68思想'之中边缘化了。"[1] 正是在这场政治运动中，伴随着著名的"结构主义不上街"而出现的，是以阿兰·巴迪欧（Alain Badiou）、雅克·朗西埃（Jacques Rancière）等人为代表的新锐理论家同以阿尔都塞等人为代表的结构主义者的全面决裂。"对他们来说，1968年'五月风暴'在他们的理智和政治轨迹当中即便不是一个奠基性时刻，也构成了一个关键点，这些哲学家

---

[1] 王璞. 五月之后：法国68的绵延与遗忘 [N/OL]. 搜狐网. （2018-06-16）http://www.sohu.com/a/236126673_260616.

包括，让－保罗·萨特（Jean-Paul Sartre）、阿兰·巴迪欧、雅克·朗西埃、莫里斯·布朗肖（Maurice Blanchot）和达尼埃尔·本萨伊（Daniel Bensaïd），行动者兼出版人弗朗索瓦·马斯佩罗（François Maspero），或作家兼行动者马坦内·斯托尔蒂（Martine Storti）和居伊·奥康盖姆（Guy Hoquenghem）。"[1] 从某种意义上说，正是"五月风暴"的爆发，反噬了一向以激进面貌示人的文化理论，同时耗尽了文化理论的解放潜能和革命性，使之逐渐走向解放政治与文化革命的对立面，最终成为一种晚期资本主义的高级意识形态。

二、"理论之后"的内部肌理

在伊格尔顿看来，"理论之后"中的"理论"主要是指"文化理论"[2]。"理论之后"的基本内涵是：首先，文化理论的黄金时代已经过去，罗兰·巴特（1915—1980）、雅克·拉康（1901—1981）、福柯（1926—1984）、雷蒙德·威廉斯（1921—1988）、阿尔都塞（1918—1990）、皮埃尔·布尔迪厄（1930—2002）、爱德华·赛义德（1935—2003）、雅克·德里达（1930—2004）、列维－施特劳斯（1908—2009）等人先后故去，留下的巨大真空迄今仍无

---

[1] 克里斯汀·罗斯. 1968年5月及其死后之生：导言［M］. 赵文, 译. //汪民安. 生产："五月风暴"四十年反思. 桂林：广西师范大学出版社, 2008：119.
[2] 伊格尔顿对"文化理论"有自己独特的理解和相对狭义的界定，对此后文将给予专门论述。

可填补。其次,新千年的基调发生了巨大转换,产生了一系列新问题,如右翼保守主义全面复兴、美国的国家斯巴达化、第三世界的贫困和动荡、恐怖主义横行、资本主义全球化运动空前加剧贫富悬殊,面对这些全新的问题,文化理论缺乏应对的手段,无法对之做出有效的回应。最后,"理论之后"不意味着"理论之死",也不等同于"理论的终结"。恰恰相反,"理论之后"意味着理论需要以一种否定之否定的方式实现自我超克,并重建自身的正当性与合法性。正如理查德·厄尼所言:"今天理论面临的挑战就是逃出这些死胡同,同时保留强烈的激进主义思想。"①

在《二十世纪西方文学理论》的后记中,伊格尔顿曾对文化理论做出一个非常哲学化的表述:

> 1970年代,或至少是其前半段,乃是一个社会希望、政治斗争和高级理论相会合的年代。这一会合并不是偶然的:宏大性质的理论往往爆发于种种日常社会实践与思想实践开始四分五裂、陷入麻烦并因此而迫切需要重新思考自身之时。确实,理论在某种意义上并不是别的,而就只是这一时刻,即这些实践被迫首次把自身作为自己的探究对象的时刻。因此理论始终都带有一些无可避免的自恋性质,而这无疑是任何一个撞见过几个文学理论家的人都能

---

① 王晓群. 理论的帝国 [M]. 北京:中国社会科学出版社,2004:208.

为你肯定的。理论的出现就是这一时刻，一个某种实践开始弯回到自身之上，从而去审视自身的种种可能性条件的时刻。①

伊格尔顿这段话，对于理解什么是"文化理论"至关重要。首先，他明确指出了"理论"的可能与限度。虽然伊格尔顿将理论辩证地推演成为一个方生方死的历史时刻，但显见的是理论生成于具体的历史场域，因此理论始终都是历史化和具体化的，而非绝对真理。但是，理论一旦从实践弯回到它自身，它却又无法抑制住普遍化和绝对化的冲动。它一方面要批判性地面对实践并预流实践，另一方面却又顾影自怜，无法摆脱其"自恋性质"。这就是理论自身的吊诡所在：它一方面要努力摆脱实践成为它自身，建构出它的主体性与自律性；另一方面它却又要实现自我批判，并在此基础上批判和预流实践。因此这二者的抵牾是理论自身的限度，也是其无法实现自我超克的宿命。

其次，这段话表明了伊格尔顿对文化理论的独特理解，即文化理论是 20 世纪 70 年代的产物。具体而言，文化理论就是那个"非同凡响的 15 年——大约从 1965 年至 1980 年的产物"②。这一时期，政治左派声名鹊起，伴随着民族解放运动、民权运动、妇女运动、

---

① 特雷·伊格尔顿. 二十世纪西方文学理论 [M]. 伍晓明，译. 北京：北京大学出版社，2007：219.
② 特里·伊格尔顿. 理论之后 [M]. 商正，译. 欣展，校. 北京：商务印书馆，2009：24.

学生运动、反战反核运动等，新文化观念深入人心，文化解放成为时代主题；同一时期，福特主义（包括后福特主义）推动消费社会蓬勃发展。传媒、大众文化、亚文化作为社会力量不断涌现，符号和景观充斥着日常生活，这反过来倒逼知识界做出必要的回应。这种回应的结果便是"文化既可以是莎士比亚，也可以是麦当娜"，即文化既包括高雅文化、精英文化，也包括大众文化和通俗文化。同时，文化政治成为主流。文化从资产阶级绅士的脱帽礼变成了无产阶级战士的战斗武器。新近夺得话语权的工人阶级艺术家和批评家，开始围攻资产阶级文化的大本营——精英文化和高等教育，并最终使得文化革命的观念成为主潮，文化研究的三折屏——阶级、性别、种族——也因此得以奠定。此外，社会等级制度与传统道德观念被弃置，整个社会的感受力发生了巨大的变化。积极认真、自律顺从的新教伦理开始向犬儒主义、虚无主义、享乐主义和激进主义演变，性政治成为时代风潮。最后，知识出现分化。一方面，知识被用于军事技术和行政控制，出现了福柯所描述的全景敞视监狱式社会[①]和伊恩·哈金（Ian Hocking）所勾勒的"偶然"被"驯服"的社会[②]；另一方面，知识被用于社会解放，大学成为政治斗争的文化战场。加之高等教育的陈腐和学生就业前景的黯淡，最终引发了学生运动与工人运动相结合的大革命——"五月风暴"。而

---

① 米歇尔·福柯. 规训与惩罚：监狱的诞生 [M]. 刘北成，杨远婴，译. 北京：生活·读书·新知三联书店，1999.
② 伊恩·哈金. 驯服偶然 [M]. 刘钢，译. 北京：中央编译出版社，2000.

正是"五月风暴",对人文科学与在军事暴力和工业剥削结构中越陷越深的高等教育沆瀣一气的方式提出了挑战。"这种挑战的成果之一就是文化理论。"①

除这些外部动力外,在思想史的内部脉络中,文化理论又是现代主义隔代孕育出的"反叛之子"。20世纪60年代,现代主义的那些伟大作品开始失去其激动人心的原初力量,乔伊斯、卡夫卡、普鲁斯特、里尔克、艾略特等人的作品成为大学文学系学生反复吟咏的对象,毕加索、马格利特的绘画成为艺术品市场奇货可居的商品,勋伯格的无调性音乐成为各类音乐会招徕中产阶级顾客的招牌,贝克特和布莱希特反资本主义的作品被搬上资产阶级的舞台。但与现实抗争的激进冲动并未伴随现代主义的凋谢而退隐,而是转移到了罗兰·巴特、福柯、克里斯蒂瓦以及德里达等人的作品中。后者继承了前者"睥睨一切"的气质和"批评传统信仰"的气概。②文化理论以废黜现代主义文化实践的方式隔代延续了现代主义精神——"敢于进入危险地带,敢冒风险提出极其重要的议题"③。

三、文化理论的限度

在伊格尔顿的理论庄园里,文化理论是马克思主义通往后现代主义的浮桥。尽管三者并未完全决裂,仍享有一些共识,但文化理

---

① 特里·伊格尔顿. 理论之后 [M]. 商正,译. 欣展,校. 北京:商务印书馆,2009:27.
② 特里·伊格尔顿. 理论之后 [M]. 商正,译. 欣展,校. 北京:商务印书馆,2009:64.
③ 特里·伊格尔顿. 理论之后 [M]. 商正,译. 欣展,校. 北京:商务印书馆,2009:70.

论与后现代主义的绝大部分景观都已出现在了马克思主义的河道对面。文化理论和后现代主义在立场、主张、思想、方法等方面显然有着更多的交集，如弃绝宏大叙事、拒绝普遍价值观念、反对总体性、仇视意见一致、主张文化多元主义和相对主义、欣赏差异性和非连续性等。因此，重申自己是马克思主义者①的伊格尔顿才会说，"左派现在比以往任何时候都更是后现代主义的对手"②。伊格尔顿对文化理论的批判基本上延续了 20 世纪 90 年代对后现代主义批判的思路③，可以说正是对后现代主义的批判让伊格尔顿发现了文化理论的限度以及二者暧昧的关系。在对二者的批判中，伊格尔顿始终持有同一个问题意识，那就是不断地去拥抱、激活和丰富马克思主义。伊格尔顿对文化理论的批判与对后现代主义的批判从来就是一体的，因此伊格尔顿视域中文化理论的限度实际上包含着两个维度，即文化理论自身的限度和后现代主义的限度，二者不能截然分开来看。

（一）文化理论自身的限度

大众文化具有两歧性，即大众文化为大众提供了文化反抗的可能性，但文化反抗又是以文化消费的方式来实现的。在漫长的资本

---

① 王杰，徐方赋."我不是后马克思主义者，我是马克思主义者"——特里·伊格尔顿访谈录 [J]. 文艺研究，2008（12）：81—87.
② 特里·伊格尔顿. 后现代主义的幻象 [M]. 华明，译. 北京：商务印书馆，2000：152.
③ 前者集中于《文化的观念》（2000）和《理论之后》（2003）等著作，后者则集中于《美学意识形态》（1990）和《后现代主义的幻象》（1996）。

主义时代，文化一直都是资本主义的对立面。文化以对价值、道德、情操以及精神等的高扬来对抗鄙俗而市侩的资本主义。"文化，从它的贵族高度，睥睨着下面商业崎岖之地熙来攘往的店主们和股票经纪人。"[①] 但当消费社会来临时，情况发生了很大的变化。一方面，文化变成了文化产业，开始下延至电影、时尚、广告和传媒等各处，成为资本增殖的助推器；另一方面，大众却又不能主导文化生产。因此，当文化理论鼓吹性政治与快感时，其实际上就为资本俘获和驯服大众的感官扫清了最后的障碍——各种形式的禁欲主义。伊格尔顿也认为正是"这一政治上叛逆的平民主义为二十世纪八九十年代兴盛起来的消费文化铺平了道路"[②]。从某种意义上说，大众文化在为无产阶级和知识左翼提供政治避难时，也形塑出了资产阶级新人的经典形象，那就是写字楼内拘谨节制的清教徒与购物广场中挥霍无度的花花公子的杂糅混合体。

文化理论挑战了资本主义的秩序，但同时也反映了这一秩序，甚至已被询唤为这一秩序的一部分。如前文所述，这是理论自身的限度，也是文化理论无法依靠一己之力摆脱的魔咒。文化理论不是马克思主义，无法从总体上把握资本主义，所以它只有转向边缘与缝隙，试图在这些地方发现资本主义的神经痛点和通往乌托邦的道路。这本是理论游击战的权宜之计，却被文化理论当作了常规武器。因此文化理论愈发排斥总体性，最终不但不能改造世界，甚至

[①] 特里·伊格尔顿. 理论之后 [M]. 商正，译. 欣展，校. 北京：商务印书馆，2009：26.
[②] 特里·伊格尔顿. 理论之后 [M]. 商正，译. 欣展，校. 北京：商务印书馆，2009：28.

已经不能有效地解释世界了。文化理论的美好时光在 20 世纪 80 年代初便戛然而止,这时怀抱新自由主义的里根和撒切尔夫人已经携手站在了地平线上。政治右翼在全球行动,而文化左派却只能思考本土和地方性问题,对志在解放全人类的左派而言,这不能不说是莫大的讽刺。对此,伊格尔顿也哀叹道:"理论以一种对动荡政治时代所做的理智反响超越了现实,……(但)当产生观念的条件消失之际,观念却呈现出最后的辉煌。"[1]

文化政治让文化理论步入歧途。在理查德·罗蒂(Richard Rorty)和斯坦利·费什(Stanley Fish)这类反理论者看来,文化批判就是一场彻头彻尾的闹剧,因为文化之间根本不存在评判的理性基础。要发动文化批判,我们必须站在我们所处文化之外的那个不可能的阿基米德点上。[2] 对批判者而言,要抓住自己的头发跳出自己的文化显然是十分荒唐的。更何况尽管文化无所不在,但它并非形塑我们生活最重要的东西。"五月风暴"失败后,文化左派唯一可行的政治策略就是将文化作为乌托邦的替代品,在政治右翼的步步紧逼中全面后撤至文化战壕做最后的抵抗。资本主义体制也许会受到文化理论游击战的骚扰,却不会被摧毁。相反,资本主义会在伤口处重新集结力量,进而带来更为残酷的压迫。到 20 世纪 90 年代,文化已经变成了后现代主义的一部分,文化理论甚至还未提出一个像样的替代性方案,就悲剧性地与资本主义融为一体了。

---

[1] 特里·伊格尔顿. 理论之后 [M]. 商正,译. 欣展,校. 北京:商务印书馆,2009:30.
[2] 特里·伊格尔顿. 理论之后 [M]. 商正,译. 欣展,校. 北京:商务印书馆,2009:53.

文化理论一意孤行于艰深晦涩，这与其民主本质背道而驰。尽管晦涩在德勒兹那里可以找到"世界原本晦涩"的借口，但在文化理论这里却令人齿冷。一方面，文化理论鼓吹精英文化与大众文化之间不存在区分，力图让文化成为无产阶级的投枪与匕首；另一方面，文化理论却又对工人阶级的文化参与设置了重重障碍。要讨论文化，必先学会一系列讨论文化的方法。换言之，要进入近在咫尺、触手可及的文化，必须先绕过狭长而幽暗的理论通道，这好比信徒信仰上帝要事先经过教会授权一样。在政教分离的世俗时代，这无疑令人恼怒。更糟糕的是，文化理论对社会问题提出的若干解决方案，往往沦于精英化、贵族化，最终腹背受敌。

伊格尔顿认为文化理论的祛魅还在于它对很多基础性问题没有做出有效的回应。"对道德和形而上学感到羞愧，对爱、生物学、宗教和革命感到尴尬，对邪恶表示沉默，对死亡与苦难讳莫如深，对本质、普遍性与基础性独断专行，对真理、客观性和大公无私识见浅薄。"[1] 因此，在《理论之后》的后四章和接下来的一系列著作[2]中，伊格尔顿对这些论题进行了广泛而深入的探讨，试图回溯式地去激活这些古典命题。

---

[1] 特里·伊格尔顿. 理论之后 [M]. 商正, 译. 欣展, 校. 北京：商务印书馆，2009：98. 译文略有改动。
[2] 如 *Holy Terror* (2005), *The Meaning of Life* (2007), *Trouble with Strangers: A Study of Ethics* (2009), *On Evil* (2010) 等。

(二) 后现代主义的限度

后现代主义批判是一个老问题了。佩里·安德森（Perry Anderson）在探究后现代性的起源问题时，就已经列出了对后现代主义进行批判和增补的三位具有代表性的理论家——艾力克斯·柯林尼克斯（Alex Callinicos）、戴维·哈维（David Harvy）和伊格尔顿[①]。这里重提后现代主义，不仅因为它是前文所述的文化理论的限度之一，还因为伊格尔顿是站在马克思主义立场对后现代主义进行批判的。而"马克思为什么是对的"却正是伊格尔顿当前正在思考的核心问题。[②]

在伊格尔顿看来，后现代主义是二元对立的。尽管后现代主义钟情于差异性、多样性、流动性和开放性，但它严格按照二元对立的操作规程来解读世界。它视总体性、普遍性、同一性、客观性等为洪水猛兽，与真理、德性、认识论、形而上学等划清界限，对宏大叙事、历史进步论与目的论等抱有敌意，唯恐它们有碍于自己的精神洁癖。这种非此即彼的偏执带来了灾难性的后果，并让后现代主义最终沦为正统的异端。

---

① 柯林尼克斯的《反后现代主义》对后现代性进行了深入的政治背景分析，戴维·哈维的《后现代的状况》为后现代主义提供了更完善的经济假设，伊格尔顿的《后现代主义的幻象》则着力于处理作为意识形态扩散的后现代主义的消极影响。见佩里·安德森. 后现代性的起源 [M]. 王晶，译. 台北：联经出版事业公司，1999：99.
② Terry Eagleton. *Why Marx Was Right* [M]. New Haven：Yale University Press，2011. 汉译本参见特里·伊格尔顿. 马克思为什么是对的 [M]. 李杨，任文科，郑义，译. 北京：新星出版社，2011.

后现代主义拒绝绝对真理。首先，伊格尔顿认为后现代主义将真理简单等同于教条，在倒掉教条主义的洗澡水时，把真理也倒掉了。[1] 在某些方面，简单、粗暴的后现代主义，与迷信权威而怯于为自己观点搜寻证据的教条主义并无二致，甚至可以说，后现代主义就是倒置的教条主义。其次，伊格尔顿认为不存在不断发展变化且又高高在上的绝对真理。真理的绝对性仅仅在于如果一种表述为真，那么与之相反的表述不能同时为真。例如，马克思不可能既出生在特里尔又出生在伦敦。最后，真正相信绝对真理的人却往往谨慎得近乎病态。他们是通过反复的争论、证明、实验和调查才得以把握真理的。真理与迷信盲从无关。

后现代主义排斥客观性。首先，伊格尔顿认为后现代主义拒斥客观性是因为它征用了身体感觉，即"自我感觉良好就万事大吉"。然而伊格尔顿担心的正是"没有感觉良好的物质条件而想让自己感觉良好，是对自己不公"[2]。其次，客观性的丧失是居伊·德波所描述的资本主义带来的"完美的分离"的必然结果。资本主义带来的不断分化，使这个世界日趋复杂化和表象化。知识与道德、价值与事实、伦理与政治等完全分离、各行其是，使得客观性失去了可以讨论的基础。本来客观性的丧失是现代社会的危机，但后现代主义把它作为自己的武器，这令人遗憾。最后，客观性的丧失带来了一种冀图不偏不倚看世界的方法和态度。这样真理就变成了一种话语

---

[1] 特里·伊格尔顿. 理论之后 [M]. 商正, 译. 欣展, 校. 北京：商务印书馆，2009：99.
[2] 特里·伊格尔顿. 理论之后 [M]. 商正, 译. 欣展, 校. 北京：商务印书馆，2009：127.

或意识形态,丧失全面把握世界的能力的真理最终只会成为一种蹩脚的中庸之道。

后现代主义具有自身无法克服的矛盾。伊格尔顿认为后现代主义同老派的结构主义具有类似的矛盾,即既激进又保守。① 后现代主义"结合了自由主义和共产主义最坏的方面",它"最不令人信服之处,就是把共产主义论者的观点推到了一种畸形的文化主义、道德相对主义和对普遍性的敌视"。② 它的实用主义倾向必然带来政治上的左右摇摆。伊格尔顿认为这符合发达资本主义社会的矛盾性,因为"这些社会既是自由主义的又是权威主义的,既是享乐主义的又是压抑的,既是多元的又是单一的",造成这一现象的原因是"市场的逻辑是快感与多元性的逻辑,短暂和不连续的逻辑,某种巨大的失去中心的欲望之网的逻辑"③。后现代主义以发达资本主义的物质逻辑来对抗其精神基础,这必然导致其政治上的激进反抗和经济上的深度共谋。因此,伊格尔顿认为后现代主义是没有前途的,"它需要强有力的伦理学甚至人类学基础",它"处于问题的最后部分而不是解决办法的最后部分"。④

四、"理论之后"的超克

文化理论的限度告诉我们,理论最大的意义在于预流实践,但

---

① 特里·伊格尔顿. 后现代主义的幻象 [M]. 华明,译. 北京:商务印书馆,2000:149.
② 特里·伊格尔顿. 后现代主义的幻象 [M]. 华明,译. 北京:商务印书馆,2000:100.
③ 特里·伊格尔顿. 后现代主义的幻象 [M]. 华明,译. 北京:商务印书馆,2000:149.
④ 特里·伊格尔顿. 后现代主义的幻象 [M]. 华明,译. 北京:商务印书馆,2000:152.

其意义也仅仅如此，批判的武器毕竟不能代替武器的批判。在"理论之后"，文学本质主义者欣喜于曾经鼓吹"政治批评"的伊格尔顿来宣告理论的终结，急不可耐地想要回到索绪尔之前的纯真年代；历史终结论者对"……之后"的句式耸耸肩，然后继续皓首穷经于自由、平等与正义的微言大义，当然我们事后也知道福山在做出"历史终结了"这一结论前并未征求过塔利班的意见；右翼保守主义念兹在兹于马基雅维利、霍布斯和卡尔·施密特，对他们而言，理论只不过是神道设教。真正关心文化理论未来命运的人，只有知识左翼，因为只有他们还在孜孜以求于资本主义的替代性方案，还在狂想着全人类的解放。但伊格尔顿并非异见分子，也不是未来学家，甚至连"政治即决断"这种刚烈的句式也为他所警惕，他更喜欢用探讨的口吻说"看来，上帝并非结构主义者"。因此伊格尔顿是不大可能为"理论之后"的超克绘制路线图的。我们只有从他的问题意识出发，对"理论之后"的超克之途和文化理论的未来进行探讨。

（一）文化理论需要以否定之否定的方式重返宏大叙事/马克思主义

长期以来，文化理论和后现代主义像躲避黑死病一样躲避宏大叙事。在它们二元对立、黑白分明的世界中，宏大叙事的哲学形象充满暴力、专制、极权和绝对主义色彩。正是这种偏执，让文化理论与后现代主义无法从总体性上把握现实，进而丧失了解释和改造世界的能力。在伊格尔顿的视域中,宏大叙事就是指马克思主义——"利奥塔在摒弃他所称为宏大叙事的东西时,他首先使用这个术语来表示,简言之就是马克思主义"。① 伊格尔顿在对文化理论展开批评时,自始至终都怀有一个不变的问题意识,那就是对马克思主义的捍卫、辩护、激活和丰富。他指责文化理论和后现代主义曲解并消解了宏大叙事,认为它们是经典马克思主义花蕾中的蠕虫,是花园中蜷曲隐匿的毒蛇。② 2008年金融危机之后,伊格尔顿再次不失时机地抛出"马克思为什么是对的"的论题,为马克思主义做讼师。在《马克思为什么是对的》这本著作中,伊格尔顿正面回应了当前包括文化理论和后现代主义在内的十种反马克思主义的观点。③ 在《理论之后》中,伊格尔顿已对这些问题进行了部分的回应。首先,无产阶级非但并未消失,其队伍还在资本全球化的过程中不断壮大,因为工业生产从"北大西洋富裕的民主社会"转移到了第三世界。尽管西方的工人阶级在不断萎缩,但在全球范围内,贫富悬殊却愈演愈烈。文化理论有意或无意地忽略了无产阶级

---

① 特里·伊格尔顿. 理论之后 [M]. 商正, 译. 欣展, 校. 北京:商务印书馆, 2009: 38. 译文有改动。
② 特里·伊格尔顿. 理论之后 [M]. 商正, 译. 欣展, 校. 北京:商务印书馆, 2009: 38.
③ 这十种观点包括:(1) 马克思主义已经过时。(2) 马克思主义理论与实践存在着不可调和的矛盾。(3) 马克思主义是一种宿命论。(4) 马克思主义是毁灭人类自由的乌托邦梦想。(5) 马克思主义对人类精神世界毫无兴趣。(6) 马克思主义的阶级学说被现代社会人口的频繁流动所消解。(7) 马克思主义相信国家万能,其革命理论过于残酷,社会主义采用的中央集权制让整个国家处于被压迫之中。(8) 近40年引人注目的新兴激进运动如性别、种族和环境运动都源自马克思以外的思想,从而取代了马克思主义过于沉重的党政方向。(9) 马克思主义鼓吹经济决定论。(10) 马克思主义带来了暴力政治。见特里·伊格尔顿. 马克思为什么是对的 [M]. 李杨, 任文科, 郑义, 译. 北京:新星出版社, 2011.

队伍的"全球转移",无力去真正思考"非西方"世界的意义。正是这种盲视,导致后殖民主义话语粉墨登场,后殖民主义以一种民族修辞成功地掩盖了西方资本和全世界劳苦大众之间的战斗,用民族话语遮蔽了阶级话语。几位肤色各异的、来自第三世界的学者,想通过占领美国大学来解放广大的第三世界人民,这无论怎么看都是颇为滑稽的。其次,马克思主义并未过时。因为让马克思主义看上去陈腐呆板的那些资本主义变迁,其本身恰好是需要马克思主义来解释的。资本主义的本质并未改变,而且表现得比以往任何时候都更彻底,其周期性出现的根本性危机无法消除。有资本主义,便有关于资本主义替代性方案的设计,而马克思主义对资本主义危机生成和终结的论述迄今仍未被超越。再次,马克思主义不是猜想,更不是乌托邦。伊格尔顿认为,"马克思主义——或者在更广阔的背景下来表述,社会主义——是一场集千百万男女,跨越几个世纪,牵连众多国家的政治运动","它改变了地球的面貌";在第三世界,社会主义受到了人们的欢迎,而他们却"并不会热切地将符号学或接受理论搂在怀里"[①]。最后,马克思主义并非物质主义,也绝不是不关注人类的精神生活。马克思本人有着很好的古典政治哲学基础,虽然《资本论》开启了以唯物辩证法的历史视角审视政治经济学的先河,但19世纪本身就是"科学"的世纪,这种科学方

[①] 特里·伊格尔顿. 理论之后 [M]. 商正,译. 欣展,校. 北京:商务印书馆,2009:43—44.

法在当时是相当主流和前沿的。更重要的是，马克思主义以科学和辩证的方法诠释历史，其着眼点却是人类的未来，其要颠覆的恰好是资本主义带来的人的异化，其目标是人的彻底解放。由马克思开创的批判理论一贯主张哲学本体论与社会理论的结合，以及辩证唯物主义与历史唯物主义的结合，以保证历史与现实、理论与实践紧密关联，让批判理论不断生产出新的活力，而不至于沦为僵化的经院哲学。然而到文化理论这里这一传统却中断了，进而出现了哲学思辨与现实批判的分离，最终导致文化理论无法在本体论的意义上总体性地把握世界，从而沦为了正统的异端和异端的正统。因此，文化理论要突破自身的困局，必须到宏大叙事/马克思主义那里去寻找灵感。当然这种回归不可能是简单地折返，而是以否定之否定的方式实现更高层次的回归。

（二）文化理论需要寻找到它的伦理学基础

在亚里士多德那里，伦理学与政治学是密不可分的。伦理学论述如何善于为人，但要实现"善"，却要求助于一种政治机制，没有人可以单独做到这一点。马克思显见地接受了这一思想。他认为道德不仅是单个个体的行为，还与多种因素相关，道德是一种意识形态。[①] 但在文化理论这里，道德与政治已经完全分离了，道德被简单地等同于性。文化理论认为道德是一种既没有历史根据又违背

---

① 特里·伊格尔顿. 理论之后 [M]. 商正, 译. 欣展, 校. 北京：商务印书馆, 2009：138.

科学方法的苛刻的说教,充满了对人的压迫。20世纪60年代性政治兴起,道德迅速让位于时尚和政治,伦理学降格为闺房之事,而政治登上了大雅之堂。政治和道德的分离产生了严重的后果。首先,文化理论视道德为个人的私事,把复杂的政治问题简化成了个人问题,从而回避了政治中的难题性。如果从个人角度来定义道德,那么面对恐怖主义的兴起,只要给恐怖分子贴上"反人类"的标签就万事大吉了,完全不必考查其背后的行为动机与行动目的。其次,政治与道德的分离会产生"不道德的会议室"和"政治压迫性的卧室"。[①] 因为失去道德之维的政治会变成赤裸裸的权谋和实用主义政治,成为伦理的对立面。政治只有在需要征用道德对自身合法性进行叙述时才会想起伦理学。这就是伊格尔顿所描述的后伦理时代——"世界列强已不屑于用华而不实的利他主义的语言来粉饰他们赤裸裸的私利,而是对其私利大言不惭了。"[②]

因此,文化理论若要重新激活解放政治话语,就将不可避免地涉及价值问题。因为要实现对现实的批判必须师出有名,必须找到一个稳定的伦理学支点。比如,要批判资本主义带来的不平等和异化,首先就必须知道什么是平等、什么是人的全面解放,以及为什么不平等和异化是不对的,而这也正是文化理论无法解答之处。伊格尔顿认为,这也是为什么诸如社会主义批判资本主义、女性主义批判男权政治远非不证自明的原因。要认识不平等和异化就不可避

---

① 特里·伊格尔顿. 理论之后 [M]. 商正,译. 欣展,校. 北京:商务印书馆,2009:142.
② 特里·伊格尔顿. 理论之后 [M]. 商正,译. 欣展,校. 北京:商务印书馆,2009:143.

免地要对二者进行诠释，文化理论应当寻找自身的伦理学基础，否则我们就只能视之为思想实验。

五、"理论之后"与当代西方马克思主义

如上所述，西方文艺理论中实际上存在着两种意义上的"理论之后"。一是作为"症候"的"理论之后"，即新千年知识界对"理论之后"或"后理论"问题的诸多探讨，伊格尔顿、朱迪斯·巴特勒等理论家所出版的一系列著作便可以归结于这一范畴。二是作为阿尔都塞"问题式"① 意义上的"理论之后"，即文化理论自身的限度、危机与超克。

因此，对"理论之后"的讨论也就包含了两个层面，一是研究作为学术史问题的"理论之后"，主要研究新千年以来中西方知识界对"理论之后"这一问题的分析；二是讨论作为思想史问题的"理论之后"，着重在西方思想史的视野中厘清文化理论的来龙去脉，明确其限度与缺失，寻求破解"理论之后"难题的方法。

基于此，本书认为"理论之后"这一问题既有相对固定的边界，同时又是一个向各个向度敞开的开放性的存在，可以从不同学

---

① 按照阿尔都塞自己的说法，"问题式"这一概念源自雅克·马丁，见路易·阿尔都塞. 保卫马克思 [M]. 顾良，译. 杜章智，校. 北京：商务印书馆，1984：13. 在该著中，译者将其译为"总问题"。张一兵在其著作《问题式、症候阅读与意识形态：关于阿尔都塞的一种文本学解读》中认为将其译为"问题式"更为妥帖，并用了相当篇幅讲述了个中缘由，见张一兵. 问题式、症候阅读与意识形态：关于阿尔都塞的一种文本学解读 [M]. 北京：中央编译出版社，2003：23—25. 本书从张说，将其理解为"问题式"。

科和不同的理论脉络出发对该问题进行进一步的深入探讨。因此，本书试图将这一问题纳入西方马克思主义文艺理论的脉络中予以重新观照，以待从后者丰富的理论资源中寻找到讨论该问题的新途径、新视角与新方法。

由格奥尔格·卢卡奇（Györy Lukács）、安东尼奥·葛兰西（Antonio Gramsci）以及法兰克福学派的诸多学者开启的西方马克思主义传统，迄今已有近一个世纪的历史了。其间，理论家从各自的理论传统出发，针对所处时代的不同理论命题，结合马克思主义的基本原理和分析方式，对 20 世纪西方社会的政治、经济、文化等做出了一系列精到的分析。鉴于这些在知识界已是老生常谈，此不赘述。本书将聚焦于 20 世纪八九十年代以来西方马克思主义理论阵营中所涌现出的新锐理论家。这些理论家既包括伊格尔顿、弗里德里克·杰姆逊（Fredric Jameson）、斯拉沃热·齐泽克（Slavoj Žižek）、戴维·哈维、迈克尔·哈特（Michael Hardt）、安东尼奥·奈格里（Antonio Negri）等为国内知识界所熟识的西方马克思主义巨擘，也包括如阿兰·巴迪欧、雅克·朗西埃、吉奥乔·阿甘本（Giorgio Agamben）、让-吕克·南希（Jean-luc Nancy）等刚刚携带着他们的等身之作抵临我国理论口岸的欧陆思想家。特别是后面几位思想家，已经成为晚近十余年国内西方马克思主义文艺理论研究的又一批重要作者。鉴于此，有必要对如上理论家的出场进行一番简要的勾勒和追述。

前文已经提及，从 20 世纪 80 年代到 2008 年近三十年时间，西方资本主义赢得了自身发展历史中的又一段黄金时间。这一阶段发展的后果之一,就是马克思主义的不断式微。斯图亚特·西姆(Stuart Sim)曾直言不讳,"20 世纪末期,马克思主义已经不再是一种全球性的文化和政治力量",不仅如此,马克思主义在西方甚至被视为"一种声誉扫地的思想体系,背负着威权主义和极权主义的负担",因为彼时的西方资本主义世界主导的意识形态已经是文化多元主义和自由主义了。[1] 基于这一时代背景,曾经盛极一时的西方马克思主义开始了其自身的"后现代转向",出现了以欧内斯托·拉克劳(Ernesto Laclau)和尚塔尔·墨菲(Chantal Mouffe)等人为代表的后马克思主义理论家。后马克思主义是一场由广义的后现代主义(大致包括狭义的后现代主义、后结构主义和第二波女性主义等)和西方马克思主义以一种奇怪的方式结合在一起的思想运动。斯图亚特·西姆将之区分为"后-马克思主义"和"后马克思主义"。[2] 前者认为马克思主义已经是一种过时的东西,而我们却生活在一个"后"现代性的世界之中。持这一观点的人们倾向于认为马克思主义依然操持着经济决定论的陈词滥调,而且鼓吹暴力革命,从本质上说依然从属于现代性的"启蒙规划"[3],代表着一种亟

---

[1] 斯图亚特·西姆. 后马克思主义思想史 [M]. 吕增奎,陈红,译. 南京:江苏人民出版社,2011:1.
[2] 斯图亚特·西姆. 后马克思主义思想史 [M]. 吕增奎,陈红,译. 南京:江苏人民出版社,2011:1.
[3] 斯图亚特·西姆. 后马克思主义思想史 [M]. 吕增奎,陈红,译. 南京:江苏人民出版社,2011:6.

须被批判和质疑的宏大叙事。更有甚者如安德列·高兹（André Gorz）指出马克思主义已经丧失了其革命主体——无产阶级。不仅如此，他更是从根本上否定了作为革命主体的无产阶级的存在——"马克思主义式的无产阶级的存在始终是一种幻象"。① 凡此种种，不胜枚举。后者则指向以后现代主义、后结构主义、后女性主义等为代表的"后学"，试图全面重构马克思主义，使传统的西方马克思主义实现"后现代转向"，其目的是实现对马克思主义的再造，扭转西方马克思主义的发展方向，使马克思主义降格为多元世界中的"一元"，其借口就是如果马克思主义不这么干，那么它就将失去它的分析能力。而实现了"后现代转向"的马克思主义，就将只是一种有限的马克思主义。但这在斯图亚特·西姆这类学者看来，这恰恰是使马克思主义重焕生机的途径——"只有当它以一种心态开放的、非教条的方式——同其他的理论发展进行对话，寻求说服而不是发号施令时才能如此"。② 显然，这种降格的马克思主义已经很难被认定为真正的马克思主义了，因为马克思主义内在的批判性和科学性已被后现代主义无情地阉割了。因此，在任何意义上，后马克思主义都不可能是马克思主义。二者除了名号上的相似，实际上没有任何精神、逻辑和思想上的紧密勾连。

---

① 斯图亚特·西姆. 后马克思主义思想史 [M]. 吕增奎，陈红，译. 南京：江苏人民出版社，2011：13.
② 斯图亚特·西姆. 后马克思主义思想史 [M]. 吕增奎，陈红，译. 南京：江苏人民出版社，2011：3.

巨变时代中，正是出于对后马克思主义的极度不满、对新自由主义秩序带来的全球性系统危机的批判和对激进政治乃至革命立场的坚守，以阿兰·巴迪欧、雅克·朗西埃、吉奥乔·阿甘本以及让－吕克·南希等人为代表的"激进左翼"开始了其在西方马克思主义发展史上英雄史诗般的出场。从某种意义上说，上述理论家的出场是带有挽狂澜于既倒的英雄气概的，同时也具有忍辱负重、盗取天火的悲剧色彩。在新自由主义如日中天、马克思主义屡屡受挫的黑暗岁月里，这些理论家并没有放弃共产主义理想，没有放弃马克思主义的基本立场，没有怀疑社会主义的历史必然性，而是回到西方思想传统，特别是西方的哲学传统，回到马克思、恩格斯和列宁的理论起点，回到唯物辩证法本身，在一个更高的层次上，以否定之否定的方式再次出发，去思考人类解放的宏大命题，去批判新自由主义和资产阶级的民主政治。这种看似逆历史潮流而动的理论探索，长期以来被西方主流思想界有意无意地忽略，被各类反马克思主义思想和新修正主义理论所遮蔽、所诟病、所批判，直到2008年西方资本主义社会系统性危机大爆发。2008年金融危机引爆了整个西方资本主义内部的各种矛盾，戳破了笼罩西方近半个世纪的意识形态泡沫。危机之下，人们发现了"激进左翼"理论家对西方社会的长期深入思考和对现代资本主义的激烈批判。从某种意义上说，"理论"再次复活了，因为"理论"洞悉资本主义矛盾的预见性与前瞻性，再次证明所谓的"后现代"时期对"理论"的消解只是一种智识上的谵妄。

阿兰·巴迪欧和雅克·朗西埃等，都是从1968年"五月风暴"中走出来的马克思主义者和革命者，从某种意义上说他们都是"五月之子"。这一点对于理解二者的思想乃至整个"激进左翼"的理论都至关重要。"五月风暴"构成了他们的理论底色，同时也是他们思考很多问题的出发点。此外，他们又都是结构主义马克思主义奠基者阿尔都塞的学生。尽管后期二者皆与老师分道扬镳了，但阿尔都塞显然构成了他们最为重要的思想背景和理论源头，是他们不断言说和对话的潜在对象。最后，二者还分享了相似的立场，如对新自由主义与后马克思主义的批判、对马克思主义革命传统的捍卫、对经典马克思主义的回归以及对共产主义设想的再思考等。与阿兰·巴迪欧和雅克·朗西埃相比，同属"激进左翼"阵营的齐泽克就显得相对比较另类了。一方面，他是一个"由前共产主义者转变成的持不同政见者"，出身于铁托治下的南斯拉夫，持有"经典左翼政治家和毫无瑕疵、令人尊敬的自由主义者的双重资格"；另一方面，他又是唯一一位受到西方推崇的列宁主义者。[1] 此外，他与以拉克劳和墨菲为代表的后马克思主义理论家之间存在着更为复杂的关系。在其早年著作《意识形态的崇高客体》中，他不忘向拉克劳和墨菲频频致意[2]，但在后期，双方交恶以致互相指责对方

---

[1] 戈兰·瑟伯恩. 从马克思主义到后马克思主义？[M]. 孟建华，译. 北京：社会科学文献出版社，2011：164.
[2] 斯拉沃热·齐泽克. 意识形态的崇高客体 [M]. 季广茂，译. 北京：中央编译出版社，2002.

"毫无意义"①。与后马克思主义决裂的齐泽克染上了明显的"激进左翼"色彩,"他不仅激进地修正了马克思主义的文化批判,还大力捍卫反传统的马克思主义,反对'墨守成规的自由派无赖'"②。从这个意义上说,"激进左翼"并非一个建构出来的概念,而恰好是一种新的认识论或方法论召唤出来的理论的集合。

作为理论群像和问题式的"激进左翼"浮出理论的地表之后,马上就面临一个崭新的问题,这便是如何处理自身与后马克思主义的关系。关于这一点,理论界有着形形色色的看法,一些研究者也据此给出了自己的梳理与总结。③ 总体来看,关于二者的关系有三种观点:一是认为"激进左翼"理论属于后现代主义马克思主义的一种。该观点认为"激进左翼"理论家在本质上与德里达、弗朗索瓦·利奥塔(Jean-Francois Lyotard)、让·鲍德里亚(Jean Baudrillard)、拉克劳、墨菲、福柯、德勒兹、菲利克斯·加塔利(Félix Guattari)、齐泽克、尤尔根·哈贝马斯(Jürgen Habermas)、安东尼·吉登斯(Anthony Giddens)、齐格蒙特·鲍曼(Zygmunt Bauman)以及杰姆逊等理论家一样,都钟情于马克思主义及其分析方式,都对马克思主义哲学进行过批判性的发展,而且其理论根

---

① 戈兰·瑟伯恩. 从马克思主义到后马克思主义?[M]. 孟建华,译. 北京:社会科学文献出版社,2011:165.
② 戈兰·瑟伯恩. 从马克思主义到后马克思主义?[M]. 孟建华,译. 北京:社会科学文献出版社,2011:187.
③ 韩振江. 当代"激进左翼"的理论特征与定位——以齐泽克、巴迪欧和阿甘本为例[J]. 理论探讨,2016(4):62-63.

基都是后结构主义与后现代主义。第二种观点认为,"激进左翼"理论属于广义的后马克思主义。而"激进左翼"理论家,则"指1980年代以来、西方马克思主义之后的、经过后结构主义洗礼的、一切与马克思主义有关的左翼思想家"。[①] 第三种观点直接将激进左翼理论命名为"新马克思主义"。如戈兰·瑟伯恩(Gorar Therborn)就明确地将齐泽克、哈特、奈格里、阿兰·巴迪欧等人的理论体系归类为"新马克思主义"[②]。瑟伯恩认为尽管马克思主义屡遭政治失败,但其智识创造力并没有终结。最近十多年至少出现了两种高度创新且具有影响力的话语流派。其中一派以齐泽克为代表,"修正了马克思主义的文化批判,还大力捍卫反传统的马克思主义,反对'墨守成规的自由派无赖'"[③];另一派以哈特、奈格里为代表,二者合著的《帝国》和《诸众》"宣称找到了21世纪的革命出路:'这是没有哪个力量能够控制的革命——因为生命权力和共产主义、合作与革命并存于爱、淳朴和无知中。这是作为共产主义者不可抑制的轻松和喜悦'"。[④] 对此,国内有学者给予了这样的总结:"激进左翼理论是完全不同于拉克劳和墨菲的后马克思主义,

---

[①] 韩振江. 当代"激进左翼"的理论特征与定位——以齐泽克、巴迪欧和阿甘本为例 [J]. 理论探讨,2016 (4):62.
[②] 戈兰·瑟伯恩. 从马克思主义到后马克思主义? [M]. 孟建华,译. 北京:社会科学文献出版社,2011:187—192.
[③] 戈兰·瑟伯恩. 从马克思主义到后马克思主义? [M]. 孟建华,译. 北京:社会科学文献出版社,2011:187.
[④] 戈兰·瑟伯恩. 从马克思主义到后马克思主义? [M]. 孟建华,译. 北京:社会科学文献出版社,2011:188.

他们是一群在全球化资本主义时代，特别是 2008 年经济危机以来，坚持马克思主义的革命传统、西方马克思主义（尤其是法兰克福学派和阿尔都塞学派）的批判传统和列宁主义、毛泽东主义的激进传统，激烈批判资本主义及其意识形态，探索共产主义和社会主义实现途径，重构马克思主义的哲学、政治、美学和艺术的马克思主义激进派。"① 本书认为，这一总结是比较全面而且比较恰当的。而关于后马克思主义的实质，国内也有学者进行过比较中肯的阐述。他们认为，"后马克思主义者试图运作某种特定的系统方式来全面修改这种激进主义的政治的观念，之所以是全面修改，是因为它既要改其方式，又要改其目的；之所以说它是'修改'，是因为，后马克思主义不愿与激进政治决绝，它要以重构的形式将'激进精神'保留下来，但是这种延续下来的激进种子已非原来的激进面目，它是被阉割的激进，被驯化的激进，也许是保守的激进，抑或像齐泽克所说的，是反激进主义的激进主义"。②

由此，可以对后理论时期的西方马克思主义进行一个基本的总结——后理论时期的西方马克思主义标志着西方马克思主义进入了一个新的发展阶段，这一阶段的主要特征在于"激进左翼"理论的出现。"激进左翼"理论一方面激烈反对后现代主义马克思主义和后马克思主义，认为二者中断了马克思主义的革命传统，对差异性

---

① 韩振江. 当代"激进左翼"的理论特征与定位——以齐泽克、巴迪欧和阿甘本为例 [J]. 理论探讨，2016（4）：63.
② 周凡. 后马克思主义：批判与辩护 [M]. 北京：中央编译出版社，2007：1.

和多元主义的过分强调实际上取消了马克思主义的批判性维度；另一方面对传统西方马克思主义中的文化政治传统也进行了批判，重新发现了列宁主义和毛泽东主义中的革命性力量，并试图以一种否定之否定的方式重返经典马克思主义，试图复活或激活其革命传统，进而在一个更高的层面上重新探讨解放政治和共产主义的实现路径。这一变化体现在文学理论中便构成了"后理论时期西方马克思主义文艺理论"的论题，而这也是本书所要着力进行总结和探究的问题。

大致来看，在后理论时期，西方马克思主义文艺理论呈现出了如下发展态势。

第一，是对文化理论的全面性和系统性反思。其中最突出的代表就是伊格尔顿，他在《后现代主义的幻象》《理论之后》等一系列著作中对后现代主义进行了系统性的理论反思和哲学批判，对后现代主义的缘起、发展路径和漏洞都给予了清晰的厘定，这对后理论时期的后现代主义研究产生了重要影响。除伊格尔顿外，阿兰·巴迪欧也非常具有代表性。正是他对真理普遍性的恪守、对同一性的倡导、对科学和理性主义的肯定、对语言转向和相对主义的批判以及对英美文化研究中差异政治的谴责，让我们将之作为文化理论未来一种可能的向度而加以考察。但同时阿兰·巴迪欧又是非常难以理解的，甚至说能否把握巴迪欧的理论已成为知识界的一道分水岭，因为他的著作"在今天几乎不能根据英美学界盛行的原则来阅读——无论是政治的还是哲学的"①。比如,首先,巴迪欧既是"反理论"的,又是"后理论"的。"反理论"是反文化理论中的差异政治、非理性和相对主义,"后理论"则是指在理论终结处重新展开宏大理论的构想,以否定之否定的方式重返宏大叙事。巴迪欧对差异政治的批判切中文化理论的要害。巴迪欧认为,那些自诩尊重差异的人实际上很容易就被具体的实质性的差异所震慑。在他们眼里,非洲充满了茹毛饮血的次人类,阿拉伯世界满是裹着白色头巾的好战分子,第三世界里遍布腐败的极权国家。他们真正尊重的差异是"北大西洋富裕的民主社会"内部的差异。而要让他们真正尊重"非西方"的差异,除非"非西方"变得和他们一样。因此,巴迪欧认为差异性和多元化本身不具备积极的政治意义。对巴迪欧来说,问题的关键不在于差异而在于不平等。过分关注差异恰恰会导致不平等,因为这会带来对邪恶的理解。② 关于"后理论",巴迪欧一直致力于在现代语境中去复活那些曾被哲学史反复淘洗的古典概念(如"存在""真理""伦理""事件"等)。其次,巴迪欧破解了文化多元主义的难题。他在《哲学宣言》中直接切入文化多元主义问题式的内部,重新探讨了普遍性与特殊性的关系,指出作为"真理-事件"的"独特性"的"普遍"展开,会把不分种族、性别与

---

① 彼得·霍尔沃德. 一种新的主体哲学 [M] //陈永国. 激进哲学:阿兰·巴丢读本. 北京:北京大学出版社,2010:5.
② Alain Badiou. *Ethics: An Essay on the Understanding of Evil* [M]. Translated by Peter Hallward. London: Verso, 2001: 18—29.

阶级的个体询唤为"主体"。① "事件"的发生有其"个性",而不仅仅是"特殊性",因此有可能出现真正的创新,产生新事物,从而改变现有的各种关系。因此,彼得·霍尔沃德(Peter Hallward)认为巴迪欧的"事件哲学"最核心的贡献就在于对真理严格性和普遍性的重新肯定,在于把真理从解释或判断中解放出来。② 最后,前文曾论及文化理论的限度之一在于哲学思辨和现实批判的分离,而巴迪欧恰好是"理论之后"第一位有意识地将这二者关联起来的思想家,他将社会理论提升到了本体论的高度,从而极大地克服了文化理论的偏执。

第二,是回归文学本身,将文学从文化理论所设定的"阶级、性别、种族"三驾马车的窠臼中解放出来,试图从文学本身去发现解放政治的潜能。伊格尔顿撰写《如何读诗》③《文学阅读指南》④《甜蜜的暴力——悲剧的观念》⑤ 等著作集中讨论了悲剧、文学经典阅读等问题;阿兰·巴迪欧出版了《论贝克特》⑥ 等讨论文学与哲学关系的著作;雅克·朗西埃则推出了诸如《沉默的言语:论文学

---

① Alain Badiou. *Manifesto for Philosophy* [M]. Translated by Norman Madarasz. Albany: State University of New York Press,1999.
② Peter Hallward. Badiou: *A Subject to Truth* [M]. Minneapolis: University of Minnesota Press,2003:32.
③ 特里·伊格尔顿. 如何读诗 [M]. 陈太胜,译. 北京:北京大学出版社,2016.
④ 特里·伊格尔顿. 文学阅读指南 [M]. 范浩,译. 郑州:河南大学出版社,2015.
⑤ 特里·伊格尔顿. 甜蜜的暴力——悲剧的观念 [M]. 方杰,方宸,译. 南京:南京大学出版社,2007.
⑥ Alain Badiou. *On Beckett* [M]. Translated by Alberto Toscano and Nina Power. Manchester: Clinamen Press,2003.

的矛盾》①《词语的肉身：书写的政治》②《文学的政治》③ 等大量讨论文学与政治、文学与哲学等问题的著作。在这些著作中，伊格尔顿、巴迪欧、朗西埃等理论家将文学置于与政治、美学、艺术、哲学等的多重关系中进行全景式考察，提出了一系列新的理论问题，如"文学与事件""文学与感性的分割""文学与艺术体制"等。如上问题为后理论时期的文学理论研究提供了新思路与新视野。

第三，是重返文学理论的基本命题，试图将一些根本性的文学命题追溯到诗学的滥觞之处，以便在一条更长的理论脉络中去把握一些经典文学问题的发生及其流变状况。这种理论上"考镜源流"的做法和前文所述的施特劳斯学派试图从古希腊开始追溯现代性的发生问题有异曲同工之处。表现在具体的文学理论中，这方面的著作有伊格尔顿的《文学事件》④、阿兰·巴迪欧的《非美学手册》⑤、《柏拉图的理想国》⑥，雅克·朗西埃的《美感论》⑦ 以及阿甘本的《潜能》⑧ 等。这些著作的共同点就在于，它们都在一个崭新的语境

---

① 雅克·朗西埃. 沉默的言语：论文学的矛盾 [M]. 臧小佳，译. 上海：华东师范大学出版社，2016.
② 雅克·朗西埃. 词语的肉身：书写的政治 [M]. 朱康，朱羽，黄锐杰，译. 西安：西北大学出版社，2015.
③ 雅克·朗西埃. 文学的政治 [M]. 张新木，译. 南京：南京大学出版社，2014.
④ 特里·伊格尔顿. 文学事件 [M]. 阴志科，译. 郑州：河南大学出版社，2017.
⑤ Alain Badiou. *Handbook of Inaesthetics* [M]. Translated by Alberto Toscano. Stanford：Stanford University Press, 2005.
⑥ 阿兰·巴迪欧. 柏拉图的理想国 [M]. 曹丹红，胡蝶，译. 郑州：河南大学出版社，2015.
⑦ 雅克·朗西埃. 美感论：艺术审美体制的世纪场景 [M]. 赵子龙，译. 北京：商务印书馆，2016.
⑧ 吉奥乔·阿甘本. 潜能 [M]. 王立秋，严和来，译. 桂林：漓江出版社，2014.

中重新复活了传统诗学中一些非常古旧的论题，如"文学的本质""文学与形而上学""文学与爱""文学与政治"等。此外，在激活这些传统论题的同时，一些新的论题也得以提出，如"审美体制""非美学"等。

最后，后理论时期的西方马克思主义文艺理论产生了一些新的研究范式。其中最具代表性的就是以戴维·哈维等人的理论为代表的空间批评。空间批评从思想传统上一般可以追溯至古希腊，但其真正成为一个"问题式"是从马克思开始的。正是马克思对资本主义诞生后出现的"空间消灭时间"这一现象的天才般的揭示，奠定了空间批评的批判性底色和方法论基础。但空间批评要成为理论史上一种独特的有价值的研究范式，还需要等到20世纪六七十年代。法国哲学家列斐伏尔在1974年出版了空间批评的奠基性著作《空间的生产》。该著作系统地纠正了既往对空间简单、呆板乃至错误的看法，在列斐伏尔那里，空间不再单纯只是古希腊哲学中的"容器"，而是诸种矛盾和社会关系的集结地。在列斐伏尔看来，"整个20世纪的世界历史实际上是一部以区域国家作为社会生活基本'容器'的历史，而空间的重组则是战后资本主义发展以及全球化进程中的一个核心问题，他认为空间是资本主义条件下社会关系的重要一环，空间是在历史发展中产生的，并随历史的演变而重新结构和转化"[1]。英国地理学家戴维·哈维是继列斐伏尔之后空间批评

---

[1] 包亚明. 现代性与空间的生产[M]，上海：上海教育出版社，2003：8—9.

中的另一重要理论家。他深受列斐伏尔的影响，同时对马克思主义政治经济学有着非常深入的理解和研究。通过《巴黎城记》[①]《后现代的状况》[②] 等一系列著作，戴维·哈维确立了空间批评基本的研究范式。

在接下来的章节中，本书将对如上问题展开进一步的研究。

[①] 大卫·哈维. 巴黎城记——现代性之都的诞生 [M]. 黄煜文，译. 桂林：广西师范大学出版社，2010.
[②] 戴维·哈维. 后现代的状况——对文化变迁之缘起的探究 [M]. 阎嘉，译. 北京：商务印书馆，2003.

第一章 「文学事件」与后理论时期的伊格尔顿

第一章　"文学事件"与后理论时期的伊格尔顿　047

　　前文已经提到，伊格尔顿在 2003 年出版了《理论之后》这本著作。对其影响，有学者如此评价："对于任何一个曾在 20 世纪末文化战争的学术前线战斗过的人来说，这一书名和作者的组合，很可能会牢牢吸引住他，至少会令他感到好奇。"[①] 在这本书中，伊格尔顿试图重建"理论"的基础，寻找"理论"的新动力，引发了知识界的密切关注和热烈讨论。熟悉伊格尔顿的人都知道，他出生在曼彻斯特一个工人家庭，自 20 世纪 60 年代以来一直笔耕不辍。一般认为，他的思想历程大致经历了三个阶段：第一个阶段沿袭雷蒙德·威廉斯的"文化与社会"理论，注重文化与社会的关系，着重从社会物质关系的角度来分析文学和文化问题；第二个阶段受"科学的"马克思主义影响，试图建立一门以意识形态为基础的"文本科学"；第三阶段则试图回到"文化与社会的框架"，强调文学的政治性，基本上形成了他独具特色的"文化政治批判"理论。[②]

　　自 2003 年《理论之后》这部具有分水岭意味的著作出版以来，伊格尔顿在 2003 年至 2017 年间又陆续写出了如下作品：《英国小说引论》(*The English Novel: An Introduction*)[③]、《神圣的恐怖》

[①] 戴维·洛奇. 写作人生 [M]. 金晓宇, 译. 郑州：河南大学出版社, 2015：126.
[②] 马海良. 伊格尔顿的思想历程 [J]. 山西大学学报（哲学社会科学版）, 2000 (2)：51—54.
[③] Terry Eagleton. *The English Novel: An Introduction* [M]. Malden：Wiley-Blackwell Publishing, 2005.

(*Holy Terror*)①、《人生的意义》(*The Meaning of Life*)②、《如何读诗》③、《陌生人的麻烦：伦理学研究》(*Trouble with Strangers: A Study of Ethics*)④、《理性、信仰与革命：关于上帝之争》(*Reason, Faith, and Revolution: Reflections on the God Debate*)⑤、《论邪恶》(*On Evil*)⑥、《马克思为什么是对的》(*Why Marx was Right*)⑦、《文学事件》(*The Event of Literature*)⑧、《文学阅读指南》(*How to Read Literature*)⑨、《文化与上帝之死》(*Culture and the Death of God*)⑩、《大西洋的彼岸：一个英国人眼中的美国》(*Across the Pond: An Englishman's View of America*)⑪、《无所乐观的希望》(*Hope without Optimism*)⑫、《文化》

---

① Terry Eagleton. *Holy Terror* [M]. Oxford: Oxford University Press, 2005.
② Terry Eagleton. *The Meaning of Life: A Very Short Introduction* [M]. Oxford: Oxford University Press, 2007.
③ Terry Eagleton. *How to Read a Poem* [M]. Malden: Wiley-Blackwell Publishing, 2006.
④ Terry Eagleton. *Trouble with Strangers: A Study of Ethics* [M]. Chichester: Wiley-Blackwell Publishing, 2009.
⑤ Terry Eagleton. *Reason, Faith, and Revolution: Reflections on the God Debate* [M]. New Haven and London: Yale University Press, 2009.
⑥ Terry Eagleton. *On Evil* [M]. Yale University Press, 2010.
⑦ Terry Eagleton. *Why Marx was Right* [M]. New Haven: Yale University Press, 2011.
⑧ Terry Eagleton. *The Event of Literature* [M]. New Haven and London: Yale University Press, 2012.
⑨ Terry Eagleton. *How to Read Literature* [M]. New Haven: Yale University Press, 2013.
⑩ Terry Eagleton. *Culture and the Death of God* [M]. New Haven: Yale University Press, 2014.
⑪ Terry Eagleton. *Across the Pond: An Englishman's View of America* [M]. New York: W. W. Norton & Company, 2013.
⑫ Terry Eagleton. *Hope without Optimism* [M]. New Haven: Yale University Press, 2015.

(*Culture*)①、《唯物主义》(*Materialism*)②、《激进的牺牲》(*Radical Sacrifice*)③。在这些著作中,我们发现伊格尔顿开始不同程度地为一些已经过时了的概念恢复名誉,如真理、道德、本质、革命、死亡和爱等。同时,伊格尔顿又开始重新强调文学文本、文本细读和文学性的重要性。在与马修·博蒙特谈话时,博蒙特曾问道:"你是自觉地返回到自己早期的关注点吗?"伊格尔顿回答:"我不知道是否可以说成是'返回',因为从某种意义上讲,我从未取消对它们的关注。我越来越注重伦理,意识到它带给左派的尴尬。《理论之后》几乎以一种宣传性、纲领性的方式传达出这样一个事实,即我变得愈发自觉地想要维护伦理——政治的地位。"④ 伊格尔顿认为在讨论包括爱情、死亡、罪恶、宗教信仰、伦理、悲剧、非存在、必死、牺牲和受难等诸如此类的问题时,一些左派理论家,特别是男性的左派理论家往往会含糊其词,避开了诸如"精神的""伦理的"或"形而上学的"问题,这主要是因为他们在某种相当传统的意义上误解了左派的特征。在现今的文化左派中,以上列举的诸种概念,没有一个能像权力、性别、身体和种族那样流行。但是,这类问题会给我们一个深化和丰富自己思想的机会,也会间接地影响

---

① Terry Eagleton. *Culture* [M]. New Haven: Yale University Press, 2016.
② Terry Eagleton. *Materialism* [M]. New Haven: Yale University Press, 2017.
③ Terry Eagleton. *Radical Sacrifice* [M]. New Haven: Yale University Press, 2018.
④ 特里·伊格尔顿,马修·博蒙特. 批评家的任务——与特里·伊格尔顿的对话 [M]. 王杰,贾洁,译. 北京:北京大学出版社,2014:248.

我们的实践活动。① 因此，伊格尔顿便在如《文学事件》这类晚近的代表作中，开始不断强调"伦理"，注重"形而上学"等问题。其间，他不仅回归了对文学本质问题的讨论，提出了新的阅读策略，而且还表现出了回归亚里士多德德性伦理学的迹象，并强调文学在道德伦理方面的功能。《文学阅读指南》和《如何读诗》则是为了解决如何解读作为"事件"和"策略"的文学作品这一问题而做的具体实践，以及强调文本细读、进行文学形式批评的尝试等问题。《文化与上帝之死》《文化》和《论邪恶》则主要探讨了在当前资本主义意识形态面临重重危机的背景下，如何重建宗教文化和政治的框架的问题。因此，本部分主要着力于厘清后理论时期伊格尔顿的批评实践及其文艺思想。对于"后理论"这个议题的研究，学界基本上有两种观点，从早期的将之理解为单纯宣布"理论的黄金时代已经过去"，到后期认为伊格尔顿的本义在于批评后现代主义背景下的文化理论，同时强调理论的必要性，不是宣布理论已死，而是提醒"文化理论的黄金时期早已消失"②。

第一节 重访"文学的本质"

"文学的本质是什么"既是最近十多年来国内文学研究中的一

---

① 特里·伊格尔顿，马修·博蒙特. 批评家的任务——与特里·伊格尔顿的对话 [M]. 王杰，贾洁，译. 北京：北京大学出版社，2014：264.
② 特里·伊格尔顿. 理论之后 [M]. 商正，译. 欣展，校. 北京：商务印书馆，2009：1.

个重要问题，同时也是伊格尔顿一以贯之的关切所在。自 20 世纪 80 年代写作《二十世纪西方文学理论》①开始，中经 90 年代的《后现代主义的幻象》②和新千年的《理论之后》③，直至最近出版的《文学事件》④，伊格尔顿对这一问题始终保有浓厚的兴趣。但在对既有研究成果的梳理中，我们发现国内关于"文学的本质是什么"的讨论与伊格尔顿对这一问题的研究之间存有乖离。其一，国内的反本质主义者在论证"文学没有本质"时，往往将伊格尔顿在《二十世纪西方文学理论》"导言"中的相关论述⑤奉为圭臬。在反本质主义者看来，伊格尔顿似乎与他们是站在同一条战线上的。但仔细阅读该书的"导言"和"结论"部分，我们发现伊格尔顿与反本质主义之间其实是存在着较大距离的。如果再联系伊格尔顿曾自称是一位坚定的马克思主义者⑥，以及他在后续著作中对后现代主义、相对主义、反本质主义的猛烈批判和对本质主义的辩护，我们便更加确信这种判断。因此，这也就意味着国内知识界在处理伊格尔顿与反本质主义的关系时存在一定程度上的误读。其二，总体来

---

① 特雷·伊格尔顿. 二十世纪西方文学理论［M］. 伍晓明，译. 西安：陕西师范大学出版社，1987.
② 特里·伊格尔顿. 后现代主义的幻象［M］. 华明，译. 北京：商务印书馆，2000.
③ 特里·伊格尔顿. 理论之后［M］. 商正，译. 欣展，校. 北京：商务印书馆，2009.
④ Terry Eagleton. *The Event of Literature*［M］. New Haven and London：Yale University Press，2012.
⑤ 特雷·伊格尔顿. 二十世纪西方文学理论［M］. 伍晓明，译. 西安：陕西师范大学出版社，1987：1—18.
⑥ 王杰，徐方赋."我不是后马克思主义者，我是马克思主义者"——特里·伊格尔顿访谈录［J］. 文艺研究，2008（12）：81—87.

看，国内知识界在讨论"文学的本质"时，对伊格尔顿的研究和借鉴都不多，对伊格尔顿各个时期关于"文学的本质"的诸多论述也缺乏系统的清理。对一位在国内文学研究领域影响颇大的理论家而言，这不能不说是一种缺失。本部分试图从对伊格尔顿"文学本质观"的系统研究入手，明确伊格尔顿对"文学的本质是什么"的若干基本观点，并试图以此进一步拓展对这一问题的认识。

事实上，伊格尔顿在探讨文学本质的问题时，倾向于不给文学下一个明确的定义，而是诉诸寻找各类关于"什么是文学"的论述之间的共性。他以维特根斯坦的"家族相似论"为思想基础，提炼出了关于文学本质的五要素，即"语言性""道德性""非实用性""虚构性"和"规范性"。[①] 但是他并没有给这五个要素下一个明确的定义。伊格尔顿讨论的方法是，先将其他人的观点归纳一遍，再反驳他们，从而推导出一些自己的观点。同时，伊格尔顿得出的所有结论都是具有开放性的。在论述中，他一再表现出对伦理、道德、仁爱、救赎等问题的关注，体现出他在后理论时期的人文主义情怀和重返宏大叙事的倾向。

一、"文学的本质"与"家族相似"

"文学哲学"（philosophy of literature）一词在后理论时期伊格尔顿的著作中频频出现，主要是指文学的本质、功用、道德、价值

[①] 特里·伊格尔顿. 文学事件［M］. 阴志科，译. 郑州：河南大学出版社，2017.

等宏大的问题。该词被伊格尔顿拿来同"文学理论"这个词语作比较。他指出,"文学理论"主要来自欧洲大陆传统,而"文学哲学"则相对更受英美学界的关注;"文学理论"以其大胆的想象力和批判性为特点,而"文学哲学"则相对保守,更倾向经院派;有些"文学理论"在学术上稍显随意散漫,而"文学哲学"则讲求技术专精。① 在伊格尔顿看来,这两者甚至在政治上也存在激进和保守的对立倾向。② 显然,伊格尔顿做出这一区分主要是针对后理论时期符号学、结构主义、马克思主义、精神分析等"高理论"被殖民研究、族群研究、文化研究和性别研究所取代的境况,而选择在此时重提"文学哲学"也是有具体所指的。③ 同时,他也表示出了一种殷切的希望,即希望"理论的衰退将预示着恢复原状"④。

(一) 文学本质观

目前比较具有代表性的文学本质观大概可以分为三种,即再现论、表现论和客体论。再现论的观点认为文学是对人类的社会生活和外在自然的摹仿和表现,这个观点是 19 世纪以前西方主流的文学本质观。从古希腊的赫拉克利特、德谟克利特到柏拉图、亚里士多德,都将文学艺术看作一种摹仿行为,虽然他们认为文学摹仿的

---

① 特里·伊格尔顿. 文学事件 [M]. 阴志科,译. 郑州:河南大学出版社,2017:2—3.
② 特里·伊格尔顿. 文学事件 [M]. 阴志科,译. 郑州:河南大学出版社,2017:2—3.
③ 特里·伊格尔顿. 文学事件 [M]. 阴志科,译. 郑州:河南大学出版社,2017:2—3.
④ 特里·伊格尔顿. 文学事件 [M]. 阴志科,译. 郑州:河南大学出版社,2017:1.

对象不尽相同；除此以外，文艺复兴时期的莎士比亚、19世纪的巴尔扎克都曾在自己的著作中表明了相似的观点。在我国，诸多近现代理论家也支持再现论。表现论的观点认为文学是创作主体的情感、思想、审美、想象的直接或间接的抒发与表达。这一观点在中西文论中也都有着广泛的影响，极具代表性的就是浪漫主义文论的文学本质观。客体论是当代西方文论中影响力较大的一种文学本质论，它又分为"形式客体论"和"意向性客体论"两种。"形式客体论"的基本观点是将文学的本质定义为文学作品的形式本身，它将作品形式当作独立于客观世界、作者和读者之外的文学客体。"意向性客体论"认为文学的本质是当文学作品与读者发生关系时所产生的一种意向性存在①。总的来说，上述三种文学本质观都是基于文本、读者、作者、世界这四个视点中的一个而产生的。因此它们存在一个共同的问题，即立足于某一个视点往往就意味着忽略了其他三个。比如，再现论往往会忽视作者在创作活动中的主观能动性；而表现论强调主观，但往往又会割裂现实同作品之间的有机联系。这些文学本质观，总的来说对认识文学的本质都具有一定的启发性，但也都具有片面性。它们从不同角度把握住了文学的一些特质，却很难说是文学的本质。②

伊格尔顿对"文学的本质"的论述大致可分为三个阶段：一是

---

① 唐正序，冯宪光. 文艺学基础理论 [M]. 成都：四川大学出版社，1994：5—10.
② 唐正序，冯宪光. 文艺学基础理论 [M]. 成都：四川大学出版社，1994：5—10.

提出问题的阶段，该阶段的论述集中于前文所述的《二十世纪西方文学理论》"导言"部分——"文学是什么？"；二是分析问题的阶段，即在《后现代主义的幻象》和《理论之后》中从哲学角度对本质主义做出的条分缕析的阐述；三是解决问题的阶段，即在《文学事件》中试图通过引入维特根斯坦"家族相似"的观念来破解这一难题。

在第一阶段，伊格尔顿以"文学是什么"来展开对"文学的本质"的论述。在进入这一问题之前，他首先对韦勒克将文学定义为"虚构性""想象性"和"创造性"的论述进行了纠偏，随后又对俄国形式主义将文学的本质设定为"文学性""疏离化"和"陌生化"等概念的理论给予了批判性反思。在伊格尔顿看来，这两种定义文学的方式都存在问题，都过分强调了"真理价值"（truth-value）与实用性，而忽略了文学"非实用性"的一面。"但是，如果'非实用地'对待话语是文学的题中应有之义，那么，由这一'定义'得出的结论必然是，事实上不可能给文学下一个'客观的'定义。因为这就把为文学下定义变成人们决定如何阅读的问题，而不是判定所写事物之本质的问题。"[1] 在整个"导言"部分，这两句话是极其重要的，同时也极易被人误读。事实上，这两句承上启下的话是整篇"导言"的转折点。一方面，伊格尔顿在此完成了对韦勒克和俄国形式主义定义文学的方式的批评；另一方面，也正是从此处开

---

[1] 特雷·伊格尔顿. 二十世纪西方文学理论 [M]. 伍晓明，译. 西安：陕西师范大学出版社，1987：9.

始,伊格尔顿的视角发生了根本性的转换,他开始从文学接受的角度来思考"文学的本质"问题——"文学并不是从《贝奥武甫》直到弗吉尼亚·沃尔芙的某些作品所展示的某一或某些内在性质,而是人们把自己联系于作品的一些方式"①。基于这样的思路,伊格尔顿同后继者乔纳森·克拉里(Jonathan Crary)一样,都钟情于约翰·埃利斯(John Ellis)关于"文学就是杂草"的论断,而"杂草并不是一种具体的植物,而只是园丁出于某种理由想要除掉的任何一种植物"②。这样一来,传统上关于文学的定义,即从"被称为'文学'的一切中……分离出一些永恒的内在特征"就变得非常困难乃至不可能了。由此,伊格尔顿才会说"文学根本就没有什么'本质'"。③ 此外,伊格尔顿还说道:"我的观点是,最有用的就是把'文学'视为人们在不同时间出于不同理由赋予某些种类的作品的一个名称……如果真有什么确实应该成为研究对象的话,那就是整个这一实践领域,而不仅仅只是那些有时被颇为模糊地标为'文学'的东西。"④ 也正基于此,伊格尔顿才会被若干文学研究中的反本质主义者引为同道。

---

① 特雷·伊格尔顿. 二十世纪西方文学理论 [M]. 伍晓明, 译. 西安:陕西师范大学出版社, 1987:10.
② 乔纳森·卡勒. 当代学术入门:文学理论 [M]. 李平, 译. 沈阳:辽宁教育出版社, 1998:23.
③ 特雷·伊格尔顿. 二十世纪西方文学理论 [M]. 伍晓明, 译. 西安:陕西师范大学出版社, 1987:10.
④ 特雷·伊格尔顿. 二十世纪西方文学理论 [M]. 伍晓明, 译. 北京:北京大学出版社, 2007:200.

但显见的是，伊格尔顿得出这一结论是有前提的，这个前提就是对"本质"本身的理解。如果"本质"指前文所述的"永恒的内在特征"，那么伊格尔顿认为文学是无所谓"本质"的。但如果"本质"指"认为事物是由某些属性构成的，其中某些属性实际上是它们的基本构成，以至于如果把它们去除或者加以改变的话，这些事物就会变成某种其他东西，或者就什么也不是"[1]，那么，对"文学的本质"的诘问，就会有其他的答案。而这也正是伊格尔顿在此后著作中所要着力解决的问题。

此外，在"导言"的剩余部分，伊格尔顿区分了"事实"与"价值"——"事实是公开的和无可怀疑的，价值则是一己的和无缘无故的"[2]。通过这种区分，伊格尔顿进而指出如果将"文学的本质"等同于"一种具有确定不变之价值的作品，以某些共同的内在特性为其标志"[3]，那么这种意义上的文学显然是不存在的，因此也就无所谓"文学的本质"了。值得注意的是，伊格尔顿认为此处的"价值"是"及物词"，"它意谓某些人在特定境况中依据特殊标准和按照给定目的而赋予价值的任何事物"[4]。那么什么是"特殊标准"？伊格尔顿给出的答案是："特殊标准"就是意识形态——"我

---

[1] 特里·伊格尔顿. 后现代主义的幻象[M]. 华明, 译. 北京: 商务印书馆, 2000: 112.
[2] 特雷·伊格尔顿. 二十世纪西方文学理论[M]. 伍晓明, 译. 西安: 陕西师范大学出版社, 1987: 15.
[3] 特雷·伊格尔顿. 二十世纪西方文学理论[M]. 伍晓明, 译. 西安: 陕西师范大学出版社, 1987: 12.
[4] 特雷·伊格尔顿. 二十世纪西方文学理论[M]. 伍晓明, 译. 西安: 陕西师范大学出版社, 1987: 13.

们的一切描述性陈述都在一个经常是隐形的价值范畴（value categories）网络中活动"[1]，而"给我们的事实陈述提供信息和基础的潜在价值观念结构是所谓'意识形态'的一部分"[2]。这样一来，伊格尔顿在这一阶段对"文学的本质"的态度就变得十分明朗了。首先，不能把文学视为"一种'客观的'和描述性的范畴，也不能把文学只说成是人们随便想要称为文学的东西"，因为人们的价值判断基于一种由意识形态主导的更深层的"信念结构"[3]。在这里，我们也发现自称是马克思主义者的伊格尔顿并未简单地为经典马克思主义背书，他并不认为文学的本质就是意识形态，而只是说意识形态在主体为文学定义时扮演了至关重要的作用。其次，文学有无本质取决于对"本质"以及"本质主义"本身的理解。对二者的不同理解使得"文学的本质是什么"这一问题存在着多种阐释的可能性。

在第二阶段，伊格尔顿对本质主义的思考主要集中在对后现代主义和文化理论的批判性反思中。他对这一问题的分析主要包括两个层面：一是对本质主义的辩护，二是对反本质主义的批判。具体而言，首先，伊格尔顿罗列出了反本质主义者对本质主义认识上的

---

[1] 特雷·伊格尔顿. 二十世纪西方文学理论 [M]. 伍晓明，译. 西安：陕西师范大学出版社，1987：15—16.
[2] 特雷·伊格尔顿. 二十世纪西方文学理论 [M]. 伍晓明，译. 西安：陕西师范大学出版社，1987：16—17.
[3] 特雷·伊格尔顿. 二十世纪西方文学理论 [M]. 伍晓明，译. 西安：陕西师范大学出版社，1987：18.

若干误区。误区一:"一件事物的所有属性都是它的基本属性。"①对此,伊格尔顿认为一个事物与另一个事物相区别,并不意味着二者之间总是截然分开的。比如,有一定的重量是人的基本属性,但长得浓眉大眼则不是。误区二:"只存在唯一一种中心属性,是它使一个事物成为它所是的东西。"② 对这一点的批驳,前文已经述及,伊格尔顿认为事物是由某些属性构成的,而非由单一的中心属性独自决定。比如,定义自行车需要同时考虑轮子、把手、坐垫等诸多因素。误区三:"本性永远固定不变。"③ 这一点前文已有论述。

其次,伊格尔顿对反本质主义给予了批评。这表现为:第一,伊格尔顿认为反本质主义恰好陷入了它自己所设置的"本质主义"陷阱。反本质主义不但反对本质主义,而且也反对客观性、普遍真理、元叙事和一切非多元主义的东西。这恰恰表明反本质主义存在着简单、粗暴、专断、非此即彼和绝对化的一面。讽刺的是,这却又是反本质主义孜孜不倦地贴给本质主义的标签。第二,反本质主义与资本主义是深度共谋的。伊格尔顿认为作为一种制度,资本主义对一切界限和确定性都存在着一种"浮士德般的恐惧"④,因为这会阻碍其进行无止境、无限度的扩张。与此同时,"历史上,没有一种生活方式比资本主义喜爱超越和转变,更迷恋融合和多元"⑤。

---

① 特里·伊格尔顿. 后现代主义的幻象 [M]. 华明,译. 北京:商务印书馆,2000:113.
② 特里·伊格尔顿. 后现代主义的幻象 [M]. 华明,译. 北京:商务印书馆,2000:114.
③ 特里·伊格尔顿. 理论之后 [M]. 商正,译. 欣展,校. 北京:商务印书馆,2009:115.
④ 特里·伊格尔顿. 理论之后 [M]. 商正,译. 欣展,校. 北京:商务印书馆,2009:114.
⑤ 特里·伊格尔顿. 理论之后 [M]. 商正,译. 欣展,校. 北京:商务印书馆,2009:115.

此外，资本主义不喜欢"本质"还因为"本质""只存在于自我实现和自我展开，完全是为了自己，压根儿不考虑目标的观念"。① 在"本质"这里，不存在手段与目的的二元划分，而手段与目的相统一，自然也就与资本主义的金科玉律——工具理性格格不入了。第三，反本质主义者过分强调相对主义，并将之推向了一个新的极端。反本质主义者以给对手贴政治标签的方式贬抑本质主义。伊格尔顿认为本质主义者并不一定属于政治右派，马克思也是本质主义者。同样，反本质主义者也不一定属于政治左派，边沁就是一个狂热的反本质主义者。

最后，除对反本质主义的批判外，伊格尔顿还为本质主义本身进行了辩护。伊格尔顿认为，真正的本质主义并不否认差异，当前本质主义声名不佳是反本质主义污名化的结果。本质主义认为"有些东西之所以是这样，是因为它们具备了一些必需的特性"。② 伊格尔顿举例说，"要成为铜，就必须具备延展性、可塑性、可熔性、导电性、原子序数为29，等等"，但"这并不一定说，一个物体的所有特性对这个物体都是必不可少的，也不是说同一类物体之间不能有很大的差异"，比如"所有的羊都可以互不相同"。③

在第三阶段，伊格尔顿致力于从根本上解决"文学的本质是什么"这一难题，突出地表现在其晚近撰写的一系列关于文学研究的

---

① 特里·伊格尔顿. 理论之后 [M]. 商正，译. 欣展，校. 北京：商务印书馆，2009：115.
② 特里·伊格尔顿. 理论之后 [M]. 商正，译. 欣展，校. 北京：商务印书馆，2009：117.
③ 特里·伊格尔顿. 理论之后 [M]. 商正，译. 欣展，校. 北京：商务印书馆，2009：117.

著作中①。这里所谓的"晚近"是指"《理论之后》出版之后"——在对伊格尔顿的研究中,我们一般将《理论之后》视为其理论生涯的一个转折点。一方面因为伊格尔顿以其对后现代主义和文化理论的批判性反思开启了晚近理论界的"理论之后"或"后理论"问题;另一方面因为在出版《理论之后》以后,伊格尔顿又撰写了一系列著作对"理论之后"这一问题进行了回应,这些著作构成了一个以"理论之后"为核心问题的问题域。其中,"理论之后"的文学观念或曰伊格尔顿晚近文学观念构成了这一问题域的重要组成部分。在这一阶段,伊格尔顿分别回答了"什么是悲剧"②"什么是小说"③"什么是诗歌"④ 以及"什么是文学"⑤ 等问题。

囿于论题,我们以伊格尔顿对"文学的本质"的论述为中心。综观伊格尔顿的所有著述,《文学事件》并不是其写得最好的一本,这一点各类书评已有较为中肯的评价,此不赘言⑥。但对于探讨

---

① 如《甜蜜的暴力——悲剧的观念》(2003)、*The English Novel: An Introduction*(2005)、*How to Read a Poem*(2006)、*The Event of Literature*(2012)等。
② 特里·伊格尔顿. 甜蜜的暴力——悲剧的观念 [M]. 方杰,方宸,译. 南京:南京大学出版社,2007.
③ Terry Eagleton. *The English Novel: An Introduction* [M]. Malden: Wiley-Blackwell Publishing, 2005: 1—21.
④ Terry Eagleton. *How to Read a Poem* [M]. Malden: Wiley-Blackwell Publishing, 2006: 25—47.
⑤ Terry Eagleton. *The Event of Literature* [M]. New Haven and London: Yale University Press, 2012: 19—105.
⑥ 国内书评比较有代表性的是吕黎的《重访反本质主义文学观》(《中国图书评论》,2013(3):56—62),以及但汉松在"观察者网"上刊出的网评文章《把文学还给文学:伊格尔顿〈文学事件〉》。

"文学的本质"而言,这本书却是最重要的。这主要因为:

第一,伊格尔顿将"文学的本质是什么"这一问题溯源至中世纪唯实论与唯名论的论争。这一点很容易被人忽略,也容易被简单理解为一般的学术史梳理。事实上,按《文学事件》中的话说,这代表了"理论之后"伊格尔顿的一种"策略"(Strategies)。这不只是简单的学术史梳理,而是代表了文学研究中一种重要的方法论转向。总览"理论之后"伊格尔顿的一系列著作,我们发现其关注的,几乎都是与当前文学研究中种种风行的"主义"格格不入的主题:普遍主义、绝对真理、道德、伦理、德性、邪恶、信仰、客观性乃至"人生的意义"。[①] 尽管我们不能简单地将伊格尔顿与信奉保守主义的施特劳斯学派进行比附,但在面对这样一些哲学史和文学理论史中的基本问题时,二者还是有很多可通约之处的。伊格尔顿认为,要将"文学的本质是什么"这一问题弄清楚,就必须将之置于"文学理论"尚未发生之时,即需要从"文学理论"的史前史中去寻找"文学的本质"。只有这样,才能获取一个超越"文学理论"的视野来看待"文学理论"本身。而为了获取这样一个超越"文学理论"的视野,伊格尔顿重访了中世纪唯实论与唯名论的论争。唯实论与唯名论之争贯穿整个中世纪,吸引着诸如托马斯·阿奎那(Thomas Aquinas)、奥卡姆(William of Ockham)、约翰·司各脱(John Scotus)等大批的哲学家和神学家。大致来说,唯实论认为

[①] 这些著作包括 *Holy Terror*(2005)、*The Meaning of Life*(2007)、*Reason, Faith, and Revolution Reflections on the God Debate*(2009)、*On Evil*(2010)等。

存在着某种普遍的实体，它包含在某一事物的每一个成分之中，而共相之于所有的这些成分都是同一的，并且其全部实在性都包含在每一成分之中①；而唯名论则主张"只有个别之物存在于自然之中，类概念不是实在的事物"②。唯实论与唯名论关于共相与殊相孰为第一性、孰先孰后的争论，与是否存在着一种普遍的文学本质的讨论，实际上共享着相同的逻辑。需要指出的是，伊格尔顿是赞同从唯实论的角度来理解"文学的本质"的，因为他极力批判的后现代主义就是一种典型的唯名论——"后现代的文化主义是一种形式的哲学唯名论，它教导说，一般范畴是不真实的"③。

第二，伊格尔顿区分了文学理论与文学哲学，提出要从文学哲学的视角来理解"文学的本质"。在伊格尔顿看来，文学理论主要是欧陆的产物，对前文所述的普遍真理、本质、客观性等问题缺乏兴趣。不仅如此，伊格尔顿还将文学理论分为两类：一类被他称为"高理论"（high theory）或"纯理论"（pure theory）④，即诸如形式主义、结构主义等；而与之相对的则是由"阶级""性别""种族"三驾马车牵引的文化理论。文学哲学则更多地兴盛在有着强大的分析哲学传统的盎格鲁-撒克逊地区，这一传统更乐于分析"文

---

① 撒穆尔·伊诺克·斯通普夫，詹姆斯·菲泽. 西方哲学史（第七版）[M]. 丁三东，等译. 邓晓芒，校. 北京：中华书局，2004：223.
② 撒穆尔·伊诺克·斯通普夫，詹姆斯·菲泽. 西方哲学史（第七版）[M]. 丁三东，等译. 邓晓芒，校. 北京：中华书局，2004：224.
③ 特里·伊格尔顿. 后现代主义的幻象[M]. 华明，译. 北京：商务印书馆，2000：117.
④ Terry Eagleton. *The Event of Literature* [M]. New Haven and London: Yale University Press, 2012: 9.

学的本质"而非文学的形式问题。①

第三,伊格尔顿创造性地将维特根斯坦"家族相似"的观念引入对"文学的本质"的分析,从而为这一问题的解决提供了一个富有启发性的方案。这一点后文将专门论及。

(二)"家族相似"论

虽然后理论时期的伊格尔顿仍然坚持认为"那些被命名为'文学'的写作并没有一个或者一组共同的属性"②,但他也认为唯名论与唯实论之间,并不存在非此即彼的替代关系。也就是说,文学的本质虽然尚未被证实,但也同样尚未被证伪。伊格尔顿指出,正如"闲暇"的概念之所以存在,是因为它的对立面"劳动"这个概念存在一样,"本质"的概念同样依赖于它的对立面而存在。类似的定义方式长久以来被用来定义文学这个概念,文学被置于事实性、技术性、科学化之类的写作的对立面而存在。

而讨论文学的本质问题时,很容易陷入一种本质主义与非本质主义的二律背反的境地中。因此,后理论时期的伊格尔顿主张用维特根斯坦在《哲学研究》中首次提出的"家族相似"论来探讨"文学的本质"。"家族相似"(Family similarity)这个概念最早由维特根斯坦在1931年提出,而1963年的《哲学研究》则使得这个概念

---

① Terry Eagleton. The Event of Literature [M]. New Haven and London: Yale University Press, 2012: 9—10.
② 特里·伊格尔顿. 文学事件 [M]. 阴志科, 译. 郑州: 河南大学出版社, 2017: 22.

受到了广泛的关注。"家族相似"论常常被人与"语言游戏"(Language game)说并举,而作此并举者,往往以此来说明维特根斯坦的反本质主义倾向。"语言游戏"说的基本思想是"在语言中我们是在用语言进行游戏"[1],"语言的意义不只是由语言,而是由使用来决定:无论词语,还是句子,都要由其使用来决定它的意义"[2](后理论时期的伊格尔顿时常强调"述行"[3],强调语言的动作属性,显然是受到了这一观点的影响)。维特根斯坦曾在《哲学研究》中举出了各种例子来展示"语言游戏",却始终没有给"语言游戏"下一个定义,说明其本质。为了回应该质疑,维特根斯坦解释说,并不存在一个共同的词句可以适用于所有这些语言游戏的现象,这些现象却以许多不同的方式相互发生联系[4]。此般解释的后半句,被认为是"家族相似"论的表达。"家族相似"论想要回答的,是诸如语言、理性、美等概念为什么能够普遍作用于许多对象的问题。在维特根斯坦看来,概念之所以能统辖不同个体,是因为个体间的"相关"而不是"相同"。这种相关,就像一个大家族中的家族成员们。他们往往类似,其中的每一个成员可能都继承了这个家族的某些共同特征,如身材高大、方脸、秉性温和、泪痣、

---

[1] 张家龙. 评维特根斯坦的反本质主义纲领——"语言游戏"说和"家族相似"论 [J]. 哲学研究. 2001 (7): 47—53, 60—81.
[2] 苏德超, 张建华. 略论语言游戏与家族相似的矛盾 [J]. 华中科技大学学报 (社会科学版). 2005 (3): 15—20, 124.
[3] 特里·伊格尔顿. 如何读诗 [M]. 陈太胜, 译. 北京: 北京大学出版社, 2016: 130.
[4] 苏德超, 张建华. 略论语言游戏与家族相似的矛盾 [J]. 华中科技大学学报 (社会科学版). 2005 (3): 15—20, 124.

招风耳等,有的人可能结合了该家族的多种特征,但是具备了不同于其他成员的生理或性格特征。总的来说,"家族相似"论得以成立的基本条件是两两相似或相关。识别"家族相似"的条件是"家族所有成员的共同特征不一定是识别这个家族的特征","成员间两两相似的方式可以是不同的",以及需要注意的是"总有两个家族成员间并无共同之处"[1]。维特根斯坦的"家族相似"论甫一面世,便引起了学界的关注和探讨,查尔斯·L. 斯蒂文森(C. L. Stevenson)用其来阐明诗的本质,莫里斯·苇茨(Morris Wicz)用这一思想来反驳"艺术是可以定义的"的观点,罗伯特·L. 布朗(Robert L. Brown)与马丁·斯坦曼(Martin Steinman)借助"家族相似"论来强化他们的反本质主义观点。[2] 但也有一些理论家指出,"家族相似"论中有一些值得商榷的地方。比如,彼得·拉马克(Peter Lamarck)就认为这个理论存在循环论证的危险,因为任意两个客体都可能具有某种相似性,如香蕉和鳄鱼,我们可以说它们都是实在物,因此重要的不是任何相似性,是那些"有意义"的相似性。又如,斯坦·豪贡·奥尔森(Stan Hagon Olsen)则认为该理论过于开放,以至于会将关于文学的定义延展到一些他所认为的非文学范畴(比如通俗小说、网络文学)上去,这样便会

---

[1] 苏德超,张建华. 略论语言游戏与家族相似的矛盾[J]. 华中科技大学学报(社会科学版). 2005(3):15—20, 124.
[2] 特里·伊格尔顿. 文学事件[M]. 阴志科,译. 郑州:河南大学出版社,2017:24.

威胁到既有的文学概念，即"文学是一种具有高度价值的写作"①。就这个层面上来说，"家族相似"论确实存有一些破绽。

在伊格尔顿看来，拉马克关于"家族相似"论的疑虑——"被讨论的相似性必须是有意义的"——是正确的。就文学来说，所谓的文学作品共享了众多特征，诸如押韵、戏剧性、故事性等，但是当中的任何一个特征都不能算作文学的本质。而且，"如果不具体说出涉题的相似性，这个概念就是空洞无意义的，因为我们可以说任何客体在无数方面都有可能与其他客体相似"②，比如一部小说和一个苹果的相似点在于它们都不会唱歌，这种相似显然并无意义。除此以外，在涉及某些现象时，"家族相似"论的解释力就会有所减弱。比如，在讨论艺术这个概念时，我们知道按照"家族相似"论的观念，首先需要明确哪些共同特征构成了艺术这个类别，但事实上是，那些被称为艺术作品的对象是由众多的模糊对象构成的，很难笼统地归纳其内在属性。比如，一部惊悚悬疑电影和一首十四行诗几乎没有相似之处，一张精美的手绘脸谱和一场芭蕾舞之间也很难说有什么共通之处。当然了，我们也可以总结出这些事物都是某种"有意味的形式"，因此我们才将之称为艺术，像是先锋派的一些作品就是如此；但是我们也可以反驳，还有很多客体诸如拖拉机、红砖房、篱笆、土墙也在某种程度上展现出了一定的意味和形式感，它们为什么不能被算作艺术。至此，我们甚至就可以得出结

---

① 特里·伊格尔顿. 文学事件［M］. 阴志科，译. 郑州：河南大学出版社，2017：26.
② 特里·伊格尔顿. 文学事件［M］. 阴志科，译. 郑州：河南大学出版社，2017：26.

论——"所有这些属性都是将某物归为艺术品的必要与充分条件"[1],"家族相似"论在这个问题上是显得有些无力的。总的来说,"家族相似"论在两个层面上显得粗糙了一些:其一,由于不管如何将事物进行分类,总会有一些混种、怪异和临界的事例,也总会存在模糊的区域和不可判定的区域,因此就社会实践层面上来说,该理论是无法做到准确的;其二,因为这个理论本质上是动态的,它自带某种扩张与变形的能力,无论在时间还是空间上都指向自身以外的存在,所以与此同时,它在某种程度上就是自我解构的了。[2]

虽然如此,伊格尔顿仍然再三表示,"家族相似"论可能是目前针对哲学家至今仍未克服的、关于差异和同一这一难题的最有力的解决方案。该理论并不只是限于"文学",还可以被灵活运用于讨论许多概念。"家族相似"论的优点在于"既未诉诸始终不渝的本质,也未诉诸专断性的力量",因为事物之间的相似性往往牵涉到外部世界的真实特征[3],类似于泪痣、招风耳等特征并不仅仅是权利、话语、解释、利益的"建构物",而是基因刻写的现实存在。

维特根斯坦的观点常常被理解为是反本质主义的。他认为语言的意义不仅仅是由语言决定的,更在于使用语言的行为。人类是先有了行为,然后才有了借以表达和沟通的语言,语言是对行为的补偿和改进。因此他指出"本质在语法中得到解释,意味着是那些支

---

[1] 特里·伊格尔顿. 文学事件 [M]. 阴志科, 译. 郑州: 河南大学出版社, 2017: 27.
[2] 特里·伊格尔顿. 文学事件 [M]. 阴志科, 译. 郑州: 河南大学出版社, 2017: 31.
[3] 特里·伊格尔顿. 文学事件 [M]. 阴志科, 译. 郑州: 河南大学出版社, 2017: 24—25.

配我们运用词汇的语法规则在告诉我们事物是什么"①。这个观点同维特根斯坦的"语言游戏"说一样，被诟病为是反本质主义的。但是伊格尔顿认为，这些观点当然不能等同于那些类似于托马斯·阿奎那的神创本质说或是强硬的本质主义观点——"令事物属于某一特定种类的充分且必要条件是它拥有某个或者某组特征"以及"这些属性决定并且解释了该事物所有其他的属性和行为"②。相对而言，在伊格尔顿看来，"家族相似"论是一种更加温和的本质主义，因为它承认了不存在所有成员在所有特征上完全相同的情况，即不存在一个或一组确定不变的、属于某一属或者种的全部个体的特征，但是一个家族的成员间彼此的某种相关，则可以被视为这个家族成员的"本质"。有观点认为，维特根斯坦的"语言游戏"说和"家族相似"论是错误的，因为它的否定诸如游戏、语言、家族、数的本质，如游戏的内在机制就是它的本质，所有游戏都有娱乐性、竞争性、讲输赢等特质③；还有像数的本质就是量的关系结构；对语言的内在机制，虽然说法众多，但是一定有一个同样的结构存在。④ 这个反驳显然很难自圆其说，反而恰恰说明了维特根斯坦的观点。比如说语言肯定存在一个内在机制，只是众说纷纭而已，这

---

① 特里·伊格尔顿. 文学事件 [M]. 阴志科，译. 郑州：河南大学出版社，2017：25.
② 特里·伊格尔顿. 文学事件 [M]. 阴志科，译. 郑州：河南大学出版社，2017：25.
③ 张家龙. 评维特根斯坦的反本质主义纲领——"语言游戏"说和"家族相似"论 [J]. 哲学研究. 2001 (7)：47—53，60—81.
④ 张家龙. 评维特根斯坦的反本质主义纲领——"语言游戏"说和"家族相似"论 [J]. 哲学研究. 2001 (7)：47—53，60—81.

说明并不存在这样一个确定的具有"本质"性的内在机制,因为如果有,那么大家应该很容易达成共识。伊格尔顿强调,"家族相似"论显然是有其粗粝的那一面的,他无意于在这个理论是否正确的问题上去争辩,因为他首先就承认了这不是一个放之四海皆准的方法,但是又不能否认这是现存的一个好方法,特别是在用于解答"文学的本质是什么"的问题时。

二、"文学本质论"的四个维度

在伊格尔顿看来,文学这个概念是非常适合用"家族相似"论来进行探讨的。因为总体上说,文学形态的稳定性高于艺术作品。虽然"文学"这个词可以有多种用法,但其使用方式并不是随意的,"事实上,这个词的用法具有家族相似意义上的交叉重叠特色"[1]。在实际的情况中,类似于教士的布道辞、领导的演讲词、历史人物的书信、超人漫画等文本,都能够被囊括进"文学"里。家族类似性的特征在文学的作品中是比较容易被拣选出来的。

在 2006 年出版的《如何读诗》中,伊格尔顿给诗歌下定义时,就已经初步将文学的五个要素提炼出来了。他给诗的定义是"诗是虚构的、语言上有创造性的、道德的陈述,在诗中,是作者,而不是印刷者或文字处理机决定诗行应该在何处结束"[2]。此时,他在讨论诗的本质时,仍然采取了"看这个定义没有说的是什么,而不是

---

[1] 特里·伊格尔顿. 文学事件 [M]. 阴志科,译. 郑州:河南大学出版社,2017:30.
[2] 特里·伊格尔顿. 如何读诗 [M]. 陈太胜,译. 北京:北京大学出版社,2016:32.

说了什么"的思路。而且关于诗的几个要素尚只有一个模糊的概念——它们被以与诗的关系的方式来讨论——"诗和散文""诗和道德""诗和虚构""诗和实用主义"以及"诗和语言"。

在之后的《文学事件》中,伊格尔顿显然已经将这些要素考量清楚了。因此,这个阶段的他就从个人的经验范畴中选出了文学的五个要素,即虚构性、道德性、语言性、非实用性和规范性。当然,他也强调了这些要素不是理论上的范畴,而只是来源于日常判断,自己无意对这些概念本身进行一次逻辑考察。之所以将这五个要素提炼出来,是因为他认为当人们称一段写作为文学的时候,通常脑海里会出现的就是这五个要素或是它们的组合,"人们认为的文学作品,要么是虚构性的;要么能够为人类经验提供丰富有意义的洞察而非仅仅是报告经验性事实;要么通过某种加以提炼的、富于修辞性的或者自觉的方式来运用语言;要么有别于购物清单的实用性;要么被视为写作的高级形式"[①]。就他个人的经验看来,这五个要素在某一作品上叠加得越多,作品就越可能被我们称为文学。他还提到,这五个要素并不能够被完全地分开讨论,比如当我们在谈论某部作品的价值时,其实也是在对它的道德观、文学性和虚构的可信度进行判断。文学的所有这些方面都不是稳定的、明确的、严密的,"它们边缘模糊,都有某种融入自身对立面或者相互融合的倾向……事实上,在指出文学这五个维度以后,我将会花大量时

---

① 特里·伊格尔顿. 文学事件 [M]. 阴志科, 译. 郑州:河南大学出版社, 2017: 28—29.

间展示它们如何轻易地分崩离析"[1]。这是他在《文学事件》的"策略"一章中所做的事情。

在伊格尔顿列出的五个要素中，虚构性最为复杂，涉及摹仿、现实和言语行为理论。早在《二十世纪西方文学理论》中，伊格尔顿就已经指出将文学定义为"虚构意义上的想象性写作——一种并非在字面意义上追求真实的写作"[2] 行不通了，而且将事实与虚构对立起来也并无帮助[3]。在此之后，伊格尔顿又在《如何读诗》一书中，补充了这个观点。他不太赞成将想象力视为一种肯定的能力，因为首先"可能性显然并不总是不容置疑地优于实在"[4]，尚未发生的美好愿景，不一定比已经发生了的、具有积极性的小事对当下的存在更加有利，而那些黑暗的、危险的可能性，显然更加不及此时可把握的现实存在。其次，想象行为也不一定就是仁慈的[5]，人们总是倾向于认为想象力是同情心的必要条件，通过想象他人处境的痛苦与脆弱，我们就可以感同身受，并由此乐于给予他人帮助。但是伊格尔顿指出，这显然是错误的，可以举出许多反例来，比如"施虐狂完全知道他们的受害者感受如何，这刺激他们更充分

---

[1] 特里·伊格尔顿. 文学事件 [M]. 阴志科，译. 郑州：河南大学出版社，2017：32.
[2] 特雷·伊格尔顿. 二十世纪西方文学理论 [M]. 伍晓明，译. 北京：北京大学出版社，2007：1.
[3] 特雷·伊格尔顿. 二十世纪西方文学理论 [M]. 伍晓明，译. 北京：北京大学出版社，2007：1.
[4] 特里·伊格尔顿. 如何读诗 [M]. 陈太胜，译. 北京：北京大学出版社，2016：29.
[5] 特里·伊格尔顿. 如何读诗 [M]. 陈太胜，译. 北京：北京大学出版社，2016：30.

地想象折磨人的感觉"①，又如抢劫者需要周密地想象各种逃脱的方案，杀人犯则可能沉浸于"无法言说的想入非非"②之中。在伊格尔顿看来，"虚构的"不是指"想象的"③，文学作品可能会具有虚构性，但虚构性不是文学所独有的，也不是文学所必需的。想象与虚构之间有着千丝万缕的关系，但想象和虚构不是一回事。在《文学事件》中，伊格尔顿对这个问题有了更加深入的认识，不再将想象和虚构的关系作为研究重心，而是围绕摹仿和虚构这组概念展开。关于伊格尔顿对虚构性的观点，阴志科在《从亚里士多德到J. L. 奥斯汀：伊格尔顿对现实主义的反思》一文中，已经阐述得比较清楚了：伊格尔顿关于文学虚构性论述的理论来源主要是亚里士多德的《诗学》以及J. L. 奥斯汀（J. L. Austin）的施行话语理论；伊格尔顿认为在现实和虚构、摹仿和创造、行为和表演之间没有明确的界限，它们之间也不是对立关系；摹仿是一种本能，摹仿的意义是呈现出鲜明的道德性和真实的普遍性，"个别之物无法言说，因为语言是用于交流普遍性的工具"；虚构是合理的、正确的、有意义的；表演既是一种摹仿行为也是一种虚构行为；现实主义是一种技法。④因而本书将主要着力于分析文学的其他四个要素，即语言性、道德性、非实用性和规范性，不再对虚构性进行赘述。

---

① 特里·伊格尔顿. 如何读诗 [M]. 陈太胜，译. 北京：北京大学出版社，2016：30.
② 特里·伊格尔顿. 如何读诗 [M]. 陈太胜，译. 北京：北京大学出版社，2016：30.
③ 特里·伊格尔顿. 如何读诗 [M]. 陈太胜，译. 北京：北京大学出版社，2016：43.
④ 阴志科. 从亚里士多德到 J. L. 奥斯汀：伊格尔顿对现实主义的反思路径 [J]. 西北大学学报（哲学社会科学版），2016（4）：57—65.

（一）语言性

语言特征是文学最基本的特征，伊格尔顿并没有专门对此下一个定义，显然没有任何一种语义性、句法性或是其他的语言现象是文学所特有的。但同时，一个不具备语言性的事物几乎不会被视为文学。因此，语言性可以作为文学本质中一个基础要素而存在。伊格尔顿在谈论文学的语言性辨析要素时，将主要精力放在辨析知识界对这个概念的误解上，以及反驳那些仅仅以语言性来定义文学本质的观点。

首先，语言性很容易被当作"文学性"来理解。"文学性"的语言，是指特别注重自身的语言，是经过了"陌生化"后不属于人们日常生活的语言。如此，语言便可以为听众或读者重新感知，因而它不再是透明的了。通过偏离那些陈旧的、自动化的语言规范，语言完成了自我指涉，验证自身的存在。如上这些观点，是形式主义文论探究的主要对象。而伊格尔顿指出，形式主义文论着力定义的对象很显然是"文学性"，而不是"文学"本身，尽管在形式主义文论眼中，文学性就是文学的本质。这种定义方式显然是错误的，因为形式主义者是从诗歌这种文类中提炼出"文学性"这个概念的，"他们赋予某种特定文类优先权，随后又以此为条件来定义其他文类"[①]。这样的错误其他文学理论学派也犯过，比如"言语行

---

① 特里·伊格尔顿. 文学事件 [M]. 阴志科, 译. 郑州：河南大学出版社, 2017：38—39.

为理论家们同样赋予现实主义小说某种毫无根据的优先权"①。除此以外，伊格尔顿还补充说明道，虽然形式主义文论总在规避同社会历史发生联系，但是这个理论体系产生的特定历史条件对它本身进行了反噬：该理论体系得以产生的条件，其一是文学作品不再服务于任何明确的社会功能，于是才能宣称它们是一种自成一体的自律性存在；其二，随着语言材料被商业、技术、官僚、大众文化等不断侵蚀，日渐退化，对语言的陌生化的改造才变成了一件紧迫事。②由此可见，这个仰仗于特定历史条件才出现的"文学性"，并不能作为文学的本质。除了形式主义文论的"文学性"，还有一些类似的观点也将语言的特殊性或创造性视为文学的本质。比如，托马斯·C. 波洛克（Thomas C. Pollock）认为"文学存在于能唤起作者经验的特定语言方式中"③。事实上早在 18 世纪晚期，浪漫主义就已经将文学视作某种自我指涉的、非表征性的语言形式了，且一般的观念是将文学视为一种以创造性为目的的写作。伊格尔顿指出这种观点存在明显的漏洞，因为没有一种语言、词语或者结构性的技法是文学作品所特有的，反例包括文采飞扬的广告词、熟练运用反转的笑话、具有一定叙事技巧的新闻报道。而且，某些优秀的现实主义小说或自然主义小说，如左拉的《娜娜》，反而没有采用那些特异的、暗喻的、双关的、自我指涉或自我聚焦的语言形式，但

---

① 特里·伊格尔顿. 文学事件 [M]. 阴志科，译. 郑州：河南大学出版社，2017：39.
② 特里·伊格尔顿. 文学事件 [M]. 阴志科，译. 郑州：河南大学出版社，2017：39.
③ 特里·伊格尔顿. 文学事件 [M]. 阴志科，译. 郑州：河南大学出版社，2017：39.

是很显然它们应该被归为文学一类。因此，将语言的特殊性视为文学的本质的观点是不成立的。由此我们可以说，伊格尔顿提出的语言性是有别于这种"文学性"的。

伊格尔顿接着指出，还有一种对文学语言的误解，即以斯坦利·费什为代表的读者反映批评立场的文学本质观。这种观点认为文学话语本身不具有固有属性，"在'文学的'与'日常的'语言之间并没有任何普遍的内在差异，他认为，我们所命名的文学不过是将文学圈进特定的框架（frame）内，并决定在它身上投入特别的注意力，是这种注意力的行为本身产生出了所谓的语言的固有性质"[1]。在伊格尔顿看来，斯坦利·费什认为世界的存在本身就是解释的产物。当然，这只是伊格尔顿对斯坦利·费什的观点的看法，至于这是不是斯坦利·费什的本意，本书在此就不做探讨了。伊格尔顿指出，这种观点否认了语言的或者说作品的先天属性，且有很多问题。比如，我们为什么要对某些文本而不是其他文本投入注意力？这种决定的依据是什么？我们将怎样判断自己的解读是不是准确的？它也不能解释如下状况，"即文本似乎抵制我们对它的解释，它强迫我们遵照新的证据修改甚至放弃自己的核心假设"[2]。这些文本将使我们感到意外，而不是依据我们的期待而验证其存在的。甚至关于"解释"这个动作，其实都是在证明语言具有某种先天属性，因为我们一般只有在感到怀疑或者费解的情况下，或是出现了

---

[1] 特里·伊格尔顿. 文学事件［M］. 阴志科，译. 郑州：河南大学出版社，2017：44.
[2] 特里·伊格尔顿. 文学事件［M］. 阴志科，译. 郑州：河南大学出版社，2017：46.

意义的替代性可能时，才会想要去"解释"。比如，我们基本上不会想要去每天"解释"一遍，我为什么要醒来；当一个人望向窗外时，也不需要再去解释自己的动机，因为他正望向窗外。然而，莫扎特的《A大调单簧管协奏曲》却是可以解释的，因为它有好几种不同的演绎方式。[①] 总的来说，在伊格尔顿看来，将语言的固有属性视为文学的本质是不可取的，但是直接否认语言具有某些先天属性，显然也是错误的。

伊格尔顿还反驳了拉马克和奥尔森的观点，后两者虽然承认文本具有内在属性，但是他们同费什一样，都把文学看成某种激发并回报读者关注的写作类型。他们的观点由查尔斯·奥尔提耶里总结为"当我们得知某个文本是文学作品时最典型地该做什么时我们便知道什么是文学作品"[②]。也就是说，文学作品是这样一种存在——它们由那些真实存在的文学的社会建制根据美学的标准挑选出来，基本上具备了复杂的构思和形式、统一的主题、深度的寓意、创造性和想象力等特性，并可以由文学的社会建制从这些层面上入手去证明它们是文学的。文学成了与注意力密切相关的东西，当我们打开一部作品之前，就已经对这部作品做出了过滤和调试。我们对某些作品进行细读，是因为别人也是这样做的，而这个做法最终也将会被证实是值得的。对拉马克和奥尔森来说，"审美"就意味着美学上的成功，"细读"就只是一种积极的评价，"文学"在任何时候

---

① 特里·伊格尔顿. 文学事件 [M]. 阴志科，译. 郑州：河南大学出版社，2017：47.
② 特里·伊格尔顿. 文学事件 [M]. 阴志科，译. 郑州：河南大学出版社，2017：54.

都是一个褒义词。① 伊格尔顿指出，且不说这种理论有循环论证的嫌疑，这当中存在的漏洞也很明显。首先，一部作品是否必须被它的作者或被文学建制视为文学，才有资格成为文学？那些在民间乡野传唱的、稍显粗俗的小调，难道真的不如那些被文学建制附加了额外意义和价值的，如华兹华斯的《抒情歌谣集》之类的所谓纯粹的诗歌吗？如果也从文学建制出发给这些小调赋予意义，那么它们就可以被算作文学了吗？从这个角度上来看，文学建制本身是站不住脚的，而建立在此之上的文学定义显然也站不住脚。"我们不能将文学定义为要求精细审读的作品"②，因为在打官司时，我们显然也需要逐字逐句地阅读法律条例。

将语言性同道德性割裂开来的观点，在伊格尔顿看来也是错误的。事实上，一部作品的道德观往往不仅隐含在它的内容里，同时也隐含在它的形式中。一个文学文本的语言与结构或许就是所谓的道德内容的母体和源头。伊格尔顿给出了关于二者间关系的清晰的说明："一首运用了英雄双行体的齐整性、对称性以及平衡感的新古典主义诗歌；一部利用后台活动来补足舞台现实感的自然主义戏剧；打乱时间顺序或者肆意转换角色视角的小说：所有这些例子都说明，艺术形式本身就是道德或者意识形态意义的母体。即使是一首诗意的胡诌、一段文字游戏或者一个无意义的词语 jea，都可能隐含着一种道德观点，因自己激发的创造性力量而感到愉悦，刷新

---

① 特里·伊格尔顿. 文学事件 [M]. 阴志科，译. 郑州：河南大学出版社，2017：59.
② 特里·伊格尔顿. 文学事件 [M]. 阴志科，译. 郑州：河南大学出版社，2017：60.

我们对世界的认识，释放种种无意识的自由联想，如此等等"①。形式技巧显然是服务于自身的道德目的的，"这些文体表演对道德价值问题来说至关重要"②。这是关于语言性的又一原则，即语言性不能被孤立来看，它作为基础要素，必然会同其他要素发生交联。

与伊格尔顿早期的相关论述相比，在《二十世纪西方文学理论》中，他已经明确了形式主义以文学性和"疏离性"③来定义文学是失之偏颇的。后理论时期的伊格尔顿，仍然坚持了这个观点，只是对这个问题有了更深刻的认识，即指出了文学是具有物质属性的，这个属性的基础就是语言性。语言性和文学性是不同的，文学性是"把语言视为一套偏离于语言标准的语言，或一种语言暴力：相对于我们平常所使用的'普通'语言，文学是一种'特殊'语言"④，而具有语言性的语言则是既涵括了"普通"语言，也包括了"特殊"语言，它只是文学所具有的一个基本属性，而不是某种它所独有的特性。

（二）道德性

伊格尔顿认为，传统的道德研究，研究的是人类如何最完满、

---

① 特里·伊格尔顿. 文学事件［M］. 阴志科，译. 郑州：河南大学出版社，2017：52.
② 特里·伊格尔顿. 文学事件［M］. 阴志科，译. 郑州：河南大学出版社，2017：53.
③ 特雷·伊格尔顿. 二十世纪西方文学理论［M］. 伍晓明，译. 北京：北京大学出版社，2007：6.
④ 特雷·伊格尔顿. 二十世纪西方文学理论［M］. 伍晓明，译. 北京：北京大学出版社，2007：4.

最幸福地生活。与"道德的"相对照的不是"不道德的",而是"历史的""美学的"和"科学的"之类。"它不是指人类经验中不同的一个领域,而是指从特定的角度思考的这个经验的总体。"① 伊格尔顿以将手臂举起这个动作为例,说明了道德关注的点与其他领域有什么不同:生理学家关注的是手臂举起这一动作中,肌肉的收缩;美学家关注的是这一动作所产生的美感;哲学家则关注的是这一手臂运动在多大程度上可以算作自由的问题;而道德学家,则关注的是这一动作所表示的意义,以及给他人带来的影响。② 在时下的语境中,道德指的是人类行为和经验,以及与品质或价值有关的观点。道德的语言不仅包括好与坏、对与错这样的词汇,还包括了温和、鲁莽、厌世之类。因此,另一类与"道德的"相对应的词可能是"认识的""陈述的"。"道德的"是有判断行为在内的"认识"和"陈述"。比如说,像"她站在大教堂宏伟的浮雕门前,低着头"这样的句子,是陈述的、事实的、认识的,但是像"她站在大教堂宏伟的浮雕门前,悲伤地低着头",则是一个道德的陈述。③ "几乎所有的文学作品都包含事实陈述,但它们之所以成为文学作品的一部分,乃是因为:这些陈述不是为了其自身的目的而存在的。"④ 它们不是为了陈述一个事实而陈述,而是大都抱有想要表达一个观

---

① 特里·伊格尔顿. 如何读诗 [M]. 陈太胜,译. 北京:北京大学出版社,2016:37.
② 特里·伊格尔顿. 如何读诗 [M]. 陈太胜,译. 北京:北京大学出版社,2016:37.
③ 特里·伊格尔顿. 如何读诗 [M]. 陈太胜,译. 北京:北京大学出版社,2016:37.
④ 特里·伊格尔顿. 如何读诗 [M]. 陈太胜,译. 北京:北京大学出版社,2016:38.

点、传达一种思想、进行一次判断的目的，因而是一种与道德复合一体的认识或陈述。但这并不是说，道德性是文学的充分必要条件。因为在诸多历史话语、宗教宣传册、政府报告中都可以发现道德，道德并不是文学所独有的，因而不是文学的充分条件。但道德是文学的一个必要条件，在伊格尔顿看来，不去叩问人类生活价值和意义的，不包含作者个人情感的和价值判断的文字作品，显然是不存在的。[1]

需要注意的是，文学作品毕竟不是布道词和行为规范，文学的道德真理在很大程度上隐性的。道德真理是展示出来的，而不是陈述出来的。文学作品代表着一种实践或者行动中的知识，"通过知行合一，这类作品给予我们一种其他形式无法可予的道德认知"[2]。比如，大卫·诺维兹（David Novitz）就曾说他以《鲁滨逊漂流记》为鉴，学会了独处和灵活应变，并对孤独的认识发生了转变，不再认为它无意义且难以忍受了。但这个观点，似乎在伊格尔顿对自由主义道德观进行反驳时显得自相矛盾。他认为自由主义道德观坚决抵制说教，且"现代批评当中最陈腐的观点认为，说教和劝诫对文学艺术有致命的害处"[3]。他有些讽刺地说道："只要有一丁点说教的味道都令人作呕，这已经成为文学建制的共识。"[4] 接着他举出了

---

[1] 特里·伊格尔顿. 文学事件 [M]. 阴志科，译. 郑州：河南大学出版社，2017：79.
[2] 特里·伊格尔顿. 文学事件 [M]. 阴志科，译. 郑州：河南大学出版社，2017：72.
[3] 特里·伊格尔顿. 文学事件 [M]. 阴志科，译. 郑州：河南大学出版社，2017：77.
[4] 特里·伊格尔顿. 文学事件 [M]. 阴志科，译. 郑州：河南大学出版社，2017：77.

明确的说教式的作品,如布莱希特的教育剧、安德鲁斯的布道词、布莱克的《地狱箴言》,具有强烈道德诉求的作品如《汤姆叔叔的小屋》《复活》《动物庄园》等,这些作品都可以作为反驳这个观点的例子。但在后来的论述中,他也表示,说教或者大声疾呼当然不是大多数文学发挥作用的首要方式。他其实只是想说,大多数的文学的道德是隐性的,不代表显眼的文学道德就没有价值。"如果宣传出色,宣传并无过错。文学并不会因为从属于某个政治派系而自动降低质量。"① 这是他对文学道德的表现方式的辩证看法。

伊格尔顿指出,有一种很普遍的对文学道德性的错误认识。从雪莱、乔治·艾略特到亨利·詹姆斯和爱丽丝·默多克,文学家、理论家倾向于将道德问题同想象力联系在一起,似乎通过阅读别人的故事,我们就可以同其他人的内在生命发生共鸣,甚至消解自我,从而实现对个人的道德拯救。伊格尔顿指出,这样的观点想当然地将想象力作为一种肯定的能力了,它忽视了一种情况,即想象也可以表现那些黑暗的、病态的场景,比如对那些杀人惯犯来说,想象受害者的痛苦,反而会刺激他们的犯罪行为。即便是从积极的角度看待想象力,我们也必须承认想象力的作用毕竟是有限的,且不说个体经验之间千差万别,就算能够做到进入他人的内心世界,喜人之所喜,悲人之所悲,在想象中同他人合二为一,这种想象本身也并不能带来多少我们关于他人的认知,除非在这个过程中,我

---

① 特里·伊格尔顿. 文学事件 [M]. 阴志科,译. 郑州:河南大学出版社,2017:78.

们保持了反思力。而纯粹的反思力和纯粹的移情、理解之间是难以共存的。我们阅读一部文学作品的目的不是去了解作者当时的真实感受，而是借助作品这面情感之镜来重新观看世界，获得新知。[1] 伊格尔顿指出，现代文明中直接体验的极度匮乏，导致了这种将文学与想象视为"情感义肢"和替代性经验的做法。[2]

文学的道德，虽然不像桌子、椅子之类的实物一样完全的客观，但是也不能因此将它视为纯粹的主观。"对一个道德上的实在论者而言，道德判断就是把外部世界的真实特征拣选出来，而不仅仅是表达对它们的态度。"[3] 从这个层面上来说，不管文学作品本身是否有明确的道德诉求，在它们从现实生活中择取素材的这一行为里，其实就包含了道德性了。

道德性涉及对文学价值的评判，与文学批评活动相关，伊格尔顿在早年已经提出了文学的价值问题，但主要意在分析价值判断与意识形态之间的关系[4]，道德性的提出和强调是在"理论之后"这个时期。在这个时期的伊格尔顿看来，道德的重建是当务之急，突出文学作品的道德性显然也是这个重建过程中的题中之义。

---

[1] 特里·伊格尔顿. 文学事件 [M]. 阴志科，译. 郑州：河南大学出版社，2017：70.
[2] 特里·伊格尔顿. 文学事件 [M]. 阴志科，译. 郑州：河南大学出版社，2017：70.
[3] 特里·伊格尔顿. 文学事件 [M]. 阴志科，译. 郑州：河南大学出版社，2017：71.
[4] 特雷·伊格尔顿. 二十世纪西方文学理论 [M]. 伍晓明，译. 北京：北京大学出版社，2007：9—15.

（三）非实用性

在伊格尔顿看来，"非实用性"是当代文学的基本要素之一，而所谓"非实用性"的文学作品，指的是那些没有直接的、明确的社会性功能的文学作品。他以约翰·M.埃利斯在《文学批评理论》中的论述为例，并对这种观点进行了反驳。

埃利斯的基本观点是，文学文本并不是通过它的内在属性来决定的，而是通过它们的用途来辨识的。与阅读说明书、商业条款之类的实用性文字不同，当我们把一段文字当成文学的时候，我们就不再把它看成我们周遭环境的一部分了。相反，我们力求使"该文本和其产生的直接语境没有任何内在联系"①，将文本与其来源割裂开来，这样做的目的是集中并拓展读者的注意力，使文本的意义变得更加开放，在不同的语境中产生不同的用途，"可以从一个语境移植到另一个语境，在这个过程中累加新的意义"②。就像《圣经》一样，《圣经》被视为不可穷尽的，在一个注释那里都会产生新的意义，不同的历史时期、不同的文化背景、不同的解释群体对它都会有不同的解读，没有人对它有最终的决定权，且这个无休无止的解读过程本身就是最接近的真理。

然而这种观点存在问题。伊格尔顿指出，埃利斯是那种将文学的非实用性当作文学本质的本质主义者，但事实是，非实用性既不

---

① 特里·伊格尔顿. 文学事件［M］. 阴志科，译. 郑州：河南大学出版社，2017：84.
② 特里·伊格尔顿. 文学事件［M］. 阴志科，译. 郑州：河南大学出版社，2017：85.

是文本成为文学的充分条件，也不是必要条件。首先，像是纯粹为了好玩而喷在墙上的脏话，这类文本虽然也是非功能性的，却很难将之算作文学；又像是通俗小说，很难说它们是实用的还是非实用的。实用性和非实用性绝对不是互相不能渗透的。非功能性也有程度上的差别。日常对话中的一些语言行为诸如说笑话、爆粗口、打招呼等，其作用并不限于实用；一句布道词可能希望在听众当中产生感化作用，但是这种作用不一定能即刻兑现。其次，"即便在现代社会中，人们称之为文学的作品仍然具有某些不可否认的实用功能"①。比如，给小孩子读故事有时是为了让他们安静一会儿，热捧某部作品是为了追求其商业价值，把某类文学定为经典是出于政治目的，等等。再次，也并非所有的文学作品都能游离于它们的原始语境，像是艾德里安·米歇尔（Adrian Michel）的《给我讲点关于越南的谎言》、弥尔顿的《复仇吧，主啊，圣徒们遭遇到了屠杀》等文学作品，都是针对高度特殊的历史情境的。有些文学作品一旦脱离了它们产生的语境，将很难获得人们赋予它们的文学地位。最后，文学的解读不可能意义无穷无尽，因为不存在那种除我以外任何人都不可能拥有的感情。写作其实是一项意义共享的活动，这决定了它不该是不对任何事物产生作用的文本。

关于文学的非实用性，伊格尔顿在《二十世纪西方文学理论》中也早有论述。他当时就已经初步认识到，用"非实用性"来定义

---

① 特里·伊格尔顿. 文学事件［M］. 阴志科，译. 郑州：河南大学出版社，2017：88.

文学是不准确的,因为我们有时并不能明确区别我们与语言的"实际"关系和"非实际"关系。① 比如,日常对话中许多用语就不一定是实用的,而在一些特定场景中的文学阅读却很有可能是具有实用价值的。在《文学事件》中,伊格尔顿只是展开论述了这个观点,不同之处在于,此时他承认了非实用性有时是可以用来接近文学本质的一个属性。

(四)规范性

伊格尔顿围绕"规范性"这个词语,主要表达了两个观点:一是在定义文学时,取描述性定义往往比取规范性定义更有效和便捷;二是日常规范是具有价值的,表现日常生活的、具有秩序感的作品不一定就是没价值的文学。

伊格尔顿发现,许多文论家在讨论什么是文学的问题时,往往喜欢先预设一定的标准,然后再依此下一个定义。当下很普遍的观点就是:文学就是具有价值的写作。比如,斯坦·豪贡·奥尔森认为"文学作品不是用来理解,而是用来鉴赏的"②;格雷戈里·柯里(Gregory Currie)认为"除了某些特定场合之外,称一部作品为文学相当于赋予其某种价值"③;克里斯托弗·纽(Christopher Neue)

---

① 特雷·伊格尔顿. 二十世纪西方文学理论 [M]. 伍晓明,译. 北京:北京大学出版社,2007:9.
② 特里·伊格尔顿. 文学事件 [M]. 阴志科,译. 郑州:河南大学出版社,2017:99.
③ 特里·伊格尔顿. 文学事件 [M]. 阴志科,译. 郑州:河南大学出版社,2017:99.

认为如果一部作品是"贫乏的、不值得注意的……那么，它就配不上（好）文学的称号"①。这类定义的问题很明显，就某一个标准看来的"好"，在另一个标准内很可能是"坏"。从另一方面讲，坏文学难道就不是文学吗？许多所谓的文学经典里，也有滥竽充数的作品，而一些被认为是难登大雅之堂的文类，比如通俗小说中，也不乏优秀的作品。与"文学"一词类似的，还有艺术、知识分子、科学之类的词语，人们在使用中，总是混淆这些词汇的规范性质或描述性质，倾向于采用它们的规范性定义。使用"艺术"一词时，就默认它代表的是那些高雅的、美的或是前卫的"纯艺术"（fine art）；一提到"知识分子"，就默认他们是道德高尚、聪明绝顶的。而事实上，"该范畴属于某种职业描述，不是个人表彰"②。因此伊格尔顿提醒我们，在我们探讨文学是什么时，应该采用它的描述性定义，而不是规范性定义。

除此以外，伊格尔顿还认为，"我们还应该甩掉那种智识上好逸恶劳的毛病——把文学机制叫好的一切照单全收"③。20世纪以来，有一种在各类批评流派中都颇为流行的评价文学价值的方式，这种评价方式理所当然地认为日常生活是琐碎的、不值一提的；日常的规范与观念必定是缺乏想象力的，是支配着并束缚着我们的，而文学艺术的可贵之处就在于能够"使熟视无睹的事物重新鲜活起

---

① 特里·伊格尔顿. 文学事件 [M]. 阴志科，译. 郑州：河南大学出版社，2017：99.
② 特里·伊格尔顿. 文学事件 [M]. 阴志科，译. 郑州：河南大学出版社，2017：91.
③ 特里·伊格尔顿. 文学事件 [M]. 阴志科，译. 郑州：河南大学出版社，2017：102.

来，从而向批评与修正开放"①。这种以创造力和想象力来抵抗日趋乏味的功利社会的观念，起源于18世纪末期的浪漫主义。进入现代社会后，许多文艺理论流派也承袭了这种观点。俄国形式主义文论提出，要以陌生化的方法将我们从一成不变的语言中打捞出来；接受理论认为，传统的惯例和规范只有在被重新认识、彻底改造的情况下才具有审美价值。先锋派、表现主义、未来主义、超现实主义等各类文化实验流派都将陌生化视为圭臬，甚至于伟大的马克思主义美学家西奥多·阿多诺（Theodor Adorno）也在这点上与他们殊途同归。阿多诺认为，新生事物本身具有价值，规范化的事物则是僵化的。这种观点在后结构主义那里表现得更为明显。对罗兰·巴特和雅克·德里达来说，"价值明确体现为逃逸结构、破坏系统，似乎边缘的、异常的、不可吸收的事物在任何时候任何地方都具有异见的力量"②。另一位马克思主义理论家亨利·列斐伏尔（Henri Lefebvre）的日常生活批判理论和空间批评理论也是以这类观念为支撑的。在日常生活批判理论中，他主张用审美来打破日常生活的刻板与重复，用"节庆"和"狂欢"来打破日常生活的常规。在空间批评理论中，列斐伏尔则提倡一种旨在打破资本主义统治的可量化、均质化的"空间革命"，从而恢复空间的开放性和差异性。

这些观点似乎在暗示，任何有价值的文学文本在某种意义上都是激进的或颠覆性的。它们同早期的那些默认文雅的、崇高的、经

---

① 特里·伊格尔顿. 文学事件 [M]. 阴志科, 译. 郑州：河南大学出版社, 2017：102.
② 特里·伊格尔顿. 文学事件 [M]. 阴志科, 译. 郑州：河南大学出版社, 2017：112.

典的文学作品才是文学的观点一样,都是一种规范性的定义。然而,一味地强调破坏规范,其本身已经成为一种规范。而且不是所有边缘性的事物都是健康的,也不是所有的体系都是病态的。① 总的来说,伊格尔顿在这个时期极力呼吁秩序,认为"表面上最价值无涉,理论派官僚作风的结构主义其实拥有深切的伦理关怀(至少在它那如今已可悲地被遗忘的创始者看来)"。他赞同克劳德·列维-施特劳斯怀念的那种秩序井然的人本主义,认为它"并不是西方意义上支配性的人本主义;它更像是一种'不以己先,使万物归于原处'的人本主义,'它将世界置于生存之上,又将生存置于人类之上,最后将尊重他人置于自爱之上'"②。

规范性是后理论时期伊格尔顿对文学本质的新看法,在此前他并没有提及文学的规范性。与文学的道德性一样,规范性的提出显然是伊格尔顿针对后理论时期文学和文化理论的乱象所做出的理论修正。

关于文学本质的问题,早期的伊格尔顿就已经指出,虚构的文本可以是文学也可以不是文学,文辞优美的文本可以是文学也可以不是文学,非实用的文本可以是文学也可以不是文学。这些观点为后理论时期的他所承继并且深化。不同点在于,早期的他认为,以

---

① 特里·伊格尔顿. 文学事件[M]. 阴志科,译. 郑州:河南大学出版社,2017:105.
② 特里·伊格尔顿. 文学事件[M]. 阴志科,译. 郑州:河南大学出版社,2017:111.

某些共同的内在特性为标志的文学是不存在的。① 当时他只是不认可将某一特性视为文学所共有的特性，即文学的本质。在对文学本质问题有了深入的思考之后，后期的伊格尔顿仍然坚持如上观点，不过认识到了可以用"家族相似"的方法，即一种"关系主义"的方式来定义文学（南帆在《文学研究：本质主义，抑或关系主义》一文中提出了可以将文学置于多重文化关系网络中加以研究的观点，即在讨论文学本质的问题时，可以采取一种关系主义的立场。② 比如，从文学与其他学科的关系中，我们可以得出文学不是什么，从而认识到文学是什么。又如在不同类型文学之间的关系中，即在小说与戏剧、戏剧与诗歌、诗歌与散文、散文与小说等的关系中，我们也可以认识到文学是什么。不得不说，关系主义的立场与伊格尔顿所理解的"家族相似"之间有很多共通之处，比如伊格尔顿在讨论什么是诗的时候，就首先拿诗与散文相比较，在讨论诗歌的定义前提议先看这个定义没有说的是什么③），并且承认了早期他所反驳的那些属性——文学性、虚构性、非实用性——虽然不是所有文学作品必备的属性，却仍然是定义文学本质的重要维度。总的来说，关于文学本质问题的论述体现出了后理论时期伊格尔顿思想上的"哲学转向"和"伦理转向"。

---

① 特雷·伊格尔顿. 二十世纪西方文学理论 [M]. 伍晓明，译. 北京：北京大学出版社，2007：10.
② 南帆. 文学研究：本质主义，抑或关系主义 [J]. 文艺研究，2007（8）：4—13，166.
③ 特里·伊格尔顿. 如何读诗 [M]. 陈太胜，译. 北京：北京大学出版社，2016：32.

伊格尔顿在讨论完"文学的本质"问题之后，还尝试探讨了文学理论本身。在他看来，文学理论之间或许没有单一的共同特征，但是有一个概念可以阐述许多文学理论，即把文学作品视为"策略"。这个术语源自肯尼斯·柏克（Kenneth Burke）的"戏剧主义"，按柏克的观点，看待文学作品应该从仪式、戏剧、修辞、表演以及象征行为的视角入手，将它们视作一种应对决定性状况的策略。① 詹姆逊的《政治无意识》也吸收了柏克的观点，特别是"双重姿态的解释模型"，"即主体在对文本进行重写的同时揭示出这种重写本身已经是对一个先在的历史或意识形态潜文本的重写"②，既肯定文本产生的语境，也强调潜文本必须依据现实重建。伊格尔顿提倡用这个模型来探讨文学文本和文学理论，因为它以复杂的态度看待文本与意识形态、文本与历史之间的关系，而不是像一些主流的马克思主义文论那样，单纯地以映射、再生产、对应和同源之类的关系来分析对象。在这个模型中，文本不再被当作外部历史的反映，而是被置于现实之中，且自身也成为现实的一部分，由此就能够挫败那些内/外的一分为二的僵化认知了。"策略"一词在伊格尔顿的著作中一直存在，在《批评的功能》《文学理论导论》《文学阅读指南》以及《人生的意义》中，都曾出现这一词语。但伊格尔顿一直没能对这个词语进行阐述，且在各个语境中，对"策略"一词的用法也不一致。直到在《文学事件》一书中，他才谦虚地将"策

---

① 特里·伊格尔顿. 文学事件［M］. 阴志科，译. 郑州：河南大学出版社，2017：191.
② 特里·伊格尔顿. 文学事件［M］. 阴志科，译. 郑州：河南大学出版社，2017：192.

略"称为"（几乎）万能的理论"（Theory of [almost] Everything），并以结构主义、符号学、精神分析理论等经典理论作为例证，来验证这个"策略"。但我们发现，他有时想表达的是将文本视为"策略"，有时想表达的是这种分析方法就是"策略"，因此，很难说伊格尔顿的"策略"论现在已经成熟、完备了。这个问题有待于伊格尔顿在后续著作中进行解答。但是总的来说，这个观点显示出了在后理论时期，伊格尔顿一方面一直在做重返宏大叙事的努力，不断肯定那些经典的文论；另一方面在思想上则更加包容与开放了。但与之相对，也造成了一些问题。比如，他的大部分论述都是建立在对他人观点的反驳和引证上，没能够形成自己的理论体系，也有简化他人观点之嫌。又如，他一直在强调辩证，同时也是身体力行地在每一个问题上都采取辩证的态度，不断地设问、解答、推翻，因此有时很难确认他有一个坚定的看法。总之，该阶段的伊格尔顿力求宏伟博大，但有时也显得有些狡猾。

三、"文学本质论"的意义与价值

（一）伊格尔顿的启示

在完成对伊格尔顿论"文学的本质"的爬梳之后，我们发现，一方面，"文学的本质"这一问题有着各式各样的理论脉络和非常广阔的探讨空间；另一方面，伊格尔顿对这一问题的持续性探索也给我们带来了诸多启示。

首先，对"本质"的理解本身就是一个本质主义式的问题。伊格尔顿认为不存在永恒不变的绝对本质，也不存在由单一属性主导的唯一本质，但这并不意味着"本质"不存在。如果没有"本质"，也就不可能有唯实论与唯名论之间经久不衰的论争了。在《文学事件》中，伊格尔顿再次确认了这一论点。他认为说文学没有本质，并不意味着文学就是关于文学的观念的杂乱堆积。①

其次，就"文学的本质"而言，存在着对文学的规范性定义与描述性定义的区别。安德鲁·海伍德（Andrew Heywood）曾区分政治学中的规范性概念和描述性概念："不同的规范性概念（normative concept）常常被描述为不同的'价值'（value），它们所指的是道德原则和道德理想，即那些应该（should）、本当（ought）或必须（must）产生的东西。在此意义上来说，许多政治概念都是负载价值的，如自由、权利、正义、平等、宽容，等等。"② 而所谓的描述性概念则是指"那些被认定为客观且能显示其存在的'事实'，即指'是'什么"。③ 安德鲁的这一区分对"文学的本质"同样适用。反本质主义声称文学没有一个固定的"本质"，这种对"文学"的理解其实就是建立在规范性意义上的——将文学的定义限定在某一特定范围之内。而与之相对的，本质主义者对文

---

① Terry Eagleton. The Event of Literature [M]. New Haven and London: Yale University Press, 2012: 169.
② 安德鲁·海伍德. 政治学核心概念 [M]. 吴勇，译. 天津：天津人民出版社，2008：5. 斜体字为原文所加。
③ 安德鲁·海伍德. 政治学核心概念 [M]. 吴勇，译. 天津：天津人民出版社，2008：5.

学的理解则是"描述性"的。比如,伊格尔顿在《文学事件》中就认为文学存在着五个方面的相似性——"虚构的""道德的""语言的""非实用的"以及"规范的",一部作品越是在这五个方面具有"家族相似性",就越被视为是"文学"。

再次,对文学的定义还包括"事实"之维与"价值"之维的区分。所谓的"事实"之维,是指文学包含着客观实在性的成分,如作家生平、作品信息等,这些成分具有稳定性和唯一性。这些客观实在的"事实"构成了对文学价值中立和客观化的陈述。而所谓的"价值"之维,则指向文学接受,不同的读者对文学存有不同的理解,这也是前文所述的伊格尔顿的视角。

最后,关于"文学的本质"还存在着本体论和功能性两个认识维度。从本体论的角度认识"文学的本质"与伊格尔顿所倡导的从"文学哲学"的角度重访"文学的本质"是相对应的;而所谓的功能性的维度则是指从"文学的功用"这一角度来定义文学,这是一种功利主义与实用主义的思路。值得注意的是,伊格尔顿在《文学事件》中将文学区分为"客体"(object)与"事件"(event)。作为"客体"的文学最突出的例子就是"新批评"——文学文本是由相互分割的符号组成的一个封闭的系统。这一系统由各种层次的子系统组成,并且是非历史化的。[1] 较之于"客体",作为"事件"的

---

[1] Terry Eagleton. *The Event of Literature* [M]. New Haven and London: Yale University Press, 2012: 188—189.

文学则要复杂得多。"事件"是晚近西方文论中的一个重要概念，德里达、阿兰·巴迪欧对此都有过专门的论述[1]。需要指出的是，伊格尔顿在《文学事件》中对"事件"的使用是在巴迪欧的意义上进行的，但他仅在一处明确提及巴迪欧和"事件"[2]，在另一处含蓄地提到过巴迪欧[3]。伊格尔顿对巴迪欧的论述主要集中在其晚近著作《陌生人的麻烦：伦理学研究》(Trouble With Strangers: A Study of Ethics)[4] 中。关于巴迪欧的"事件"，伊格尔顿认为它不是一个枯燥的历史事实，而是信仰的客体。"事件"是无法估量的纯粹的偶然事件，它的建立完全基于自身，并打破了与外在历史的一切接点。对此，伊格尔顿举出了若干例子，如布尔什维克革命、勋伯格的无调性音乐、中国的"文化大革命"以及1968年的"五月风暴"等。[5] 对于"文学的本质"而言，伊格尔顿认为"文学事件"与"文学结构"之间存在着一种辩证的逻辑："结构"是"事件"的基础，"事件"反映但不反对"结构"，"事件"孕育出改变"结构"的条件。[6] 简言之，"文学的本质"包含着两种维度：一是

---

[1] 如巴迪欧的 Being and Event (1988) 和 Logics of Worlds: Being and Event，2 (2009)。
[2] Terry Eagleton. The Event of Literature [M]. New Haven and London：Yale University Press，2012：136.
[3] Terry Eagleton. The Event of Literature [M]. New Haven and London：Yale University Press，2012：200.
[4] Terry Eagleton. Trouble With Strangers: A Study of Ethics [M]. Chichester：Wiley-Blackwell Publishing，2009.
[5] Terry Eagleton. Trouble With Strangers: A Study of Ethics [M]. Chichester：Wiley-Blackwell Publishing，2009：260.
[6] Terry Eagleton. The Event of Literature [M]. New Haven and London：Yale University Press，2012：200.

作为稳定性和必然性的"结构",二是富有变化性和偶然性的"事件"。

(二)伊格尔顿的结论与矛盾

关于"文学的本质",伊格尔顿的解决方案是引入维特根斯坦的"家族相似"观念。我们知道,"家族相似"是维特根斯坦晚期提出的一个著名论题。维特根斯坦提出这一论题,一般被认为是为了加强其"语言游戏"说的反本质主义力度,而"家族相似"说一经提出,果然也构成了对西方形而上学传统的一次巨大冲击。但值得注意的是:第一,维特根斯坦在不同时期对待本质主义的态度是完全不同的,早期维特根斯坦认为语言是有本质的,而在晚期他则通过"语言游戏"说和"家族相似"说走向了反本质主义。第二,"家族相似"说这一概念颇具争议,不少学者都直言其谬误甚多。[①] 即便如此,伊格尔顿将之引入对"文学的本质"的研究还是相当具有启发性的,尽管这与伊格尔顿反"反本质主义"的立场存在着一定的冲突。

什么是"家族相似"?维特根斯坦对此有过专门的论述:"我想不出比'家族相似'(family resemblances)更好的说法来表达这些相似性的特征,因为家庭成员之间各种各样的相似性:如身材、相

---

① 如张家龙. 评维特根斯坦的反本质主义纲领——"语言游戏"说和"家族相似"论 [J]. 哲学研究,2001 (7):47—53. 又如董志强. 对维特根斯坦"家族相似"理论的批判 [J]. 哲学研究,2003 (11):62—68.

貌、眼睛的颜色、步态、禀性，等等，也以同样的方式重叠和交叉。——我要说：'各种游戏'形成了家族。"① 这便是"家族相似"原初的意义。对于这一概念的理解，有学者专门做过图示②，现借鉴如下：

假设甲、乙、丙、丁、戊组成一个维特根斯坦意义上的"家族"，再设定五个特征（A、B、C、D、E），每个对象都具有这五个特征中的四个，而所缺少的特征都是各不相同的，这样我们便能得到表1.1：

表1.1 "家族相似"概念图示

甲	乙	丙	丁	戊
A	A	A	A	B
B	B	B	C	C
C	C	D	D	D
D	E	E	E	E

在表1.1中，每个对象都与其他对象有三个相似点：甲和乙的相似点是A、B、C，乙和丙的相似点是A、B、E，但甲和乙的相似点C在乙和丙之间就消失了。"也就是说，在五个对象之间存在着这样或那样的相似，但却不存在一种能在这五个对象之间划出一

---

① 维特根斯坦. 哲学研究 [M]. 汤潮，范光棣，译. 北京：生活·读书·新知三联书店，1992：46.
② 尚志英. 家族相似与反本质主义 [J]. 探索与争鸣，1992（1）：11—14.

条界线的共同性质，而当给出一系列对象时，我们也无法找出一个共同标准来判定哪个对象属于这个家族，哪个对象不属于。"①

伊格尔顿在《文学事件》中对"文学的本质"的理解，基本上遵循了这一图示。在伊格尔顿的理解中，甲、乙、丙、丁、戊对应着俄国形式主义、现象学、结构主义、精神分析、西方马克思主义等理论流派对文学的定义。而 A、B、C、D、E 则对应着文学"虚构性""道德性""语言性""非实用性"和"规范性"等五大要素。"虚构性"指向文学的创造性、想象性和虚构性，"道德性"指向文学的伦理、价值、道德、意义等维度，"语言性"指向文学的形式、文类、结构等文本本身的因素，"非实用性"指向文学是"为艺术而艺术的"，"规范性"则指向文学写作的标准和范例。所谓的文学，就是具有这些"家族相似"特征的不同形式的排列组合。判断一个文本是否属于文学作品，标准就是看其呈现出了多少文学"家族相似性"特征，具有的家族相似性特征越多，便越被视为是文学。

但伊格尔顿的矛盾性则体现为他一方面竭力反对反本质主义、后现代主义和一切形式的相对主义，但在具体的"文学的本质"这一问题的解决上，却又求助于争议颇多且反本质主义色彩浓厚的"家族相似"概念。如何看待和化解这一矛盾则有待于从伊格尔顿未来的著作中寻找答案了。总的来说，对"文学的本质"的讨论是

---

① 尚志英. 家族相似与反本质主义 [J]. 探索与争鸣，1992 (1)：12.

没有止境的,就伊格尔顿对这一问题的探索来看,这一讨论似乎才刚刚开始。

第二节　一种新的文学批评观念的创生

后理论时期的伊格尔顿在文学批评的问题上,强调形式和技巧、道德和价值。除了对形式与内容、形式和历史关系问题的关注以外,伊格尔顿在如何读诗的问题上,针对诗歌这种文体,借鉴了新批评的操作方法,分别论述了如何从意义、语调、音高、强度、速度、纹理、意象、标点、节奏和格律等方面来分析和解读诗歌。在如何读小说的问题上,针对小说这种文体,伊格尔顿则借鉴了叙述学的理论资源,分别论述了如何从结构、人物、叙事等方面来分析和解读小说。这体现了他对各种文学理论和批评方法的博采众长,以及针对不同文类采取的"具体问题具体分析"的态度。如果说,在《马克思主义与文学批评》中的伊格尔顿注重的是关于形式问题的认识论的话,后理论时期的伊格尔顿则在实践中摸索出了一种与之相应的方法论。

一、重估文学批评现状

伊格尔顿在他的《文学阅读指南》以及《如何读诗》中表示文学批评的现状令人担忧。"文学分析这个行当,就像穿着木鞋跳舞,快要跳不动了。代代相传、被尼采称为'慢读'的传统,已经迹近湮没。"① "我现在碰到的研习文学的学生,已经很少有人实践我自己学习过的被称作文学批评的东西了。"② 在他看来,近年来的文学批评主要有两个比较危险的现象:一是大多数文学批评者都变得对文学的形式不怎么敏感;二是他们中的一些对文学批评的社会和政治责任持怀疑态度。其突出表现就是文化理论的兴盛:理论和批评的着眼点往往集中在阶级、种族、性别、快感、身体和大众文化上,使得文学批评被边缘化了,并且由于缺乏对文学相关的"元问题"的关注、缺少文学批评相关的训练,因而许多学生对文学的批评,往往停留在一种主观的、体验式的层面上。总的来说,就是细读文学文本的批评方法的式微和批评的社会、政治职能的丧失。

(一)对体验式批评的批评

伊格尔顿对主观性的、体验式的读法很不以为意,早在《二十世纪西方文学理论》中他就说道:"这些'方法'中有些几乎就不是什么方法。很多文学批评家则根本就不喜欢方法这一概念,而宁愿依靠印象和预感、直觉和顿悟来工作。"③ 他在 2000 年发表的《布鲁姆的时刻》中批评了体验式读法的代表人物哈罗德·布鲁姆(Harold Bloom)的《如何读,为什么读》一书。

---

① 特里·伊格尔顿. 文学阅读指南 [M]. 范浩, 译. 郑州: 河南大学出版社, 2015: 1.
② 特里·伊格尔顿. 如何读诗 [M]. 陈太胜, 译. 北京: 北京大学出版社, 2016: 1.
③ 特雷·伊格尔顿. 二十世纪西方文学理论 [M]. 伍晓明, 译. 北京: 北京大学出版社, 2007: 200.

在布鲁姆看来，阅读应该是一种私人的、孤独的习惯，而不应被视为一项教育事业。阅读的目的是自私的，是为了增强对自我的认识，武装自己的头脑和心性，并从中获得乐趣。在如何读的问题上，布鲁姆提出了五个原则。其一，"清除你头脑里的虚伪套话"①，这里的虚伪套话是指当今学派中耽溺于性别、性征和文化多元化的那一类学说，他十分反感这种沉迷于肉体的阅读或研究。其二，"不要试图通过你读什么或你如何读来改善你的邻居或你的街坊"②，即不存在阅读的伦理学。他对阅读或者说文学艺术的社会功用保有质疑的态度，认为通过阅读来增强人的想象力，以此产生共鸣，进而能够刺激人们关心别人的这种期望是很难实现的。同时，他对阅读是否能够扩张并继而增进公共利益持谨慎态度。其三，对文学批评者而言，他扮演的角色是蜡烛，起的是引导作用。对作为读者的个人来说，你可以努力变成一个真正的读者，而你为了成为一个"真正的读者"的努力将会引起其他人的反应，因此你也有可能成为别人的启迪。其四，创造性地读。在布鲁姆看来，文学作品的解读是没有标准的，你可以通过阅读这个行为，寻找到自己的原创心灵，也就是说，将体验和理解文学作品变成一件"主观的"事情。其五，寻回反讽。反讽是指话语的表面意思与实际意思相反。在布鲁姆看来，反讽是文学力量的中心，是张力的生成点，是一种教不会的能力，然而当下时兴的做法却是无视文学中这种真正具有价值

---

① 哈罗德·布鲁姆. 如何读，为什么读 [M]. 黄灿然，译. 南京：译林出版社，2015：8.
② 哈罗德·布鲁姆. 如何读，为什么读 [M]. 黄灿然，译. 南京：译林出版社，2015：9.

的东西，将注意力放在与文学魅力无甚关系的地方上。比如，面对20世纪最伟大的反讽作家托马斯·曼（Thomas Mann）的传记，评论者就似乎总是想要证明他有同性恋倾向。又如对莎士比亚的研究，也是在集中研究他的双性恋倾向。① 在布鲁姆看来，这些研究是本末倒置的，它们忽略了这两位反讽大师的作品中思想的辩证和戏剧性，他对此痛心疾首。

伊格尔顿认为布鲁姆针对美国学术界对性的迷恋的批评是正确的，要求寻回反讽也是正确的。他试图用通俗一点的文学评论将文学从美国学院派的晦涩公式中解救出来，并试图将其交还给更多的大众读者，这种意图是令人钦佩的。② 但是他采用的是一种具有绝望属性的、英雄主义的方法：用阅读经典的、高雅的文学作品来对抗低俗世界中沉迷异装癖和多元论的学术环境，在他看来这似乎是目前所剩的唯一手段了。批评对于布鲁姆来说，成为某种形式的诗，"批评成功与否不在于批评本身是否具有价值或意义，而在于批评家自己的修辞力量"③。《如何读，为什么读》的批评方法是"带领我们在其作者最爱的一些诗歌、戏剧和小说中做了一次库克式的旅行，在单调的情节概括或者荒谬的长段引用之后再加上一些业余的、不甚严格的评论，使读者感到无聊"④。以布鲁姆分析柯勒

---

① 哈罗德·布鲁姆. 如何读，为什么读 [M]. 黄灿然，译. 南京：译林出版社，2015：12.
② 特里·伊格尔顿. 异端人物 [M]. 刘超，陈叶，译. 南京：江苏人民出版社，2014：189.
③ 特雷·伊格尔顿. 二十世纪西方文学理论 [M]. 伍晓明，译. 北京：北京大学出版社，2007：185.
④ 特里·伊格尔顿. 异端人物 [M]. 刘超，陈叶，译. 南京：江苏人民出版社，2014：189.

律治的长诗《老水手谣》为例。此诗讲述了老水手和同伴们航海时的遭遇。当他们的船被风暴吹到南极，困在冰海中时，一只信天翁帮助他们破了冰。信天翁被大家留下驯养，直到有一天老水手无缘无故地射杀了它，一船人的命运开始改变。船员们之后都身亡了，老水手却独活了下来。面对这样一首充满了道德困境、命运捉弄的诗作，布鲁姆却拒绝从道德和价值的角度去考量它，而只愿意从作者的创作意图和读者的主观体验的角度来理解，"一如柯尔律治后来所说的，诗中没有道德寓意，而且也不应该有。因此，为什么要杀死信天翁这个问题，也就没有答案。我促请读者不要给这首诗施洗；它不是讨论原罪和人类的堕落……《老水手谣》不是《失乐园》"[①]。同样是意图引导阅读行为的专著，伊格尔顿就采取了与布鲁姆完全不同的立场和做法，后文将对此进行展开论述。

伊格尔顿指出，现今从事或者学习文学批评的学生，在进行文本分析时，往往进行的都是内容分析：对文本先进行一番描述，在其中偶尔掺杂一些个人评论，如果对他们谈起形式问题，他们中的一些会认为你是在指作品是不是以抑扬格五音步写成的，或者是否押韵。伊格尔顿指出，虽然音部或韵脚都是文学形式的一部分，但如果仅是在谈论了句子说了些什么之后，再给句子贴上有关音部或韵脚的标签，这并不能触及真正的文学形式问题。

伊格尔顿认为，造成这种现状的表层原因是学生缺乏系统的文

---

① 哈罗德·布鲁姆. 如何读，为什么读[M]. 黄灿然，译. 南京：译林出版社，2015：134.

学批评训练，深层原因则是文化理论的兴起和"高理论"的衰落。在后理论的语境中，批评的着眼点纷纷从形式、语言、结构等具有纯粹性的问题转向了性别、权力、身体、欲望和族群等问题。与之相随的还有一些对理论的指责："高理论"以它了无生气的抽象和空洞乏味的普遍性，折损了阅读作品的乐趣，使得作品丧失了欲言又止的美感。细读因此成为一种以理论套文本的科学解剖。这样的误解，导致"高理论"愈发丧失人心，文学批评也就越来越朝着体验和主观的方向塌陷。①

伊格尔顿指出，以上对理论的指摘"是当代批评论争中巨大的神话或未经验证的陈词滥调之一"②。针对认为文学理论家心灵干枯，不具备敏锐的情感，识别不了隐喻，故而是他们杀死了诗歌的这种观念，伊格尔顿列举了论果戈理和普希金的俄国形式主义者、论拉伯雷的巴赫金、论布莱希特的阿多诺、论波德莱尔的本雅明、论卢梭的德里达、论华兹华斯的哈特曼等一系列批评家来予以反驳。这些批评家不仅在文学理论上造诣深厚，还是特定意义上的文学艺术家；他们不仅仅是细读者，同时还敏感地对待文学形式问题。

当然，他也指出，今天学习文学的学生，当中也有相当一部分会细致地阅读诗歌和小说，只是不得要领而已。细读本身并不是问题的争论点。"问题不是你如何死抠文本，而是你在这么做的时候

---

① 特里·伊格尔顿. 如何读诗 [M]. 陈太胜，译. 北京：北京大学出版社，2016：2.
② 特里·伊格尔顿. 如何读诗 [M]. 陈太胜，译. 北京：北京大学出版社，2016：1.

究竟在寻找什么。"① 在伊格尔顿看来，以诗歌为例，多数学生阅读诗歌时会将诗视为语言，而不是话语。他们在分析诗的形式问题时，用的是语言学的技术性的区分方法，很容易将内容和形式割裂开来。而对待诗歌的语言的方法也很容易脱离诗歌语言本身。但事实是，诗歌是一种话语，需要关注其中语言物质密度的所有方面，"没有人曾经听到过纯粹和简单的语言"②。我们听到的言辞、阅读到的文字，都是有情绪和价值观的。措辞连同其内容一起进入视野，才能完整地理解出它们的意思。人们有时会说，需要读懂诗歌"背后"的意思，这是一种误导，"因为语言并不像是一种用后即可扔掉的玻璃纸，有现成的思想包裹其中。相反，一首诗的语言就是其思想的构成"③。

总之，在伊格尔顿看来，缺少对文学理论的掌握和重视，缺乏文学批评相关的训练和技巧，欠缺对形式与内容、历史和社会之间关系的认知和分析，是导致目前从事文学批评的学生茫无头绪的主要原因。

(二) 批评是主观的吗？

伊格尔顿在《理论之后》中写道："存在着某些公共标准，可以用来确定我们或其他人是否充分地发展，不能仅仅从审视自己的

---

① 特里·伊格尔顿. 如何读诗 [M]. 陈太胜，译. 北京：北京大学出版社，2016：2.
② 特里·伊格尔顿. 如何读诗 [M]. 陈太胜，译. 北京：北京大学出版社，2016：2.
③ 特里·伊格尔顿. 如何读诗 [M]. 陈太胜，译. 北京：北京大学出版社，2016：3.

灵魂来了解我们的行为是否得当。"① 与此相呼应的，是他在文学批评的问题上也认为文学作品是一种物质化的存在，含有诸多客观的、确定的元素，而且它的意义虽然可以有多重解读，但其中的内核是不变的。"批评家可能在语调、情调之类的阐释上争论不休，但这并不等于说它们完全是主观的。就像刚看到的那样，我们也可以在诗的意义上有不同解释。不过，此类争论通常也有界限。"② 一首诗或者一部作品，在情调、腔调、暗示、隐义、象征、情感、修辞效果等难以捉摸、难以盖棺论定的问题上，是存在许多值得商讨的分歧的。但是，作品中的客观因素，譬如文字、符号、标点、格律等是确定的，最重要的是，它们对那些共享同一种文化的人来说，可能产生的分歧是有限度的。"这是因为，与意义一样，语调和情感很大程度上也是社会的事情。并不是说，意义是公共的，而情感是私人的。"③

在伊格尔顿看来，情感类型、意义内涵和文化体制都是公共的事情。我们阅读或欣赏一部文学艺术作品时，会产生审美直觉、审美想象、审美创造、审美情感、审美理解和审美判断，并且很容易将这些判定为私人的、内在的活动。首先我们必须承认，审美活动具有一定的差异性，个人的性情、经历、身世、环境、年龄甚至心情，都会影响审美判断。比如，工人阶级出身的读者，很难欣赏一

---

① 特里·伊格尔顿. 理论之后 [M]. 商正，译. 欣展，校. 北京：商务印书馆. 2009：126.
② 特里·伊格尔顿. 如何读诗 [M]. 陈太胜，译. 北京：北京大学出版社，2016：155.
③ 特里·伊格尔顿. 如何读诗 [M]. 陈太胜，译. 北京：北京大学出版社，2016：156.

些作品中的小资情调；一个生活优渥的人，很难对那些描写颠沛流离生存状况的文学作品感同身受。但正是这些不能体会、无法欣赏，说明了作品自身具有一定的客观性，不论是否被理解，它们都以某种方式存在着。比如，学界对李商隐的《无题》究竟说了些什么可以各执其词，却很难否认这首诗作很美、很朦胧、很惆怅，而这些感觉并不是主观的、内在于个人的，它们是我们整个文化共同体所共享的。

同样的，文学作品的意义和对作品的价值判断，也如情感一样，"不是由读者任意赋予的，也不是像一个水印那样客观地存在于纸面上"①。虽然"一千个读者就有一千个哈姆雷特"，哈姆雷特在西方人头脑里的形象和在东亚人头脑里的形象肯定是不同的，在古代人和当代人的头脑里肯定也有所不同，但是可以肯定的是，不论这个形象穿着如何、发型如何、相貌身材如何，哈姆雷特都是一个矛盾纠结、坚强睿智、具有人文主义情怀的人物，且无论人物心理变化有多复杂，读者也仍然能够判断他是一个"好人"。这是因为审美活动除了主观差异性，还存在着客观一致性。这就是说"任何文学作品一经产生，就成为一种客观存在，具有质的规定性。欣赏者在欣赏过程中虽然要发挥自己的想象与联想，有所丰富，有所损益，有所加工和改造，但它终究要以作品的内容和形式为基础，为旨归……而作品的价值、意义、作用也要以自身的内容和形式以

---

① 特里·伊格尔顿. 如何读诗[M]. 陈太胜，译. 北京：北京大学出版社，2016：163.

及多数读者的反应为标准"①。

意义、情感之所以具备客观性,首先在于其赖以存在的东西是语言,而语言是具有物质质地的,是从人们对世界的共同认识中提炼出来的。我们的行为是情感的表达,就像词语是意义的表达一样,是有迹可循而非抽象的存在。其次在于它们需要我们的文化语境来参与构造。因为意义深深地与我们的文化行为联系在一起。脱离文化语境的情感和意义是不存在的,"它象征了特定时空下人类之间的契约,代表了共同的行为、感受和思维方式。即便他们在这些问题上存在冲突,也必须具备一定的共识,否则也就不能称其为冲突了"②。比如,如果某人仅仅是为了标新立异,就将"桌子"这个词语的符号标意为"共产主义",但除了自己以外没有任何人认同这个做法,那么这个行为就是无意义的。符号、词语中牵涉了诸多文化,而我们身处的文化是客观存在的,它具象地存在于我们所共享的语言、行为、特定的情感方式和特定的思考方式中。因此在伊格尔顿看来,批评或者解读一部文学艺术作品,由于不存在相关的精确科学,关于作品的意义和情感问题有大量分歧和异议的空隙,但是针对这些问题仍然存在一定的评判标准。

二、文学批评的理想形态

在伊格尔顿看来,文学批评在实践中比在理论中要容易上手得

---

① 唐正序,冯宪光. 文艺学基础理论[M]. 成都:四川大学出版社,1994:350.
② 特里·伊格尔顿. 文学阅读指南[M]. 范浩,译. 郑州:河南大学出版社,2015:165.

多，但需要注意的是，文学批评是一门技术活。如果想做好这项技艺，要学习的东西有很多，其中很重要的一项就是批评技巧。除此以外，伊格尔顿还强调在阅读时我们还需要一定的文化参照系：一是一些文学相关的观念，如什么是小说、什么是文学结构；二是之前的文学作品，因为"每个作品都会回溯到其他作品，尽管有时是不自觉的"①；三是作品所处的语言体系和文化体系。

（一）早期的批评思路

伊格尔顿在早年为人熟知的《二十世纪西方文学理论》中"从头到尾都在试图表明的就是，现代文学理论的历史乃是我们时代的政治和意识形态的历史的一部分"②。他认为纯粹的内在分析的文学理论只是一种学术神话，往往在这些"纯理论"急于撇清自己与历史和政治之间的关系时，它们的意识形态最为突出。也就是说，他在分析和考察了诸多具有代表性的经典批评理论之后意欲得出的结论是，这些文学理论是具有政治性的。他并不打算将政治批评作为一种终极性的、替代性的批评方法，却始终提倡具有政治指涉的批评方式。除此以外，当时伊格尔顿十分看好文化研究的远景，"认为批评实践也具有广泛的延展性，不可以将其困守于经典之中，众

---

① 特里·伊格尔顿. 文学阅读指南 [M]. 范浩，译. 郑州：河南大学出版社，2015：8.
② 特雷·伊格尔顿. 二十世纪西方文学理论 [M]. 伍晓明，译. 北京：北京大学出版社，2007：196.

多文化现象可以具有文学经典一样的分析价值"①。

他在随后出版的《批评的功能》一书中指出，英国当时的批评缺乏实质性的社会功能，并将这些批评归为两类：一类是失去了独立立场的，将自身置于文化产业公共关系中的，被商业化了的、顺应了市场需求的批评；另一类则是脱离了社会活动和公共领域，蜷缩在学术圈内部的批评。这两者显然都使得批评丧失了本身的活力和功能。在当时的他看来，"现代批评是在反对专制政权的斗争中产生的，除非现在把它定义为反对资产阶级的斗争，否则它根本没有前途"②，而他所谓的"实质性社会功能"，就是指批评的政治和意识形态功能③。

之后的很长一个时期内，伊格尔顿的文学批评都与意识形态这个词紧密相连。除了吸取并继承了卢卡奇、戈德曼、马舍雷等的批评方法以外，他依此形成的主要的批评路径有两条："首先是研究作品的生产与消费的整个实践领域，其次是研究作品内部表现方法的审美效果如何产生以及它的社会指涉。"④

进入后理论时期的伊格尔顿不再对文化批评保有热情和称赞，而是将目光从外向内，转回到文学作品的内部，借鉴早年在《二十

---

① 肖炜静. 以"形式"为"中介"——从特里·伊格尔顿《如何读诗》说起 [J]. 汉语言文学研究，2015 (4)：73—78.
② Terry Eagleton. *The Function of Criticism* [M]. London：Verso，1984：124.
③ 乔国强. "公共领域"与"革命批评"话语——论伊格尔顿《批评的功能》中的政治性 [J]. 复旦学报（社会科学版），2017 (5)：40—47.
④ 肖炜静. 以"形式"为"中介"——从特里·伊格尔顿《如何读诗》说起 [J]. 汉语言文学研究，2015 (4)：73—78.

世纪西方文学理论》中分析、评价过的各种文学理论方法，针对不同的文体特性选取相应的分析方法：从追求文学批评的延展性，转而强调文学批评的技术性；从着重探究文本的意识形态，转而强调作品的道德价值。他对作品的评判标准有一种将思想标准和艺术标准结合起来的倾向，但是他主要的批评路径仍然是上文提到的两条，且他批评的最终落脚点仍然是意识形态的，也依然强调文学批评在公共领域中的作用。他之所以这样做，是想通过对文学内部的修辞形式的强调，来纠正当下文化研究潮流的偏颇之处和文学批评中的泛意识形态化。

（二）批评存在的理想形态

伊格尔顿认为"历史上文学批评的最佳状态，就是注意到双重关注的那类，即文学作品的质地、纹理，与这些作品的文化语境"[①]。这种理想的批评模式在历史上是存在过的，它就是修辞学。

伊格尔顿早在 1981 年出版的《瓦尔特·本雅明或走向革命批评》中，就专门写了修辞学小史，指出了批评进退维谷的困境：一方面是变成复杂恼人的技术，另一方面是变成朦胧枯燥的说教。而着力于分析在特定的社会情境中使用特定语言所产生的实质性效果的修辞学，则可以很好地承担批评在公共领域中的功能和责任。可以说，修辞学是批评的理想形态。当然，这是指古希腊、古罗马时

---

① 特里·伊格尔顿. 如何读诗 [M]. 陈太胜，译. 北京：北京大学出版社，2016：11.

期的修辞学。伊格尔顿认为,修辞学是最早的政治性文学批评,近似于我们现在所知道的"话语理论"①。它是关于法律、政治、宗教等国家机器的言语行为的理论,是公共事件与社会关系的语言。修辞学最早产生于公元前五世纪的希腊。在古罗马时期,修辞学实际上就等同于高等教育本身。古典时期的修辞学与诗学紧密相连,直到 16 世纪,诗学与修辞学才完全独立为两个学科。在中世纪,由于社会物质状况的改变,修辞学渐渐变成了一种毫无生机的、仅仅是奇异语言汇总的形式主义。1667 年,修辞学被学者们从民间团体中剔除,被从公共论坛收归经院,失去了对话性,变成了一种独白。之后,修辞学又经历了被"感性""审美"等唯心主义美学弱化的历史。在今天,它变得面目全非,从公众视野退隐至书斋学院,由政治实践变成了精英话语,变成了一种仅仅是卖弄修辞而已的科学。

前期的伊格尔顿看重的是修辞学与意识形态、政治权利紧密相连的特性:修辞的效果具有公共性,它与辩证法、煽动和宣传都密切相关,并且往往涉及正义或者道德的概念,并与信念或者意识形态相对立。因此,伊格尔顿指出,由于一切艺术形式都是修辞性的,所以批评工作者的任务主要有三项:第一是投身到作品和事件的制作中去,第二是鼓励别人写出没有明显政治内容的作品,第三是尽量"'独辟蹊径'地阐述这些作品,以便获取对社会主义有价

---

① 特里·伊格尔顿. 如何读诗 [M]. 陈太胜,译. 北京:北京大学出版社,2016:13.

值的东西"①。此时伊格尔顿理想中的文学批评体系,是一种具有实质性的社会影响和政治功用的体系。②

紧接着在1983年的《二十世纪西方文学理论》中,伊格尔顿对修辞学有了更深入的认识。由于修辞学研究他人语言的目的是发现其中最有效的申辩、说服和论争的手段,以便在自己的语言中有效地运用它们,因此伊格尔顿指出,修辞学其实"既是一项'批评'活动,也是一项'创造'活动:'修辞学'一词同时涵盖着有效的话语实践与研究它的科学"③。此时的伊格尔顿表现出了一种更为缓和的态度。首先,他表明无意用自己提出的在政治上更可接受的文学理论来对抗其他的文学理论。其次,恢复修辞学的传统形态是不现实的,既没有这个条件,也没有这个必要。重提修辞学的主要原因在于,"一方面它与形式主义、结构主义和符号学一起分享着对语言的种种形式手段的兴趣"④,"另一方面它又对种种话语所产生的各种效果以及它们如何产生这些效果的原因同样关心"⑤。他发现大多数形式主义文论和结构主义批评最大的问题在于无力回答

---

① Terry Eagleton. *Walter Benjamin, or Towards a Revolutionary Criticism* [M]. London: Verso Editions and NLB, 1981: 113.
② 乔国强. "公共领域"与"革命批评"话语——论伊格尔顿《批评的功能》中的政治性[J]. 复旦学报(社会科学版). 2017(5): 40—47.
③ 特雷·伊格尔顿. 二十世纪西方文学理论[M]. 伍晓明, 译. 北京: 北京大学出版社, 2007: 208.
④ 特雷·伊格尔顿. 二十世纪西方文学理论[M]. 伍晓明, 译. 北京: 北京大学出版社, 2007: 208.
⑤ 特雷·伊格尔顿. 二十世纪西方文学理论[M]. 伍晓明, 译. 北京: 北京大学出版社, 2007: 208.

究竟为什么要费尽心力地去分析和发展各种符号系统和表意实践，且总是脱离语境地去考量文学，并过高地估计它的改造力量。而古典修辞学则可以避免这种文学与现实、政治、历史脱节的问题。

后理论时期的伊格尔顿再次表明修辞学是文学批评的最佳形态，这一次他仍然针对当下的理论环境。之前他的政治批评是有令人振奋的对手的，"从俄国形式主义者到美国新批评家，从诺斯若普·弗莱到罗兰·巴特，这些质疑文学的历史观念的伟大的形式主义批评家，都是以挑衅的、理论上深奥的方式来做'后政治'"[①]的，然而今天的政治批评面对的却主要是无知和偏见，除了一些可敬的例外以外。文学批评处在既对形式不敏感，也对政治责任没兴趣的，背离其古典修辞学人文传统的危险当中。当下，似乎是文化研究承担了批评的政治探究的任务，但文化研究似乎经常抛弃细致的形式分析，"研究的每一分支从他人那儿学到的东西都太少了"[②]。在这样的背景下，重提修辞学传统就显得十分必要了，他列举了诸如尼采、燕卜逊、利维斯、理查兹等优秀的理论家，指出对这些批评家来说，"历史"和"字面上的词语"并不是一种非此即彼的选择。他们热爱语言，而他们的这种热爱是与整个文明联系在一起的。语言是将文学艺术和人类社会联结在一起的桥梁，在语言之中我们产生意识。因此文学批评就是"使我们成为我们所是的媒介的厚度和精致的敏锐感受。单是注意它自己与众不同的对象，文学批

---

① 特里·伊格尔顿. 如何读诗 [M]. 陈太胜, 译. 北京：北京大学出版社，2016：20.
② 特里·伊格尔顿. 如何读诗 [M]. 陈太胜, 译. 北京：北京大学出版社，2016：20.

评就可以作为一个整体的文化命运获得的基本暗示"①。所以说，合理的文学批评是不能够忽略语言的，也绝不能忽略它的研究对象所处的文化整体，而这两点正是修辞学的优势。

总的来说，伊格尔顿持续研究和探讨修辞学，并且在讨论文学批评的时候不断提及修辞学，主要就是为了表明，理想形态的批评不仅能使形式和政治并行不悖，而且还能在公共领域中发挥交流和互动的作用。前期伊格尔顿的讨论主要针对形式主义的文学批评风气，后理论时期伊格尔顿的讨论则主要针对文化研究的风气。除此以外，后理论时期的伊格尔顿政治批评立场依旧，但观点变得更加兼容并蓄了。

（三）共性、历史与价值

虽然后理论时期的伊格尔顿一再强调文学批评应该保有对形式的敏感，并且在批评实践中借用俄国形式主义、新批评、结构主义等各种形式主义文论的批评方法，但这并不是说他的立场发生了转换。相反，他的社会政治批评立场依然坚定，这表现在他批评的思路虽然借用了形式主义文论的一些观点，但他批评的落脚点仍然是社会、历史和政治，他仍然认为现实主义文学艺术在道德和公共层面上更具有价值。他态度的变化在于更加包容，并着力于取长补短，通过肯定形式主义文论、精神分析、现象学、诠释学、接受理

---

① 特里·伊格尔顿. 如何读诗 [M]. 陈太胜, 译. 北京：北京大学出版社, 2016: 12.

论等批评方法,来表达他对于目前文学理论、批评界中的一些乱象的不满。

伊格尔顿数次说道:"难道标点是一回事,而政治是另一回事?"[1]存在着内容的政治,也存在着形式的政治。形式并不是对历史的偏离,形式本身就属于历史。[2]这基本上承袭了他早在《马克思主义与文学批评》一书中的态度,当时他就引用了卢卡奇的观点即"文学中真正的社会因素是形式"[3],并主要分析了黑格尔、马克思、卢卡奇、戈德曼以及马舍雷这些理论家对形式问题的论述,用以佐证形式问题在文学理论中的重要性。到了后理论时期,伊格尔顿则运用大量的文学批评实践来证明"一点点形式可能是危险的事,而大量的形式则很有好处"[4],即对待形式问题时,像狭隘的形式主义那样只是肤浅地停留在辞藻、结构、技法上是不可取的,真正精妙的方法,是将形式本身作为历史的媒介来把握[5]。

甚至于连最为排斥政治批评,与历史、公众最为"隔绝"的诗歌,对伊格尔顿来说,都可以并且也应该与历史、政治联系在一起来看待。首先,诗歌早年的作用之一是记录并传唱历史,把它与历史严格区分开来,是相当晚近的一件事。其次,在现代主义时期,

---

[1] 特里·伊格尔顿. 如何读诗 [M]. 陈太胜, 译. 北京:北京大学出版社, 2016:11.
[2] 特里·伊格尔顿. 如何读诗 [M]. 陈太胜, 译. 北京:北京大学出版社, 2016:11.
[3] 特里·伊格尔顿. 马克思主义与文学批评 [M]. 文宝, 译. 北京:人民文学出版社, 1980:24.
[4] 特里·伊格尔顿. 如何读诗 [M]. 陈太胜, 译. 北京:北京大学出版社, 2016:244.
[5] 特里·伊格尔顿. 如何读诗 [M]. 陈太胜, 译. 北京:北京大学出版社, 2016:244.

诗歌极度抗拒社会分析,"这种将自身从惯常的感知中分离出来的做法,本身就是非常有说服力的历史现象。诗感到不得不背弃的社会,又是怎样的社会?诗感到被迫以它自己的形式为内容,而非从普通的意义储备中提取时,社会经验的内容又发生了什么?"①。伊格尔顿在后理论时期的文学批评实践中采用的批评方法主要沿袭了马舍雷的"离心"形式理论②,即一部作品是否与历史、政治、社会有关,不是看它说了些什么,而是应该看它没有说什么。也就是说,一部作品中最意味深长的部分在于它的沉默、空白和间隙,意识形态往往都嵌于其中,因此批评家和批评的任务是要使这些"沉默"说话。

伊格尔顿对于现实主义和现代主义小说的不同态度,也体现出了他的社会政治批评立场。以他在《文学阅读指南》中对小说中"人物"这个概念的探讨为例,在现实主义和现代主义那里,这个词语代表了二者对待共性与个性问题的不同看法。"Character"这个词语,有"记号""字母""象征"和"文学作品中的人物"的意思。这个词源自古希腊的一种印模工具,后来转义为近似于签名的"个人特殊印记",用来描述某个人的记号、肖像,类似于今天的身份证;后经过演变,它才被用来指具有某种特点的"个人",独特印纹由此成了独特的人本身。他指出"人物"这个词语从"个人特殊印记"到"个人"的演变不仅具有学术意义,而且同整个社会历

---

① 特里·伊格尔顿. 如何读诗[M]. 陈太胜,译. 北京:北京大学出版社,2016:246.
② 特里·伊格尔顿. 马克思主义与文学批评[M]. 文宝,译. 人民文学出版社,1980:39.

史都密切相关，因为这个演变显然是受到了现代社会中个人主义兴起的影响。在现代社会中，我们肯定每个人都有独特的特质，我们都是由独一无二的个性来定义的。个性是我们区别于他人的重要标准，是我们存在的依据。但是伊格尔顿提醒我们，过于强调个性也是有问题的。首先，"所谓个性，其实只限于一定程度。没有哪种个性是一人独有的"①。比如，麦克白夫人之所以是麦克白夫人，是因为她惊人的意志力和凶悍的野心，但这样的个性也存在于其他文学人物的身上，存在于许多现实中的人身上。其次，所谓的"奇人"是需要"俗人"与之相对，才能显得出他们的"奇"的。最后，如果每个人都是独特的这个说法适用于所有人的话，那么大家就都同时具备了一个共性，即独特性。这样的话，人人都有了个性，也就意味着人人都没有了个性。伊格尔顿不无戏谑地指出，虽然文学家认为个人是独一无二的，但是社会学家恐怕会有不同意见了，因为如果每个人都无法预测的话，搞社会研究的人恐怕就要失业了。②

文学致力于创造独一无二的人物，想要捕捉一个人的"本质"，抓住他之所以为他的特点，而这种努力注定是徒劳的，或者说纯粹的个性化写作是不可能的。首先，因为我们只能用语言来描述事物，而语言的本质就是笼统。"我长的眉毛、我生的闷气并没有专用的说法。一旦使用'章鱼'这个词，就意味着这只章鱼和其他的

---

① 特里·伊格尔顿. 文学阅读指南 [M]. 范浩，译. 郑州：河南大学出版社，2015：64.
② 特里·伊格尔顿. 文学阅读指南 [M]. 范浩，译. 郑州：河南大学出版社，2015：65.

章鱼是相似的。"① 其次，作家写得越细致，提供的信息就越多，造成歧义的空间就越大，因此，细致描写最终造成的效果往往不是生动具体，而是含糊不清。伊格尔顿以《包法利夫人》中那段著名的关于查尔斯·包法利帽子的描写为例，指出那样繁复的铺陈，可以说是有点过分了。将各种帽子的特点堆砌一番，使得读者已近无法想象查尔斯的帽子究竟是什么样了，虽然这种手法也达到了"不三不四""不声不响"的丑的效果。伊格尔顿指出，有时候大家倾向于认为文学作品应该尽量落实到具体的、实在的细节，但是，作家越是努力为了刻画一个难以描述的本质而堆砌形容词，其本质就越是容易被笼统的说法或者语言本身所掩盖。因而语言描述的独特性是不存在的。除此以外，伊格尔顿指出，像是意识流小说和一些现代主义、浪漫主义小说中那样的大段的意识、心理、情感的私人化描写，如马塞尔·普鲁斯特的《追忆似水年华》中的相关内容，其实有一种不必如此细致入微的、直接剖白自己的写法，那就是"将个体的内心活动置于剧情、家族、历史以及公共疆域的大视野之内"②。在他看来，人之所以有内心活动，是因为人隶属于某种语言和文化。掩饰或者描述这些想法和感情，都是我们后天习得的技能，想要完全私人、完全独特、完全个性化是不可能的。因此，想要突显人物的心理活动，其实可以不必选择如此封闭的描写。最后，伊格尔顿提醒我们，"文学作品讨论的是具体的、当下的，而

---

① 特里·伊格尔顿. 文学阅读指南 [M]. 范浩, 译. 郑州: 河南大学出版社, 2015: 67.
② 特里·伊格尔顿. 文学阅读指南 [M]. 范浩, 译. 郑州: 河南大学出版社, 2015: 70.

不是抽象的、一般的内容"[1]这样的观点显然是由历史原因造成的，绝不是古已有之的。在《诗学》中，亚里士多德认为，故事最重要的元素是情节或剧情的发展，人物本身的独特性不是那么重要，最重要的是人物的行动。"人的公共行为对于他的内心世界是有积极影响的，行善能助人心善。荷马和维吉尔写作的起点是人是实际、社会性、被代表的生物，而后从这个角度讨论人类意识。埃斯库罗斯和索福克勒斯也是如此。"[2] 直到 18 世纪，主流的文学家仍然认为过于具体的写法是不入流的，一般性的描写才有意义。

就叙事层面来看，伊格尔顿也更加推崇现实主义小说。在他看来，现实主义小说就相当于解决问题的手段。它自行制造问题，然后再设法解决问题。[3] "现实主义小说的意图是反映存在的本来面目，包括各种枝枝蔓蔓的细节；但是，它也必须从这些杂乱无章的事件中理出头绪"[4]，因此现实主义文学往往需要对现实材料进行遴选、修改和割舍，表面上作品会呈现出一个时而可惊、时而可喜的不修边幅的世界，但是一些看似漫不经心的细节背后，却往往是精心的安排，现实主义作品所选取的人物、事件、场景都是为了帮助自身建立一个道德世界，所以归根结底是一种秩序感的体现。在一些经典的现实主义作品中，世界就像故事一样井井有条。而现代主

---

[1] 特里·伊格尔顿. 文学阅读指南 [M]. 范浩, 译. 郑州：河南大学出版社，2015：67—68.
[2] 特里·伊格尔顿. 文学阅读指南 [M]. 范浩, 译. 郑州：河南大学出版社，2015：70.
[3] 特里·伊格尔顿. 文学阅读指南 [M]. 范浩, 译. 郑州：河南大学出版社，2015：120.
[4] 特里·伊格尔顿. 文学阅读指南 [M]. 范浩, 译. 郑州：河南大学出版社，2015：127.

义作品和后现代主义作品想要达到的主要目的往往是彻底地暴露问题。许多现代主义作品往往缺乏秩序感，甚至刻意追求失序，这是因为"现实主义认为世界是渐次展开的，而现代主义则往往将世界看作一个文本"①，这个"文本"类似于一种"纺织品"，也就是说，在这种观点看来世界其实是一个错综复杂、纠结不清的网络，这个网络没有中心点，因为无法指认出起点和终点，各个部分之间的关系也是千丝万缕的，不存在符合逻辑的进展过程。虽然现代主义作品为了制造无序感，往往也会刻意安排混乱，但这种刻意显然违背了其本意。现代主义让人重新审视秩序，却会因为无法解决现实问题而给人造成失序感。伊格尔顿引用了约瑟夫·康拉德（Joseph Conard）在《书信与生活札记》（*Notes on Life and Letters*）中的段落来说明现实主义小说的叙事方法之所以合理的原因："（以）奖惩、至爱、财富或猝死为解决之法"是合情合理的，因为它们满足了人类对终结的渴望。"我们内心渴求终结，胜于渴求现世温饱。观察一下人们的闲暇时光即可发现，芸芸众生真心所愿者大抵唯有安定"②，正是这种对终结的渴望促使人们将故事读下去，也正是这种类似于"死亡驱力"（death drive）的力量，使得人们对惊险、悬疑还有恐怖故事保有盎然的兴趣。现代主义力图破坏这种人们对安定、秩序和终结的诉求，它以富有新意的方法达到了这个目标，但是除了在艺术和思想层面上具有意义以外，对在社会生活中被种

---

① 特里·伊格尔顿. 文学阅读指南［M］. 范浩，译. 郑州：河南大学出版社，2015：121.
② 特里·伊格尔顿. 文学阅读指南［M］. 范浩，译. 郑州：河南大学出版社，2015：118.

种道德困境和现实疑惑包围的人们来说，作用可能比较小。

因此，如何评价文学作品的价值，也涉及了现实主义、古典主义、浪漫主义、现代主义的不同立场和标准。浪漫主义倾向于以原创性为衡量作品价值的标准，认为一部作品与传统、习俗决裂的程度越深，越具有价值。现代主义继承了浪漫主义对创新的渴求。现代主义抵制的是"一个一切都被标准化、程式化、提前编制的世界，它希望超越这个二手文明，使人们用全新的眼光去看待世界——扰乱，而非强化日常认知"①。但是伊格尔顿指出，这些观点事实上是很难成立的。首先，我们无法辨识"全新"的艺术品和文学作品。而无法辨识的文学艺术，其存在本身就很难说有什么意义了。可辨识的艺术作品，即便是有革新意义的艺术作品，也是依靠被革新的风格来定义的。同理，再具有创新意味的文学作品，也必须使用经过人们数亿次使用的语言，而且，它也是依据社会现实，由在此之前的无数的文本碎片堆砌而成的。比如，《山海经》再荒诞不经也是立足于现实的，《格列佛游记》再奇特也是取材于社会生活的。因此，伊格尔顿说，纯粹的创新只是那些前卫艺术家一厢情愿的想法而已。② 其次，新的东西不一定就是有价值的东西。不管何时何地，人性总是相似的，在一些新古典主义者眼中，几个世纪以来经过无数人验证的道理要比新鲜出炉的观念有分量，在大多

---

① 特里·伊格尔顿. 文学阅读指南 [M]. 范浩, 译. 郑州: 河南大学出版社, 2015: 201.
② 特里·伊格尔顿. 文学阅读指南 [M]. 范浩, 译. 郑州: 河南大学出版社, 2015: 201.

数情况下，历史告诉我们，现在只是过去的重演。①

伊格尔顿认为，宏大地、道德地看待人性，看待文学艺术的方式的消逝，是与人们社会意识的枯竭密切相关的。首先，是浪漫主义的观点影响了我们。以赛亚·伯林（Isaiah Berlin）曾总结道，浪漫主义其实是一场思想转变运动："浪漫主义的重要性在于，它是西方世界迄今为止发生的最大最深刻的思想上和生活方式上的转向……后来19世纪和20世纪发生的其他转变在重要性上相对较小而且无不深受它的影响。"② 浪漫主义的主要特征是内省，致力于探究人类心灵的非理性方面，诸如梦幻、爱欲、恐惧、冲动、无意识等，它的思维方式标志着心灵与外部世界的分裂，这必然会导致人们同社会现实的关系疏离，而这种疏离，恰好就成为"现代性"的源头之一。③

除了反驳浪漫派和现代派的评判标准以外，伊格尔顿还反驳了一些现实主义、古典主义的观点。首先，针对最好的作品就是真实并直观地再现了生活本身的那类作品的观点，伊格尔顿提醒我们，忠于日常生活表象并没有什么价值，写实的作品不一定是现实主义的，拆解表象这个行动本身才具有意义。"当我们用"现实主义"这个词来描述某个作品的时候，并不是指它绝对比非现实主义的作

---

① 特里·伊格尔顿. 文学阅读指南[M]. 范浩, 译. 郑州：河南大学出版社, 2015：201.
② See Isaiah Berlin. *The Roots of Romanticism* [M]. Princeton：Princeton University Press, 1999：2.
③ 杨慧林, 耿幼壮. 西方文论概论[M]. 北京：中国人民大学出版, 2013：22.

品接近现实，而是指它符合某一个时期、某一个地方的人对于现实的理解。"① 其次，伊格尔顿认为第二类值得商榷的观点是，具有普世性和永恒性的作品才是伟大的作品。它们探讨的主题是人类世界永恒的主题——死亡、爱欲、生存、希望、理想等。针对这个观点，伊格尔顿指出，我们很难判断自己是否理解了那些被推崇为伟大作品的本义。比如当今我们所赏爱的《安提戈涅》和古希腊人所理解的《安提戈涅》之间很可能有很大的差异。"假如真的能够探知某部作品对时人的意义，说不定我们就不会对它有那么高的评价，也不会从中获得那么多乐趣了。"② 伊格尔顿进一步指出，没有真正永恒的作品，因为没有人能知道某种文学作品在未来是否仍然具有阅读价值。除非到了世界末日，否则谁都不能断定是歌德还是J. K. 罗琳获胜。除此以外，这个所谓的普适性还涉及空间传播的问题，要想让非英语国家的读者在真正的意义上欣赏简·奥斯汀的作品，不仅需要读者掌握一些西方小说、西方文明的知识，还需要对小说的历史背景有所了解。伊格尔顿还补充道，有很多文学作品，可能本身并不具有永恒性和普世性，但可以为人所享受，给人带来乐趣，那么很难说它们不具有价值。

伊格尔顿还反驳了其他几个评判标准，比如具有复杂深刻的内容的作品就是有价值的作品，又如具有令人耳目一新的形式的作品就是好作品，连贯的、和谐统一的作品就是优秀的作品，等等。在

---

① 特里·伊格尔顿. 如何读诗 [M]. 陈太胜, 译. 北京: 北京大学出版社, 2016: 144.
② 特里·伊格尔顿. 文学阅读指南 [M]. 范浩, 译. 郑州: 河南大学出版社, 2015: 206.

伊格尔顿看来，这些评判标准都有各自的纰漏。那么，在他看来，究竟什么才是判断好坏的标准呢？在《文学阅读指南》的最后，伊格尔顿列举了约翰·厄普代克（John Updike）的小说《兔子安息》中的段落，认为其笔法老到，但未免老得过头了，有雕琢过度之嫌；威廉·福克纳（William Faulkner）的《押沙龙，押沙龙！》中的一个片段则是像啰嗦的流水账，这样的文风是他所反感的。伊格尔顿欣赏的是伊夫林·沃（Evelyn Waugh）的短篇小说《战术演习》中所展现的那种纯粹、利落和简约的文风。但这并不是说伊格尔顿不喜欢文采和诗意，他也列举了像《洛丽塔》和《爱情共和国》这样的作品，认为它们同时具备了辞藻优美、反讽和节制的特征。从这些例子中，我们得以欣赏伊格尔顿对各种文学风格精妙的分析品评，并且看出了他的文学偏好，但是最终他也没有明确说明在他看来评价文学作品价值的标准是什么。

这一评判依然承袭了早年他在《二十世纪西方文学理论》中的观点。在《二十世纪西方文学理论》一书中，伊格尔顿就已经指出，"文学是具有价值的作品"的判定方法是很有启发性的，因为它强调了文学的道德维度，这个判定本身因此也具有了价值。但是很显然，"好"文学是文学，"坏"文学同样也可以是文学。最重要的是，建立在个人喜好以及个人关切的基础上的价值判断是可变的，完全中立客观的价值判断也是不存在的，且摒除利害关系和偏见的阅读可能就不再有它的价值和意义了。因为首先"利害关系并非只是危害我们知识的偏见，它构成我们知识的一部分"①。其次，我们之所以欣赏一些文艺作品，是因为"我们无意地按照我们的偏见在阅读它们，而一旦这样做的可能性减小，这种戏剧也许就不再意味深长地向我们说话了"②。也就是说，文学艺术之所以打动我们，是因为其中的某个部分与我们的偏见相契合或者相悖，挑战了我们的偏见。一旦这种偏见不存在了，文学艺术的魅力将会大打折扣乃至不复存在。因此伊格尔顿总结道，文学的价值判断其实是一种与意识形态密切相关的活动。③ 与后理论时期的伊格尔顿相比，此时的伊格尔顿侧重的是论述价值与意识形态之间的关系。进入后理论时期之后，伊格尔顿的视野更加开阔了。在探讨文学作品的价值问题时，他将各种评判标准的优劣都大致地论述了一下，并且用批评实践表明了自己的立场，即不存在一个统一的评判标准，但存在评判的个人偏好。显然，就他个人来说，他始终更加青睐那些具有现实意义的，反映事物本质规律的，语言凝练、细节真实、叙述客观且形象典型的文学作品。

---

① 特雷·伊格尔顿. 二十世纪西方文学理论 [M]. 伍晓明，译. 北京：北京大学出版社，2007：13.
② 特雷·伊格尔顿. 二十世纪西方文学理论 [M]. 伍晓明，译. 北京：北京大学出版社，2007：11.
③ 特雷·伊格尔顿. 二十世纪西方文学理论 [M]. 伍晓明，译. 北京：北京大学出版社，2007：14.

第三节　作为方法与问题的文学批评实践

伊格尔顿对形式问题的关注是一以贯之的。早在《马克思主义与文学批评》一书中，他就用大量篇幅探讨了关于形式的问题。他提到，传统的马克思主义批评在对待形式问题时，主要有两种倾向。一是反对一切文学上的形式主义，认为形式至上的批评和创作剥夺了文学的历史意义[①]，这种观点注意到了推崇形式的风气与高度发达的资本主义之间的联系。二是"大量的马克思主义批评在实践中不够重视艺术形式方面的问题，将这个问题搁置一边，一味探索政治内容"[②]。由于对内容和形式关系的狭隘理解，一些理论家会常常陷入"庸俗马克思主义"的错误，他们往往会直接在文学作品中搜索意识形态内容，再将这些内容径直联系到阶级斗争或经济、历史、政治上去，难免会有牵强附会的嫌疑。针对这种状况，伊格尔顿借用了卢卡奇提出的警告："艺术中意识形态的真正承担者是作品本身的形式，而不是可以抽象出来的内容。我们发现文学作品中的历史印记明确地是文学的，而不是某种高级形式的社会文

[①] 特里·伊格尔顿. 马克思主义与文学批评［M］. 文宝，译. 北京：人民文学出版社，1980：24.
[②] 特里·伊格尔顿. 马克思主义与文学批评［M］. 文宝，译. 北京：人民文学出版社，1980：24.

件。"① 在后理论时期,伊格尔顿延续了这个观点,并在文学批评实践中以具体操作凸显了对形式的关注及其在文学批评中的意义,展现出了一种严格意义上的内容与形式、形式与历史的辩证。

一、前期文学批评实践

伊格尔顿在 20 世纪 70 年代就为杂志《站起来》写过许多诗歌评论,那是一种与他在理论上的探讨大相径庭的诗歌细读。伊格尔顿表示自己很珍视这段经历,认为自己在写诗评的同时,也对诗歌理论有了进一步的领会。只是当时的他尚未认识到,直到 2006 年《如何读诗》一书出版后,他才更娴熟地将政治批评与文本细读、文化批评与文学审美协调起来②。除了诗评,伊格尔顿当时还在《批评文萃》和《批评季刊》上发表了大量的书评,同时也为《英文研究评论》和《笔记与问责》写了一些书评和笔记,并在 1974 年编辑了托马斯·哈代(Thomas Hardy)的新威塞克斯系列小说的最后一部——《无名的裘德》③。1975 年,伊格尔顿出版了《权力的神话》,在其中他对勃朗特姐妹的作品进行了马克思主义的

---

① 特里·伊格尔顿. 马克思主义与文学批评 [M]. 文宝, 译. 北京:人民文学出版社, 1980:28.
② 特里·伊格尔顿, 马修·博蒙特, 贾洁. 批评家的任务——特里·伊格尔顿对话录·第四章政治/美学 [J]. 马克思主义美学研究, 2011, 14 (1):184.
③ 特里·伊格尔顿, 马修·博蒙特, 贾洁. 批评家的任务——特里·伊格尔顿对话录·第四章政治/美学 [J]. 马克思主义美学研究, 2011, 14 (1):184.

研究。①

(一) 历史与形式

伊格尔顿写作《勃朗特姐妹：权力的神话》的时候，马克思主义批评正如日中天，"80 年代初，英国一家大出版社的主任说，这是自 20 世纪 30 年代以来的第一次，所有最令人兴奋的批评都来自政治左派"②。伊格尔顿将《勃朗特姐妹：权力的神话》视为一部过渡性的书，以此进行了一种将理论和实践相结合的尝试。该书是对勃朗特姐妹的作品的研究，伊格尔顿认为当时已有的针对勃朗特姐妹作品的研究，特别是针对夏洛蒂·勃朗特的研究，仍然沿袭着细读文本、死抠字句的惯例和传统。马克思主义批评当然也应该细读它所研究的文本，而且自 20 世纪 70 年代中期以来，马克思主义文学批评对于"阅读意味着什么"的问题更加警觉了。而在他看来，大多数马克思主义文学批评尚未实现激进理论和变革性阅读实践之间的充分互动。从某种程度上来说，《呼啸山庄》似乎在以某种方式克服这种脱节，这使得它成为一部非常适合研究其文学形式与社会意识形态关系的作品。③

在研究勃朗特姐妹的作品时，伊格尔顿借鉴了卢西恩·戈德曼

---

① 特里·伊格尔顿，马修·博蒙特，贾洁. 批评家的任务——特里·伊格尔顿对话录·第四章政治/美学 [J]. 马克思主义美学研究，2011，14 (1)：184.
② Terry Eagleton. *Myths of Power* [M]. London：Macmillan，1988：12.
③ Terry Eagleton. *Myths of Power* [M]. London：Macmillan，1988：12.

的"遗传结构主义"理论,即着重考察文学作品的结构与作家所属的社会阶级或集团的思想结构之间的关系。[1] 该理论说明了形式上各式各样但本质上同属一类的文学作品,是如何被特定的社会群体和阶级意识所塑造的。[2] 在应用戈德曼的理论时,伊格尔顿采取了一种较为宽松自由的用法,但是不论怎样,伊格尔顿都将"遗传结构主义"视为文学文本、社会意识与历史因素之间必不可少的中介。通过"遗传结构主义"理论,伊格尔顿探究了文本中的意识形态结构,并且阐明了文学形式与历史现实之间的关系。[3]

伊格尔顿认为,勃朗特姐妹作品中的意识形态结构,源于19世纪上半叶英国约克郡西赖丁的历史现实。[4] 在新旧交替的历史背景下,以夏洛蒂·勃朗特为例,"她的作品中存在着两种模糊隐约却又截然不同的价值倾向在相互碰撞激荡,一方面是理性的、冷静的、精明的自我追求,充满活力的个人主义,激进的抗议和反叛的价值观;另一方面,也有虔诚、顺从、文化、传统、保守主义的习惯。小说中的价值观的状态之所以'暧昧',是因为这两种价值观中的元素有时会被移位或反转到另一个,给读者造成困惑"[5]。小说中的这种矛盾可以理解为工业资产阶级与地主贵族这两个不同的社

---

[1] 特里·伊格尔顿. 马克思主义与文学批评 [M]. 文宝,译. 北京:人民文学出版社,1980:36.
[2] Terry Eagleton. Myths of Power [M]. London: Macmillan, 1988: 4.
[3] Terry Eagleton. Myths of Power [M]. London: Macmillan, 1988: 4.
[4] Terry Eagleton. Myths of Power [M]. London: Macmillan, 1988: 4.
[5] Terry Eagleton. Myths of Power [M]. London: Macmillan, 1988: 4.

会阶级之间的意识形态冲突。在这两种意识形态的轮番统领下，夏洛蒂也如同代人一样，很难在两种价值观中取舍和抉择。但这正是夏洛蒂作品的迷人之处，因为她能够将资产阶级的理性和浪漫主义的艳丽相调和，将鲁莽的行动与温和的教养、激烈的反叛同谨慎的传统结合起来，这些交汇点体现了当时统治阶级与工业部门之间的复杂对立关系。伊格尔顿因此称她的作品为"神话"①。

勃朗特姐妹恰巧生活在一个土地贵族和工业资产阶级之间的摩擦特别强烈的地方，这与纯粹生活在工业区或是农业区相比所产生的效果是不同的。除此以外，她们在社会结构中所处的位置也很模棱两可。②首先，作为牧师家庭的孩子，她们生活得很清贫，且境况很难得到改善，但是她们一家仍然在窘迫的生存状况下竭力遵守和维持一种"上流社会"的生活标准。③其次，作为受过教育的女性，她们缺乏安全感，与周围环境格格不入，但是又因为地理位置偏远而远离了其他的知识分子，她们被孤立了起来。她们的作品中也时常表现这种处境——在一个奉行个人主义的社会环境中，人和人之间充斥着隔离感和孤独感。④

在分析了19世纪的历史环境、勃朗特姐妹的生活经历、她们父亲的经历、勃朗特一家的宗教信仰和文化氛围等背景之后，伊格

---

① Terry Eagleton. *Myths of Power* [M]. London：Macmillan，1988：4.
② Terry Eagleton. *Myths of Power* [M]. London：Macmillan，1988：4.
③ Terry Eagleton. *Myths of Power* [M]. London：Macmillan，1988：4.
④ Terry Eagleton. *Myths of Power* [M]. London：Macmillan，1988：4.

尔顿总结道："勃朗特姐妹对现实生活做的妥协和谈判，所造成的'想象性'和'社会性'之间的裂缝，对我来说，是理解她们的小说至关重要的切入点。"① 他还强调社会历史批评的目的不是给文学作品加注脚，而是更加深入地理解文学作品。②

总的来说，伊格尔顿前期的文学批评实践偏向社会历史批评，作者、阶级、生产力、地理、历史、文化等因素都是他的主要研究对象。此时他的批评更加偏重于文本内容与意识形态之间的关系，后期他的注意力则逐渐转移到了文本形式与意识形态的关系上。

(二) 形式与内容

一般情况下，文学的内容和形式可以通俗地解释为：内容是作品说了些什么，形式是作品如何说它的。传统的社会历史批评或马克思主义文论的基本观点是内容决定形式，形式反作用于内容，并认为内容与形式的本质上的和谐统一只存在于美的、优秀的、成功的艺术作品中。至于内容与形式脱节的状况，有时是落后的形式阻碍了先进的内容，有时则是内容落后于形式，新瓶装旧酒。这些内容与形式不一致的文艺作品是很难成为伟大的作品的。

亨利·列斐伏尔就认为，伟大的艺术品之所以永垂不朽，是因为它的内容是无尽的。"有些伟大的作品包含有某种取之不尽的内容。各个最不相同的时代，都曾经在这些伟大的作品中搜索过而且

---

① Terry Eagleton. *Myths of Power* [M]. London：Macmillan，1988：13.
② Terry Eagleton. *Myths of Power* [M]. London：Macmillan，1988：14.

现在还在搜索着与各个时代的审美要求相适应的东西。各个时代曾经发现了而且现在还在继续发现这些古典作品的一切新的方面，同时又通过过去的这些作品而发现自己。"① 这种内容上的无穷性并不是形而上学的那种无穷，而是基于有限的无限。人这种生物，是在生命的无穷过程中繁衍生息的，但是每个个体的身体、生命、需求和本性等是绝对的、有限的。譬如，肉体的衰老和损伤，求生欲以及对死亡的恐惧等。这些本能和欲望、恐惧和需求在有限的个体中，体现出了无限性，而完整的、伟大的作品，它们的无穷可读性就在于在有限的东西上体现出了人性、自然、生命等无穷的东西。因此，是丰富的内容决定了作品的价值，而不是花样百出的形式自身具有长久的生命力。

在反对形式第一性的这种观点时，列斐伏尔认为过分强调形式将会流于两种倾向：一种是试图完全再现事物原貌的自然主义；另一种则是将材料和技艺看作艺术本身的形式主义。自然主义停留在被描绘的事物的表象上，形式主义则是停留在物质的审美对象上，二者都是片面的，都是将内容与形式、对象和加工、具体和抽象对立起来的创作方式。因此，列斐伏尔指出"要走向现实主义，只有超越这种对立，即只有对一切艺术和一切艺术作品的内在辩证法有比较丰富的理解——一切艺术和一切艺术作品的内在辩证法首先规

---

① 亨利·列斐伏尔. 美学概论[M]. 杨成寅，姚岳山，译. 北京：朝花美术出版社，1957：67.

定内容是第一性的条件下的内容与形式的区别和统一"①。

在对待文学艺术的内容和形式的关系问题上，伊格尔顿无意于重复内容决定形式这个观点，也无意于去完整、全面地辩证二者的关系，而是在内容和形式这个问题上继续向前推进：内容和形式是可以区分的吗？二者是不是一致的？形式一定是次要的吗？形式可能比内容的表意更加丰富吗？伊格尔顿强调，有些情况下形式本身可能优于内容，内容和形式不协调有时会达成有趣的效果。诗歌作为形式感极为突出的文体，适合作为我们返还形式（言辞）本身的途径。伊格尔顿做这番强调主要还是为了再次强调对形式保持敏感的必要，以及细读的重要性。

在形式与内容是否可分的问题上，伊格尔顿承接了他在《马克思主义与文学批评》一书中的观点："有些人会不耐烦地说，形式和内容是无论如何不可分的，加以区分是人为的。我们可以马上回答：当然，在实践中，这种说法是正确的……但是，即使形式和内容在实践中是不可分的，它们在理论上还是有区别的。这正是为什么我们能谈论这两者之间变化关系的原（缘）故。"② 伊格尔顿在后理论时期仍然坚持这个观点，"形式和内容在经验上或许并不可分，而恰是我们在此使用两个不同的术语的这一事实，表明了它们不是

---

① 亨利·列斐伏尔. 美学概论［M］. 杨成寅, 姚岳山, 译. 北京：朝花美术出版社, 1957：107.
② 特里·伊格尔顿. 马克思主义与文学批评［M］. 文宝, 译. 北京：人民文学出版社, 1980：35.

同一的。文学形式有自己的历史，它并不就是内容忠顺的表现"[1]。他还针对这个观点展开了进一步的论述。他认为形式关注诗的语调、音高、节奏、措辞、音量、格律、速度、情调、声音、腔调、纹理、结构、音质、句法、语域、视点、标点等，而内容则是意义、行动、角色、观念、故事情节、道德观念、观点等方面的问题。伊格尔顿进而指出，虽然这种区分是有明显漏洞的，比如情调和语调也可以算作语义内容的两个方面，但是这种区分仍然是有用的。考察《傲慢与偏见》中的伊丽莎白·班纳特这个角色是内容问题，而考察简·奥斯汀的形象化技巧则是形式问题，将内容和形式区分开来讨论的主要作用，是能提供清晰的视点，明确自己的研究对象或者说兴趣点。对一般读者来说，把内容和形式区分开来，可以帮助自己从含混的阅读经验中理出头绪，收获一些新的认识和体验。

但一般情况下，文学批评是从非语义方面去把握语义的活动，在这个意义上，内容和形式是不可分的，对于诗歌这种内容和形式紧密交织的文学体裁尤其如此。"诗尤其揭示了所有文学作品隐秘的真理：形式是内容的构成，它不只是对内容的反映。语调、节奏、押韵、句法、谐音、语法、标点等，事实上都是意义的生产者，而不只是意义的容器。改变其中任何一个，就是改变意义本身。"[2]

这种情况在日常生活里同样适用。首先，单个的词语有着单纯

---

[1] 特里·伊格尔顿. 如何读诗[M]. 陈太胜，译. 北京：北京大学出版社，2016：93—94.
[2] 特里·伊格尔顿. 如何读诗[M]. 陈太胜，译. 北京：北京大学出版社，2016：95.

的形式存在。比如,"桌子"和"table"这两个词语所指的事物相容,它们本身不具有意义,使它们区别于其他存在的是"桌子"和"table"这两个形式。其次,在日常生活中,"言语的内容是由其形式决定的"①,我们根据约定俗成的惯例使用不具有意义的符号。例如,"早上好"这三个字,以冰冷的或是讨好的语气来说,其意义会产生戏剧性的不同,音调的高低、语速的快慢、情绪的控制或是表露,都有可能影响我们对一句话的意义的判断。因此,从以上两个层面来说,意义是词语的产物。

然而,在日常生活中,我们往往都是内容的分析者,是为了意义而不是形式而去读的。伊格尔顿举例道,在电影院内,如果有人大叫"起火了",我们的本能反应应该是快跑,而不是去品味这个词组中"起"这个字产生了一种燃烧的动态效果。也就是说,在现实生活中,我们接触到语言文字时的第一反应是去解读它传达出的意思,语言的交流作用和表意效果是我们习惯去关注的,也是应该被首要关注的,"词语看起来仅仅是意义忠实的传递者,就好像它已经消失在意义里面"②。但是文学,特别是诗歌,"则是抵抗这种形式与内容,或能指与所指的倒置,恢复语言本来面目的一种写作"③。诗歌以其对文字特殊的处理方式,将人们从工具性的语言中抽取出来,重新触发人们对形式的敏感。就这个层面来说,诗歌是

---

① 特里·伊格尔顿. 如何读诗 [M]. 陈太胜,译. 北京:北京大学出版社,2016:96.
② 特里·伊格尔顿. 如何读诗 [M]. 陈太胜,译. 北京:北京大学出版社,2016:97.
③ 特里·伊格尔顿. 如何读诗 [M]. 陈太胜,译. 北京:北京大学出版社,2016:97.

语言返回自身的一个途径。

二、形式对抗内容

伊格尔顿在后理论时期提倡保持对语言的敏感度，用对形式的关注来帮助我们判断作品的内容，但这并不是说这两者永远都具有一致性，仍然存在许多内容和形式之间不协调的作品。比如，"描写一只田鼠的生平，可以使用弥尔顿体的无韵诗；表达对自由的向往，也可以挑选最严谨、最缚手缚脚的格律"[1]，但正是这种不搭配的甚至互相冲突的情况，往往会产生一些有趣的效果或张力。关注形式和内容之间或共存或龃龉的关系，有助于发现实质性的问题，而且这种方法的可操作性很强。

（一）述行的矛盾

述行的矛盾，"大致来讲，这意味着说一件事情，而做与它相悖的事情，就像宣讲谦逊的美德，用的却是威吓的语调"[2]。伊格尔顿用诸多例证说明了这一情况。他首先探讨了形式本身具有美感，却因为内容平庸、糟糕或是与之不匹配，导致"内容拖形式后腿"的情况。

第一，作品想说的和说的方式之间发生了冲突，而这种冲突却并未能形成张力。伊格尔顿以威廉·布莱克（William Blake）的

---

[1] 特里·伊格尔顿. 文学阅读指南 [M]. 范浩, 译. 郑州：河南大学出版社, 2015：3.
[2] 特里·伊格尔顿. 如何读诗 [M]. 陈太胜, 译. 北京：北京大学出版社, 2016：130.

《老虎》(The Tiger) 为例：

Tiger tiger burning bright
In the forests of the night
What immortal hand or eye
Could frame thy fearful symmetry?
老虎！老虎！燃起光辉
在那黑夜的森林中
什么样永生的手或眼睛
可以造就你可怕的匀称？

In what distant deeps or skies
Burnt the fire of thine eyes?
On what wings dare he aspire?
What the hand dare seize the fire?
在什么样遥远的海洋或天空里
炼就了你眼睛中的火焰？
在什么样的翅膀上他敢于凌空而起？
什么样的手敢于抓起火焰？

And what shoulder and what art
Could twist the sinews of thy heart?

And when thy heart began to beat,

What dread hand and what dread feet?

又是什么样的肩膀和技艺

可以拧成你心脏的肌肉?

当你的心脏开始跳动时

有什么样骇人的手?什么样骇人的脚?

What the hammer? what the chain?

In what furnace was thy brain?

What the anvil? What dread grasp

Dare its deadly terrors clasp?

什么样的锤子?什么样的链子?

在什么样的熔炉里,你的脑袋?

什么样的铁砧?什么样骇人的抓握

敢于握紧这致命的恐惧?

When the stars threw down their spears,

And water'd heaven with their tears,

Did He smile His work to see?

Did He who made the lamb make thee?

当星星扔下了它们的矛,

用眼泪浇湿了天宇,

祂可曾微笑着看祂的创作？

可曾是创造羔羊的祂，创造了你？

Tiger! tiger! burning bright

In the forests of the night,

What immortal hand or eye

Dare frame thy fearful symmetry?①

老虎！老虎！燃起光辉

在那黑夜的森林中

什么样永生的手或眼睛

敢于造就你可怕的匀称？

伊格尔顿以其特有的幽默和犀利分析了这首诗，给出了许多精妙的接入点，他的主要观点有三：一是这首诗的叠句和严谨的格律，给人一种童谣的感觉，这与该诗想要表现的主体"老虎"，以及想要表现出老虎野性的愿望不相称。二是形式的一方面（语言的崇高性质）与另一方面（格律）相冲突。诗的疑问结构本来应该有一种"崇高的、《旧约》般的语气在里面，但这首诗像歌曲一样的格律又转移了这种效果"②。三是诗中的意象与它想要认同的观点不

---

① 特里·伊格尔顿. 如何读诗[M]. 陈太胜, 译. 北京：北京大学出版社, 2016：99—100.
② 特里·伊格尔顿. 如何读诗[M]. 陈太胜, 译. 北京：北京大学出版社, 2016：103.

一致。工业化的意象如锤子、链子、熔炉、铁砧,都有一种暴力、无情和非人的感觉,借用这类意象,是想造成一种对老虎力量的"恐惧感",但是由于在布莱克的诗中,这类意象总是消极的,因此放在此处用来表达崇拜是很违和的。而诗中另一类自然意象,诸如星星、眼泪、水等,似乎在布莱克的视野中同样具有凶险的内涵,但事实上给人一种虚幻和堕落的感觉。这种矛盾会给读者造成一种困惑:诗人的老虎究竟是凶险的还是神圣的?诗中是否存在着一种善恶观?

第二,内容和形式的不相称是刻意为之的,却因为才力不足、思想高度或意识形态受限而失败。伊格尔顿以1979年在爱丁堡上演的当代戏剧《布莱希特和同伴》($Brecht\ \&\ Co.$)中的一段为例:

> 第一个政治家:国家社会党人怎么样了?
> 第二个政治家:像膨胀的大海,他们贪婪的胃
> 把容易上当的工人拖上它的床,
> 把他们的尸骸焚给天堂。元首现在
> 为一千四百万选票的血疯狂,
> 永不满足的吸血鬼,狂暴地穿过王国。
> 冲锋队员们,那些男孩,迟钝和浅黄色的前额
> 不相称地戴着表面有刻痕的钢盔,
> 他们闯入工人们小屋的门,把
> 婴儿从怀疑是马克思主义的奶的奶头上扯开。

无产阶级无所作为，

它微弱的力量像草莓被踩烂在泥里，

它的领导像干尸悬挂在风里，

在万字符邪恶的末梢扩展。①

  这一段在莎士比亚式的场景中阐释纳粹党人的作为，却用了恶毒的口吻指责当时的德国共产党，指责其"无所作为"而成了纳粹的帮凶。文本故意用古典的句式表现激进的内容，想以此来达到一种颠覆和具有冲击力的效果，却因为它思想内容的狭隘而显得刻薄、肤浅。可见锐意革新的表现形式如果没有相应的内容做支撑，则只会显得滑稽可笑。在这种情况下，形式往往是无辜的。

  第三，诗的形式虽然经过了精雕细琢，内容却乏善可陈，给人一种空洞、滑腻的感觉。例如，狄兰·托马斯（Dylan Thomas）的《拒绝哀悼伦敦火灾中一个孩子的死》（*A Refusal to Mourn the Death, by Fire, of a child in London*）：

> Never until the mankind making
> Bird beast and flower
> Fathering and all humbling darkness
> Tells with silence the last light breaking

---

① 特里·伊格尔顿. 如何读诗 [M]. 陈太胜, 译. 北京：北京大学出版社, 2016：99.

And the still hour

Is come of the sea tumbling in harness

直到创造人类

主宰禽兽花木

君临万物的黑暗

用寂静说出最后降临的光芒

而那静止的时刻

来自轭下躁动不变的海洋

And I must enter again the round

Zion of the water bead

And the synagogue of the ear of corn

Shall I let pray the shadow of a sound

Or sow my salt seed

In the least valley of sackcloth to mourn

我必须重返那浑圆的

水露淋漓的锡安

和谷穗的犹太会堂

请应允我那阴影般的悼告

并把我那含盐的种子

撒进粗麻布的小小山谷

The majesty and burning of the child's death.

I shall not murder

The mankind of her going with a grave truth

Nor blaspheme down the stations of the breath

With any further

Elegy of innocence and youth.

孩子死得高贵而灼烫

我不会用严峻的真理

谋杀她那与死同去的人性

也不会再用天真的

清纯的挽歌

去亵渎那呼吸的停泊地

Deep with the first dead lies London's daughter,

Robed in the long friends,

The grains beyond age, the dark veins of her mother,

Secret by the unmourning water

Of the riding Thames.

After the first death, there is no other.[①]

---

① 特里·伊格尔顿. 如何读诗 [M]. 陈太胜, 译. 北京: 北京大学出版社, 2016: 106—107.

伦敦的女儿与第一批死者同穴深葬

众多好友将她层层裹藏

过度成熟的谷粒，母亲黑暗的血管

被泰晤士河

那拒不哀悼的流涡所淹没

死亡以后，并无别物

诗人之所以拒绝为小女孩哀悼，是因为他认为死亡对人来说是自然的，他实际上是在拒绝那些装模作样的同情和虚伪的悲痛。然而，在伊格尔顿看来，这首诗却因为它的矫饰和故作高深，充斥着它所意欲反对的虚伪。首先，它的精致意象和主题几乎无关。首段里提到的黑暗中繁衍不息的禽兽和花木，以及躁动不安的海洋，似乎是用来说明生死循环只是自然的一部分，我们只需要自然地对待这件事。但是接下来诗人却走进了"水露淋漓的锡安""谷穗的犹太会堂"，并流下了哀悼的眼泪，他将这个行为比作"在粗麻布的小小山谷"中播撒含盐的种子，华丽的辞藻使得"哀悼"这个行为流于表面，且与本诗的主题"拒绝哀悼"相互龃龉。其次，虽然此诗音律严谨精湛，但给人一种傲慢的断言感，诗的主题——那个可怜的小女孩，更是在诗人'炫技'了两节之后才出现。总之，这首诗就是建立在内容和形式的不平衡上，看起来像是厚颜无耻的炫耀①。

(二) 形式对内容的超越

也有一些作品，它的形式在有意或无意间透露出比内容更多的信息，丰富了表意，并且意味深长。比如，叶芝的《库尔庄园和巴利里》(Coole Park and Ballylee)中的最后一段：

> We were the last romantics-chose for theme
> Traditional sanctity and loveliness;
> Whatever's written in what poets name
> The book of the people; whatever most can bless
> The mind of man or elevate a rhyme;
> But all is changed, that high horse riderless,
> Though mounted in that saddle Homer rode
> Where the swan drifts upon a darkening flood. ②
> 我们是最后的浪漫主义者选来作主题的
> 传统的神圣和高尚
> 无论以何人之名书写何物
> 都是人民之书；无论什么最被颂扬
> 人的思想，或韵的升扬

---

① 特里·伊格尔顿. 如何读诗 [M]. 陈太胜, 译. 北京：北京大学出版社, 2016：108.
② 特里·伊格尔顿. 如何读诗 [M]. 陈太胜, 译. 北京：北京大学出版社, 2016：119.

但一切都变了，高高的马上没了骑手，

尽管荷马曾高踞在那鞍上疾驰

天鹅漂浮在渐暗的洪水上

在诗中诗人"悲悼被他视为英雄一代的诗人和贵族的消亡……简言之，伟大已经消失了"①。但是这首有着押韵和近韵（parathyme）的，复杂、精巧、节制的诗歌本身就证明，这种伟大是存留了下来的。这首诗的形式超越了内容，超越了它所处理的材料的能力。

伊格尔顿为了说明内容和形式虽然矛盾但仍然可以有效地运转，列举了罗伯特·弗罗斯特（Robert Frost）的《雪夜驻留林边》（*Stopping by Woods on a Snowy Evening*）来加以论证：

Whose woods these are I think I know.

His house is in the village though;

He will not see me stopping here

To watch his woods fill up with snow.

这是谁的林子我想我知道

尽管他的屋子远在村中

他看不到我在此地驻留

---

① 特里·伊格尔顿. 如何读诗 [M]. 陈太胜，译. 北京：北京大学出版社，2016：119.

看雪落满他的林子

My little horse must think it queer

To stop without a farmhouse near

Between the woods and frozen lake

The darkest evening of the year.

我的小马想必要诧异

为何驻留在这旷无屋舍之地

在林子和冻湖之间

在一年中最黑的夜里

He gives his harness bells a shake

To ask if there is some mistake.

The only other sound's the sweep

Of easy wind and downy flake.

他晃荡挽具上的铃

要问是否出了差错

林中却是一片寂静

微风习习雪花飘落

The woods are lovely, dark, and deep.

But I have promises to keep,

And miles to go before I sleep,

And miles to go before I sleep.①

林子可爱，幽暗，又深邃

可惜我有诺言要践行

还有许多路要赶，才能睡去

还有许多路要赶，才能睡去

"这些诗行最显著的特点，是在所描述的事件的平淡无奇（它反映在朴素甚或是古雅的语言特点中），与架构这一事件的匠心独运的韵式之间构建起来的张力。"② 这首诗仅仅讲述了一件甚至称不上事件的小事，内容和主题都极其简单自然，但是它复杂的韵脚（每一小节换一次韵）和精心的结构，却在提醒我们：这是艺术。伊格尔顿认为，这首诗体现出了一种静态和动态、意义和无意义之间的张力。首先，每一节就变换一次韵脚给人以移动和向前的感觉，而马背上的诗人、雪林、凝视雪林的这个举动、随意的风、飘落的雪和摇曳的铃铛——诗行中那些闪烁着生命的东西③，都传达出了一种普遍的宁静，从而与有目的地向前移动的韵脚之间形成了美妙的运动。其次，这首诗像是随意的对话，但事实上却是独白。它像是传达出了某种暗示性和启示性的东西，但又像仅是记录了一

---

① 特里·伊格尔顿. 如何读诗 [M]. 陈太胜，译. 北京：北京大学出版社，2016：142—143.
② 特里·伊格尔顿. 如何读诗 [M]. 陈太胜，译. 北京：北京大学出版社，2016：143.
③ 特里·伊格尔顿. 如何读诗 [M]. 陈太胜，译. 北京：北京大学出版社，2016：145.

件偶然的、自然发生的经验而已。这种实用性和诗意之间的张力使得此诗更加饱满了。总之，这首诗在伊格尔顿看来是内容和形式和而不同的例子之一。

伊格尔顿举出的另一个例子是艾米莉·迪金森（Emily Dickinson）的《因为我不能停步等候死神》（*Because I Could not Stop for Death*）：

> Because I could not stop for Death
> He kindly stopped for me
> The carriage held but just ourselves
> And Immortality.

> 因为我不能停步等候死神
> 他殷切停车等我
> 车厢里只有我们两人
> 还有"永生"同座

> We slowly drove, he knew no haste
> And I had put away
> My labor, and my leisure too
> For his civility.

> 我们缓行，他知道无需急促
> 我也抛开劳作

第一章 "文学事件"与后理论时期的伊格尔顿

和闲暇,来回报

他的礼貌

We passed the school, where children strove

At recess, in the ring

We passed the fields of gazing grain

We passed the setting sun.

我们经过学校,恰逢课间

操场上孩子正喧闹

我们经过凝望着的稻谷地

我们经过沉落的太阳

Or rather, he passed us

The dews grew quivering and chill

For only gossamer my gown

My tippet

only tulle.

也许该说,他经过我们而去

露水使我颤抖而发凉

因我的衣裳,只是薄纱

我的披肩

只是绢网

We paused before a house that seemed

A swelling of the ground

The roof was scarcely visible

The cornice, in the Ground.

我们停在屋前,这屋子

仿佛隆起的地面

屋顶,勉强可见

屋檐,沉入地面

Since then 'tis centuries, and yet each

Feels shorter than the day

I first surmised the horses' heads

Were toward eternity.[①]

自此算起,已逾百年

却似乎短于那一天的光阴

那天,我第一次猜出

马头,朝向永恒

此诗格律更加多变,是四重音的诗行与三重音的诗行的交替。

---

① 特里·伊格尔顿. 如何读诗 [M]. 陈太胜,译. 北京:北京大学出版社,2016:147—148.

与《雪夜驻留林边》相比，显得不那么严肃规整，更有一股活泼的韵味。但是，诗中的死神、永恒、永生之类的意象是凝重与悲伤的，且这首诗所要表达的是生死观的主题，两者都与活泼的形式相悖。一刻不停向前驶去的马，经过代表生命力的吵嚷的孩童、代表成熟的耀目的稻谷地、代表衰弱的落日，诗人衣衫单薄，感到土地的召唤，意识到终点将是死亡或是永生。本该万分沉重的心情，却被歌吟般的格律"从这些令人惧怕的抽象概念中抽离掉了痛苦"[①]，造成了一种像是在叙述一次平淡无奇的马车之行的感觉。也正是因为诗人对待死亡和永生的漫不经心，增加了这首诗的怪异美感，而这得益于内容和形式之间的张力。

总的来说，伊格尔顿在对待内容和形式的关系时，既弥补了庸俗马克思主义的内容决定论的某些不足，也避免了形式主义文论的某些弊病[②]，相对而言，他的方法具有更强的辩证性和客观性。但是伊格尔顿并没有完整地论述内容和形式的关系，而是通过论述内容与形式来"挑战两者总是协调形成整体的信条"[③]。通过众多的例证和细读实践，显然他达到了这个意图，并展现了对文学作品内容和形式关系的关注，以及如何使之成为一种辩证的文学批评的方法。

[①] 特里·伊格尔顿. 如何读诗 [M]. 陈太胜，译. 北京：北京大学出版社，2016：150.
[②] 肖炜静. 以"形式"为"中介"——从特里·伊格尔顿《如何读诗》说起 [J]. 汉语言文学研究，2015（4）：73—78.
[③] 特里·伊格尔顿. 如何读诗 [M]. 陈太胜，译. 北京：北京大学出版社，2016：150.

伊格尔顿曾表示在论述了文本、观点和人物之后，他更愿意思考一些元问题，诸如批评的性质、批评的原理、批评的状况以及它的历史演变等。① 而《理论之后》这本书在前半部分总结了"理论"的功过得失之后，用了另一半的篇幅论述了"真理、德性和客观性""道德""革命、基础和基要主义者"以及"死亡、邪恶和非存在"等问题②，这些基本上可以被视为其之后批评实践的讨论主题和论述框架。对于意义和价值的强调与追寻，也成为他在后理论时期思考的中心主题，他提倡重返宏大叙事的倾向，在该时期的著作中都有所体现。比如，在讨论人生的意义这个问题时，伊格尔顿承认我们所身处的宇宙可能没经过什么有意的设计，且几乎可以肯定它并没有想要表达什么，而个体的人生也完全称不上是别有深意的。但这并不是说，一切都是杂乱无章的，他相信在这些无意和偶然中，有某种深层的规律，它们显示出的美感、对称和简洁足以令人落泪。③ 伊格尔顿为了给宏大叙事辩护，甚至不无调侃意味地指出，承认人类社会有一定的规律，是人文社科得以存在的条件，而这就是宏大叙事的意义之一——"倘若人类生活中没有意味深长的模式，即使没有单独的个人想这样，结果也会造成社会学、人类学等人文学科全部停摆。一位人口学家可以评价说，某一地区的人口

---

① 特里·伊格尔顿，马修·博蒙特. 批评家的任务——与特里·伊格尔顿的对话 [M]. 王杰，贾洁，译. 北京：北京大学出版社，2014：180.
② 特里·伊格尔顿. 理论之后 [M]. 商正，译. 欣展，校. 北京：商务印书馆，2009.
③ 特里·伊格尔顿. 人生的意义 [M]. 朱新伟，译. 南京：译林出版社，2012：42.

分布'有其意义',即便住在该地区的居民对这种人口分布的模式一无所知"[1]。

伊格尔顿的思想基础和理论背景较为驳杂,但总的来说,他的思想框架是以马克思主义理论为基础的,他的文艺观和美学思想都深受经典马克思文艺思想的影响。伊格尔顿在后理论时期所探讨的诸如文学的本质问题、文学的阅读策略问题以及文学的功用问题都是马克思主义文论的经典议题。伊格尔顿对相关问题的观点和看法,丰富了马克思主义文艺理论。

从某种程度上来说,伊格尔顿批评家身份的意义大过理论家身份的意义。在他近年的论著中,批评类的著述占多数。他在这些著述中关于理论的批评、关于人物的批评、关于文本的批评,都对文学批评实践活动具有一定的借鉴意义。他曾在《勃朗特姐妹:权力的神话》初版的绪论末尾处声明:"历史批评的目的与所有真正的批评一样,不是要为文学增加专业注脚,而是要更加深入地把握作品。"[2] 他在后期的批评实践中,依然坚持了这个立场。无论是借鉴新批评的理论来读诗,还是借鉴叙事学的理论来读小说,伊格尔顿始终认为,不是要为了理论而理论、为了批评而批评,而是要回归到作品、返回到问题本身。这无疑是对当下部分文化理论所呈现出的主题琐碎、着眼点怪异、论述哗众取宠,以及与文学经验疏离的

---

[1] 特里·伊格尔顿. 人生的意义 [M]. 朱新伟,译. 南京:译林出版社,2012:43.
[2] 特里·伊格尔顿,马修·博蒙特. 批评家的任务——与特里·伊格尔顿的对话 [M]. 王杰,贾洁,译. 北京:北京大学出版社,2014:43.

研究乱象的反拨。

通过梳理伊格尔顿后理论时期的批评实践，从他"说了什么"的视野中跳出来去考察他"做了什么"，我们从他的行动中得出了一个关于理论去向的解答，即重返宏大叙事，重视哲学、神学和伦理学的理论资源，关注当中的元问题，强调道德和真理，在进行文学批评时不拘泥于某一个理论立场，针对不同体裁做出具体的、辩证的分析。伊格尔顿的这些观点有助于破解"理论之后"文学理论、文化理论何去何从的难题，为"理论之后"或"后理论"问题的讨论提供了新思路与新方法，为文化理论未来的发展提供了新视域。

第二章 阿兰·巴迪欧与"非美学"文艺思想

阿兰·巴迪欧在西方理论史的出场本身，就是一次阿兰·巴迪欧意义上的"事件"①。他过去是法国"激进左翼"理论家的代表，后面加入了好战的"政治组织"（L'Organisation Politique）。他一方面反对后现代主义，另一方面也反对人文主义和文化多元主义；一方面坚持真理的绝对性与普遍性，另一方面也坚持启蒙主义与"浪漫主义的排他主义"②。在阿兰·巴迪欧身上，集中体现了在后理论时期，面对巨变的资本主义现实时，西方马克思主义所感受到的惶惑与奔突。因此，以阿兰·巴迪欧的文艺思想为个案，能梳理出后理论时期西方马克思主义文艺理论的发展态势。

第一节 "事件"："激进左翼"理论家阿兰·巴迪欧的出场

一、"五月风暴"与元政治学

阿兰·巴迪欧在西方思想界现身的舞台就是1968年的"五月风暴"。从某种意义上说，"五月风暴"构成了阿兰·巴迪欧思想上的成年礼。正是在"五月风暴"中，作为巴黎高等师范学院学生的阿兰·巴迪欧完成了与其老师阿尔都塞的决裂，进而以一种坚定的"激进左翼"学者的形象出现在西方思想史上。与其他"五月风暴"

---

① Alain Badiou. *Being and Event* [M]. Translated by Oliver Feltham. New York: Continuum, 2005.
② 特里·伊格尔顿. 异端人物[M]. 刘超，陈叶，译. 南京：江苏人民出版社，2014：278—280.

中的激进分子不同，阿兰·巴迪欧对"激进左翼"立场的坚持是自始至终的。[①] 但值得注意的是，阿兰·巴迪欧与"五月风暴"中的激进组织，如"共产主义青年联盟（马列）"等一直保有距离。"五月风暴"后，他一方面加入了统一社会党（Unified Socialist Party，PSU），另一方面又亲自组建了激进政治组织——"法国共产主义联盟（马列）"（简称 UCF-ML）。而选择这样做的原因，阿兰·巴迪欧自己说是为了摆脱"无产阶级左翼"的"日常生活政治"。[②] 在阿兰·巴迪欧看来，以"日常生活批判"和"性政治"等为面目出现的各类思想潮流都是一种劣质的伪政治。阿兰·巴迪欧所追求的是一种可以上溯到法国大革命及布尔什维克革命的"真实的"政治。按照理查德·沃林（Richard Wolin）的看法，阿兰·巴迪欧实际上是想在以革命唯意志论为标志的"左倾主义者"和以法国共产党为代表的"右倾主义者"之间寻找到一条中间道路。[③] 对于阿兰·巴迪欧在法国思想史上这种非常突兀的姿态，一些学者将其思想渊源追溯至萨特和阿尔都塞。一方面，阿兰·巴迪欧征用了萨特现象学的主体性思想，并以此纠正各类占据主导地位的"马克思主

---

① 理查德·沃林. 东风：法国知识分子与 20 世纪 60 年代的遗产 [M]. 董树宝，译. 北京：中央编译出版社，2017：169.
② 理查德·沃林. 东风：法国知识分子与 20 世纪 60 年代的遗产 [M]. 董树宝，译. 北京：中央编译出版社，2017：170.
③ 理查德·沃林. 东风：法国知识分子与 20 世纪 60 年代的遗产 [M]. 董树宝，译. 北京：中央编译出版社，2017：170—171.

义的客观主义兼教条主义尤其是斯大林主义的客观主义兼教条主义"①；另一方面，作为巴黎高等师范学院的学生，阿兰·巴迪欧很难摆脱阿尔都塞的巨大影响。如果说，萨特使阿兰·巴迪欧逐渐间离于所谓的真理性与客观性，那么阿尔都塞则是以一种法相庄严的"理论主义"（theoreticism）将阿兰·巴迪欧重新拉回真理性的视域。理查德·沃林将之总结为"作为教条的马克思主义具体表现了一系列严格的、无可反驳的、认识论—政治层面上的真理"②。正是阿尔都塞确立的这一自明的真理性，伴随了阿兰·巴迪欧的整个哲学岁月。阿兰·巴迪欧对真理性的坚守，不但使其避免了"资产阶级'思想偏离'之诱惑与风险"③，而且成为他最为显著的思想标签。如上所述，萨特启发了阿兰·巴迪欧对政治主体性与政治意志的重视，使其较大地偏离了"历史决定论"，而阿尔都塞对"历史无主体"和"科学无主体"的公开赞美④又让阿兰·巴迪欧陷入了理论忠诚上的两难。而解决这一难题的契机就是作为阿兰·巴迪欧意义上的"事件"的"五月风暴"。正是这场影响巨大的政治运动，使阿兰·巴迪欧最终与其老师阿尔都塞决裂。群众力量的勃发使阿

---

① 理查德·沃林. 东风：法国知识分子与20世纪60年代的遗产［M］. 董树宝，译. 北京：中央编译出版社，2017：174.
② 理查德·沃林. 东风：法国知识分子与20世纪60年代的遗产［M］. 董树宝，译. 北京：中央编译出版社，2017：174.
③ 理查德·沃林. 东风：法国知识分子与20世纪60年代的遗产［M］. 董树宝，译. 北京：中央编译出版社，2017：174.
④ 理查德·沃林. 东风：法国知识分子与20世纪60年代的遗产［M］. 董树宝，译. 北京：中央编译出版社，2017：175.

兰·巴迪欧认识到政治主体性及历史进程中"事件"的重要性。革命主体性的确具有摧枯拉朽的超强能力。也正基于此,阿兰·巴迪欧在"五月风暴"之后漫长的岁月中一直坚持"激进左翼"立场。这一身份认同事实上包含了"主体性"与"真理性"双重认知的叠加。阿兰·巴迪欧"蔑视当代政治哲学的各种变体——民主理论、自由主义与共和主义,这些变体在他看来只是强化了资本的逻辑",那些被人们视为"哲学"的东西,在阿兰·巴迪欧看来,也不过仅仅只是一种"意识形态的'效果'",是"'资产阶级国家机器'的产物或建构"。[1]

沿此思路,阿兰·巴迪欧对既有的政治学以及政治哲学都做出了颠覆性的判断。他将既有的政治学与哲学进行松绑,政治不再如传统的政治哲学那般从属于哲学。他倡导用一种新的"元政治学"(metapolitics)[2] 来取代传统的政治哲学。用阿兰·巴迪欧自己的话来说就是:"我所谓的'元政治学',是指任何从作为思想的政治的真实状况中可以自在以及自为地得出一种哲学的东西。元政治学对立于政治哲学。后者宣称没有这样的政治学存在,因而需要让哲学家去思考'某种'政治。"[3] 在阿兰·巴迪欧看来,元政治学从根本上说,就是反政治哲学的。之所以反政治哲学,是因为政治哲学

---

[1] 理查德·沃林. 东风:法国知识分子与 20 世纪 60 年代的遗产 [M]. 董树宝,译. 北京:中央编译出版社,2017:180.
[2] 阿兰·巴迪欧. 元政治学概述 [M]. 蓝江,译. 上海:复旦大学出版社,2015.
[3] 阿兰·巴迪欧. 元政治学概述 [M]. 蓝江,译. 上海:复旦大学出版社,2015:1.

具有先天的局限性——用哲学的方式来思考政治是不恰当的。阿兰·巴迪欧这样说道："什么是政治哲学？它是一个纲领，它将政治——当然还有政治性——当成一种普遍性经验的客观数据，或者甚至一个恒量，让哲学去思考政治。"① 而让哲学去思考政治会带来一个显著的后果，那便是"哲学的这个任务将会产生一种对政治性的分析，简言之，很明显，就是让这种分析从属于伦理标准"②。一般认为，尤其是在政治哲学的视域中，政治从属于伦理标准恰好构成了古典政治哲学的起点。无论是柏拉图的《理想国》还是亚里士多德的《政治学》，都力图证明什么是好的城邦、什么是好的政体、什么是好的政治。然而，阿兰·巴迪欧则指出，让政治分析从属于伦理标准会带来三种后果。"首先，他们③会成为对原始而凌乱的客观实在进行思考的分析家和思想家，这些客观实在构成了真政治的经验；其次，可以决定什么是好的政治，即让政治臣服于伦理的原则；第三，为了达到这些要求，为了避免卷入真正的政治过程的纠缠，哲学家们可以用他们最喜爱的方式，随意地处理针对我们的告诫，他们的方式就是判断。"④ 显然，在阿兰·巴迪欧看来，政治从属于哲学首先带来的就是"真政治"的隐退，哲学以对客观实在的分析取代了真正的政治。其次，什么是好的政治，不是由政治本身

---

① 阿兰·巴迪欧. 元政治学概述 [M]. 蓝江，译. 上海：复旦大学出版社，2015：9.
② 阿兰·巴迪欧. 元政治学概述 [M]. 蓝江，译. 上海：复旦大学出版社，2015：9.
③ 这里指哲学家。
④ 阿兰·巴迪欧. 元政治学概述 [M]. 蓝江，译. 上海：复旦大学出版社，2015：9.

来判断，而是由远离政治的伦理来做评判。最后，哲学家用哲学话语和价值判断抹除了政治中的真理性。基于此，阿兰·巴迪欧对政治哲学做出了这样的"结案陈词"："这样，政治哲学思考的核心操作（l'operation centrale）——相应的，这展现了某种'哲学上'的法利赛主义（pharisaïsme）能干什么——首先是恢复政治，并不是让政治从属于有组织的和战斗的过程中的主观上的真——必须指出，这是政治之名下唯一有价值的东西——而是让其从属于在公共领域中的'自由判断'的实践，而在公共领域中，最终只剩下对公众的意见进行计票。"① 将政治哲学直指为法利赛主义，这是阿兰·巴迪欧石破天惊的判断。同时，以议会和公众投票为形式的现代协商政治再次遮蔽了真理与意见的区分。我们知道，在西方政治哲学史上，柏拉图对真理与意见做出的著名区分至关重要。但在现代政治哲学中，政治意见逐渐取代了真理。不但如此，传统上绝对正确的真理在现代政治看来却反而变得可疑和落伍了。对此，阿兰·巴迪欧说道："事实上，在这里我们所拥有的是自从古希腊以来就建立起来的思想倾向，在政治问题上，它剥夺了真理独一无二的至高无上地位。所有人都知道，'意见自由'是弥足珍贵的，然而'真理自由'却值得怀疑。在那个宣布真理的观念是'教条的''抽象的'和'有限的'陈词滥调的长期过程中——这种陈词滥调永远是用来捍卫政治体制的，政治体制（通常是经济上）的权威隐藏在

---

① 阿兰·巴迪欧. 元政治学概述［M］. 蓝江，译. 上海：复旦大学出版社，2015：9.

'意见自由'的伪装之下，实施自己的权力……"① 循此思路，阿兰·巴迪欧认为，现代政治的主要形式之一——投票，是与真理没什么关系的。因为"如果我们关于行星运动的知识仅仅依赖于投票的话，就像通过立法草案一样，那么我们仍然还寓居于一个认为地球是世界的中心的宇宙中"②。阿兰·巴迪欧认为正是对投票政治的过分关注，包括对其内部的各种程序的看似科学和客观的把握导致了对真理的弱化乃至驱逐。因为如果投票意味着科学和客观、意味着正义和公正，那么我们便无法解释阿兰·巴迪欧提出的如下事实，即"正是投票让希特勒，还有贝当或阿尔及利亚宗教激进主义者轻松攫取了政权"③。正是在这一基础上，阿兰·巴迪欧区分了"某一政治"（une politique）和"政治"（la politique）。④ "政治"本身是具有普遍性和真理性的，而"某一政治"是一种特殊的"政治"，是"政治"的一种，但在很多时候"某一政治"却将自己打扮成具有普遍性和真理性的"政治"，而真正的"政治"，也即"真政治"本身却被遮蔽乃至驱逐了。

之所以要在讨论阿兰·巴迪欧的文艺思想之前讨论其政治思想，是因为"如果科学前提（数学）和艺术前提（诗）决定了巴迪欧的呈现和调研的模式，政治前提则在巴迪欧的哲学中扮演了一个

---

① 阿兰·巴迪欧. 元政治学概述［M］. 蓝江，译. 上海：复旦大学出版社，2015：12.
② 阿兰·巴迪欧. 元政治学概述［M］. 蓝江，译. 上海：复旦大学出版社，2015：13—14.
③ 阿兰·巴迪欧. 元政治学概述［M］. 蓝江，译. 上海：复旦大学出版社，2015：14.
④ 阿兰·巴迪欧. 元政治学概述［M］. 蓝江，译. 上海：复旦大学出版社，2015：14.

促发性的角色（TW xvi）。巴迪欧哲学的许多明显的特征都源自于政治：如他试图形式化阐述一种偏激的但可以被普遍化的真理概念；他强调诞生于偶然发生事件之中的主体性，与这种主体性在斗争的名义下的持续存在；他全身心投入行动和组织的集体形式之中；以及将新理解为革命性的转变，在这种革命性的转变中，按照《国际歌》的说法，那些一无所有的人将拥有一切"[1]。简言之，阿兰·巴迪欧的哲学本身就是具有很强的政治性的，或者说其哲学本身就是一种阿兰·巴迪欧意义上的"真政治"。而其哲学活动也构成了一种真理性和普遍性的政治实践。关于政治与哲学的关系，阿兰·巴迪欧于1998年出版的《元政治学概述》在很大程度上重新回到了19世纪40年代黑格尔左派所提出的问题，即"如何充分地描述哲学同政治的关系，如何最好地理解在面对不平等时，共产主义出现的可能性，以及在面对仍然在不断增长的社会复杂程度和差异时，对普遍性概念保持真诚是什么意思。如果阶级范畴已经在巴迪欧后来的政治概念中被放弃，那么他是这样来放弃的：他提出，阶级斗争'是大历史和大国家的范畴，只有在相当独特的前提下，它才会成为政治的材料'"[2]。

总体来看，作为"事件"的"五月风暴"为阿兰·巴迪欧政治

---

[1] 妮娜·鲍威尔，阿尔贝托·托斯卡诺. 政治[M]//A. J. 巴特雷，尤斯 J. 克莱门斯. 巴迪欧：关键概念. 蓝江，译. 重庆：重庆大学出版社，2016：121.

[2] 妮娜·鲍威尔，阿尔贝托·托斯卡诺 [M]//A. J. 巴特雷，尤斯 J. 克莱门斯. 巴迪欧：关键概念. 蓝江，译. 重庆：重庆大学出版社，2016：127.

观念的孕育提供了时代场景，而阿尔都塞和萨特又为阿兰·巴迪欧政治思想的形成提供了精神资源与理论参照。最终，阿兰·巴迪欧形成了以"元政治学"为主要标志的一种全新的政治思想。这一思想与哲学思想之间存在着广泛的理论关联并最终促发和催生了其哲学思想，因此在对理解阿兰·巴迪欧哲学观念及文艺思想具有重要的理论价值与实践意义。

二、阿兰·巴迪欧文艺思想的哲学基础

尽管阿兰·巴迪欧依然健在，其哲学思想也富有活力，且不断有新作问世，但仍然有学者将阿兰·巴迪欧的哲学生涯大致分为三个阶段，即早期、中期和晚期。早期即"阿尔都塞的认识论"时期，中期即"激进左翼理论"时期，晚期即"诸前提之下的哲学"时期。[1] 该学者还认为第三时期，也就是1985年《我们能思考政治吗？》所开启的时期中，"他才发展和宣布了一种关于哲学本质的完整的学说，关于哲学诸多前提的学说"[2]。具体而言，在第一个时期，也就是"阿尔都塞的认识论"时期，阿兰·巴迪欧并未完全摆脱阿尔都塞的巨大影响，他在这一时期的代表作是《模式的概念》

---

[1] 奥利弗·菲尔萨姆. 哲学[M]// A.J.巴特雷, 尤斯丁·克莱门斯. 巴迪欧：关键概念. 蓝江, 译. 重庆：重庆大学出版社, 2016：17—31.
[2] 奥利弗·菲尔萨姆. 哲学[M]// A.J.巴特雷, 尤斯丁·克莱门斯. 巴迪欧：关键概念. 蓝江, 译. 重庆：重庆大学出版社, 2016：17.

(*The Concept of Model*)①。按照一些学者的看法，这是一本杂糅了毛主义与阿尔都塞理论的著作，其写作方式与哲学思考的路径依然没有脱离法国哲学传统，特别是接续了从乔治·康吉莱姆（Georges Canguilhem）到加斯东·巴什拉（Gaston Bachelard）的认识论传统。② 这一时期的阿兰·巴迪欧的哲学尚未自成体系，尚不具备独特性。在阿尔都塞的视域内，哲学是一种介乎科学与意识形态之间的理论实践。而阿尔都塞的这一判断源于加斯东·巴什拉，正是后者关于认识论断裂的思想启发了阿尔都塞。"对巴什拉而言，在科学不断地让自己从直接认识和意识形态的再现领域的幻象中分离出来的过程中，科学构筑了自己的知识对象。这个分离的过程就是认识论的断裂。"③ 因此，这种"认识论的断裂"是科学不断克服意识形态的一种动态的过程。它不是一种结构性的替换，也不是一种时间维度上的断裂或承续，而是一种不断向真理性敞开的过程。在阿尔都塞看来，哲学从某种意义上说既是这种"认识论的断裂"本身，又是其结果。在不断对意识形态去蔽的过程中，哲学完成了对其自身的思想追溯。这带来的一种理论后果便是，"对于阿尔都塞来说，哲学并没有其专属的对象，如理性的界限，或者科

---

① Alain Badiou. *The Concept of Model: An Introduction to the Materialist Epistemology of Mathematics* [M]. Edited and translated by Zachary Luke Fraser and Tzuchien Tho. Melbourne: Repress, 2007.
② 奥利弗·菲尔萨姆. 哲学 [M] // A. J. 巴特雷, 尤斯丁·克莱门斯. 巴迪欧：关键概念. 蓝江, 译. 重庆：重庆大学出版社, 2016：18.
③ 奥利弗·菲尔萨姆. 哲学 [M] // A. J. 巴特雷, 尤斯丁·克莱门斯. 巴迪欧：关键概念. 蓝江, 译. 重庆：重庆大学出版社, 2016：19.

学的认识论基础……相反，哲学的任务就是在一个特定的意识形态领域中，来思考通过认识论的断裂究竟出现了什么"[1]。在阿尔都塞搭建的这一理论基础上，阿兰·巴迪欧将哲学理解为科学与意识形态之间的一种不可能的关系。这种不可能的关系具体体现为哲学在科学与意识形态之间的骑墙状态。它没办法完全倒向科学，也没办法完全隶属于意识形态。正是这种两难状态和哲学的位置问题促使阿兰·巴迪欧开始思考他哲学生涯中的第一个重要问题，即"哲学的位置在哪里"。正是对这一问题的持续性思考，使他最终与其导师阿尔都塞分道扬镳了。阿尔都塞倾向于将哲学置于科学的场域予以思考，面对当时复杂的政治斗争环境，又提出了"理论中的阶级斗争"等论断，这使得阿兰·巴迪欧对其老师阿尔都塞做出了"理论主义偏见"的判断[2]，进而开启了其哲学生涯的第二阶段，即"激进左翼理论"时期。

按照既有研究的梳理，阿兰·巴迪欧"激进左翼理论"时期的主要著作包括：《矛盾理论》《论意识形态》和《主体理论》。[3] 在这些作品中，哲学的位置（或曰地位）以及任务等问题已经得到了解

---

[1] 奥利弗·菲尔萨姆. 哲学 [M] // A.J. 巴特雷，尤斯丁·克莱门斯. 巴迪欧：关键概念. 蓝江，译. 重庆：重庆大学出版社，2016：20.
[2] 奥利弗·菲尔萨姆. 哲学 [M] // A.J. 巴特雷，尤斯丁·克莱门斯. 巴迪欧：关键概念. 蓝江，译. 重庆：重庆大学出版社，2016：20.
[3] Alain Badiou. *Theory of the Subject* [M]. Translated by Bruno Bosteels. London: Continuum，2009.

决，但新的问题又产生了，那便是"哲学的场景"的问题。① 所谓"哲学的场景"是指"如何安置哲学，如何在其领域中获得一个立场，甚至如何通过一个'前沿'、一个冲突的前线来认清哲学的范围，与此同时，彻底地重新命名、重新构造哲学，就像占主导地位的资产阶级意识形态一样"，"这就是安置哲学的问题：简而言之，这是一个革新者的问题：你究竟如何寓居于你们想要撕碎并重构的世界之中？"② 前文已经述及，阿尔都塞将哲学理解为一种"理论中的阶级斗争"，虽然阿兰·巴迪欧最终与犹疑的阿尔都塞分道扬镳了，但这一论断还是给了阿兰·巴迪欧较大的启发。受马克思主义关于哲学具有阶级性、实践具有较之于理论的第一性等论断的影响，阿兰·巴迪欧也倾向于将哲学理解为"理论中的阶级斗争"，哲学从某种意义上说必须服从且服务于现实实践。因此，何种哲学（无论是无产阶级的哲学还是资产阶级的哲学）服务于何种现实实践（是剥削还是被剥削）就变得非常重要了。然而，循此逻辑，另外一个问题也就产生了，这便是哲学的主体性问题。哲学一经与阶级斗争的现实实践紧密结合，其自身应该如何被妥当地置放便成为一个棘手的难题。正如阿兰·巴迪欧自己所言："1982年，我出版了一本过渡性的哲学著作——《主体理论》，在其中我试图在与当

---

① 奥利弗·菲尔萨姆. 哲学 [M] / A. J. 巴特雷，尤斯丁·克莱门斯. 巴迪欧：关键概念. 蓝江，译. 重庆：重庆大学出版社，2016：21.
② 奥利弗·菲尔萨姆. 哲学 [M] // A. J. 巴特雷，尤斯丁·克莱门斯. 巴迪欧：关键概念. 蓝江，译. 重庆：重庆大学出版社，2016：23.

时的政治因素以及与我的马拉美和数学研究相适应的框架中重新找到辩证法。德勒兹给我寄来了一张讨人喜欢的便签，这张便签令人感动，它使我发现我自己正被公众所孤立，同时也发现他们对我试图从事的哲学表示了极度轻蔑的沉默。……至少可以说，他没有义务做出这样的姿态。更重要的是，他自己也同意和总统共进午餐，我觉得这完全是可耻的。他一定是笑了!"① 凡此种种，意味着阿兰·巴迪欧需要重新搭建他的哲学舞台，为此他开启了其哲学生涯的第三阶段，也就是"诸前提之下的哲学"阶段。

对于阿兰·巴迪欧哲学发展的第三阶段，既有研究指出其标志是《我们能思考政治吗?》的出版。在这本著作中，阿兰·巴迪欧再次讨论了哲学与政治的关系，只不过"这一次哲学的地位不再是悬而未决的了：它不再是一个前沿，更不是一片荒漠，它是一个可以持续发展的研究领域"②。在 1989 年出版的《哲学宣言》③ 中，阿兰·巴迪欧曾明确说道："从哲学上考察哲学史，几乎我们同时代所有的人都赞同宣布，哲学史已经进入了哲学终结的无穷无尽的时代之中。其结果是导致了一种'哲学的疾病'，我们应当命名一种再定位：哲学不再明白它是否还有一个合适的地位。它试图嫁接到其他的业已建立的活动之上，如艺术、诗、科学、政治行动、精

---

① Alain Badiou. *Deleuze: The Clamor of Being* [M]. Translated by Louise Burchill. Minneapolis: University of Minnesota Press, 1999: 3.
② 奥利弗·菲尔萨姆. 哲学 [M] // A.J. 巴特雷, 尤斯丁·克莱门斯. 巴迪欧：关键概念. 蓝江, 译. 重庆：重庆大学出版社, 2016: 26.
③ 阿兰·巴迪欧. 哲学宣言 [M]. 蓝江, 译. 南京：南京大学出版社, 2014.

神分析……或者说，如今的哲学仅仅是其自身的历史，它变成了自己的博物馆。我们将这种在变成历史文献和重新再定位的来来回回的犹豫不定称为'哲学的麻痹'。"① 显然，阿兰·巴迪欧并不赞同晚近哲学界的"哲学终结论"，而需要摆脱既有羁绊对其未来做出一种超越性的判断。在重新激活阿尔都塞传统和对马克思主义实践论进行再认识的基础上，阿兰·巴迪欧对哲学做出了如下全新定义："哲学是一种在大真理或空之范畴下的搅拌，这种空的定位对应于连续进程的颠覆，对应于界限的另一边。在观点上带有这个目的，哲学将知识的构造和艺术的构造组织成一个叠加起来的超级组合。它构建了一个把握真理的装置，这意味着：它说出存在若干真理，并让它自己去思考这些真理。这种把握是在没有对象的爱之下驱动的，构成了一种具有说服力的策略，且在权力上没有任何风险。这整个程序都是由前提所限定的，即由艺术、科学、爱和政治在它们的事件中所限定的。最终，这些程序通过一个特殊的对手——即智者——而走向两极分化。"②

这是阿兰·巴迪欧对哲学的全新理解。在他看来，哲学并不直接产生真理，它只是聚集真理，为真理的生产搭建一种"概念空间"。而这一空间是为真理的四种程序而设置的，这四种程序分别是政治、科学、爱和艺术。没有这些"前提"，哲学是不可能存在的。对此，阿兰·巴迪欧有着更为明确的表述："哲学是由前提限

---

① 阿兰·巴迪欧. 哲学宣言［M］. 蓝江，译. 南京：南京大学出版社，2014：85.
② 阿兰·巴迪欧. 哲学宣言［M］. 蓝江，译. 南京：南京大学出版社，2014：100.

定的，这些前提是真理程序或类型程序。这些类型包括科学（更准确地说是数元）、艺术（更准确地说是诗）、政治（更准确地说是领域之内的政治或解放政治）和爱（更准确地说是让彼此不相关的两性立场中涌现出来的真理程序）。"① 这便是阿兰·巴迪欧最为人所称道的真理四程序。基于这一对哲学的认识，阿兰·巴迪欧解决了第二阶段的问题，即"哲学家不再是理论荒漠中孤独的无产阶级战士。作为'进行架构的主体'，哲学家也是先锋艺术家，是在疯狂边缘的科学家，以及爱人。哲学家是新文字共和国的成员，是各种真理永恒生成的超历史的守护人。哲学家们仍然在进行着斗争，但绝不孤独，他们周围站着他们的门徒、朋友和同行"②。

总体来看，阿兰·巴迪欧的哲学生涯大致经历了"阿尔都塞的认识论"时期、"激进左翼理论"时期和"诸前提之下的哲学"时期三个阶段。同时，我们也可以清楚地看到，伴随着这三个阶段，阿兰·巴迪欧哲学本身也开始逐渐摆脱阿尔都塞、萨特、康吉莱姆、巴什拉等的影响，进而发展出独具特色的"事件哲学"。而其在第三阶段，即"诸前提之下的哲学"时期所标识出的真理四程序为其"非美学"文艺思想的出场奠定了哲学基础。

---

① 阿兰·巴迪欧. 哲学宣言 [M]. 蓝江，译. 南京：南京大学出版社，2014：115.
② 奥利弗·菲尔萨姆. 哲学 [M] // A. J. 巴特雷，尤斯丁·克莱门斯. 巴迪欧：关键概念. 蓝江，译. 重庆：重庆大学出版社，2016：31.

第二节　阿兰·巴迪欧的"非美学"文艺思想

一、"非美学"文艺思想的提出及其内涵

早在 1969 年，巴迪欧就出版了他的第一部哲学著作——《模式的概念：唯物主义数学认识论导论》(The Concept of Model: An Introduction to the Materialist Epistemology of Mathematics)[①]。整个 20 世纪 70 年代，巴迪欧也有不少重要的政论性作品出版，如 1975 年的《矛盾论》(Théorie de la contradiction)、1976 年的《意识形态》(De l'idéologie) 和《黑格尔辩证法的理论核心》(Le Noyau rationnel de la dialectique hégelienne) 等。20 世纪 80 年代至 90 年代是巴迪欧思想发展的高峰，这一阶段巴迪欧出版了大量为后继研究者津津乐道的著作，如 1988 年的《存在与事件》(L'Être et l'Événement)[②]、1989 年的《哲学宣言》(L'Être et l'Événement)[③]、

[①] Alain Badiou. *The Concept of Model: An Introduction to the Materialist Epistemology of Mathematics* [M]. Edited and translated by Zachary Luke Fraser and Tzuchien. Victoria: re. press.

[②] Alain Badiou. *Being and Event* [M]. Translated by Oliver Feltham. London: Continuum, 2005. 中译本见阿兰·巴迪欧. 存在与事件 [M]. 蓝江, 译. 南京: 南京大学出版社, 2018.

[③] Alain Badiou. *Manifesto for Philosophy* [M]. Translated, edited and with an introduction by Norman Madarasz. Albany: State University of New York Press, 1999. 中译本见阿兰·巴迪欧. 哲学宣言 [M]. 蓝江, 译. 南京: 南京大学出版社, 2014.

1992 年的《条件》(*Conditions*)[①]、1993 年的《伦理学》(*L'Éthique*)[②]、1997 年的《圣保罗：普遍主义的奠基》(*Saint Paul：La fondation de l'universalisme*)[③] 和《德勒兹》(*Deleuze*)[④]、1998 年的《元政治学概述》(*Abrégé de métapolitique*)[⑤] 和《非美学手册》(*Petit manuel d'inesthétique*)[⑥]。进入新千年后，巴迪欧笔耕不辍，新著迭出。比较具有代表性的有 2005 年的《世纪》(*Le Siècle*)[⑦]，2006 年的《世界的逻辑：存在与事件 2》(*Logiques des mondes: L'être et l'événement*, 2)[⑧]，2008 年的《小万神殿》(*Petit panthéon*

[①] Alain Badiou. *Conditions* [M]. Translated by Steven Corcoran. London：Continuum，2008.
[②] Alain Badiou. *Ethics: An Essay on the Understanding of Evil* [M]. Translated and introduced by Peter Hallward. London：Verso，2001.
[③] Alain Badiou. *Saint Paul: The Foundation of Universalism* [M]. Translated by Ray Brassier. Stanford：Stanford University Press，2003. 中译本见阿兰·巴丢. 圣保罗 [M]. 董斌孜孜，译. 桂林：漓江出版社，2015.
[④] Alain Badiou. *Deleuze: The Clamor of Being* [M]. Translated by Louise Burchill. Minneapolis：University of Minnesota Press，1999. 中译本见阿兰·巴迪欧. 德勒兹：存在的喧嚣 [M]. 杨凯麟，译. 南京：南京大学出版社，2018.
[⑤] Alain Badiou. *Metapolitics* [M]. Translated and with an introduction by Jason Barker. London：Verso，2005. 中译本见阿兰·巴迪欧. 元政治概述 [M]. 蓝江，译. 上海：复旦大学出版社，2015.
[⑥] Alain Badiou. *Handbook of Inaesthetics* [M]. Translated by Alberto Toscano. Stanford：Stanford University Press，2005.
[⑦] Alain Badiou. *The Century* [M]. Translated, with a commentary and notes by Alberto Toscano. Cambridge：Polity Press，2007. 中译本见阿兰·巴迪欧. 世纪 [M]. 蓝江，译. 南京：南京大学出版社，2011.
[⑧] Alain Badiou. *Logics of Worlds: Being and Event 2* [M]. Translated by Alberto Toscano. London：Continuum，2009.

portatif)①，2009 年的《第二哲学宣言》（Second manifeste pour la philosophie）②、《维特根斯坦的反哲学》（L'Antiphilosophie de Wittgenstein）③ 和《爱的多重奏》（Éloge de l'Amour）④ 等。但值得注意的是，在相当长的时段内，巴迪欧并未赢得知识界足够的关注，更遑论赢得知识界的研究了。对此，国内有学者进行过追踪调查，结果表明在 1996 年和 2001 年关于法国哲学最彻底的两次调查中，巴迪欧的名字根本无人提及。1998 年的《哲学家索引》（Philosopher's Index）中，也没有收录任何一篇巴迪欧的或关于巴迪欧的文章，而这份关于哲学家的索引收录福柯的文章竟达到 656 篇，收录德勒兹的文章也达到 106 篇。⑤ 但进入新千年以后，西方思想界突然发现了法国理论华丽幕布背后的巴迪欧。巴迪欧那些最重要的著作也基本上是新千年之后才被翻译为英文进而引起欧美知识界注意的。同时，欧美知识界也出现了一系列研究巴迪欧的

---

① Alain Badiou. Pocket Pantheon: Figures of Postwar Philosophy [M]. Translated by David Macey. London：Verso，2009. 中译本见阿兰·巴迪欧. 小万神殿 [M]. 蓝江，译. 南京：南京大学出版社，2014.
② Alain Badiou. Second Manifesto for Philosophy [M]. Translated by Louise Burchill. Cambridge：Polity Press，2011. 中译本见阿兰·巴迪欧. 第二哲学宣言 [M]. 蓝江，译. 南京：南京大学出版社，2014.
③ Alain Badiou. Wittgenstein's Antiphilosophy [M]. Translated and with an introduction by Bruno Bosteels. London：Verso，2011. 中译本见阿兰·巴丢. 维特根斯坦的反哲学 [M]. 严和来，译. 桂林：漓江出版社，2015.
④ Alain Badiou. In Praise of Love [M]. Translated by Peter Bush. Serpent's Tail，2012. 中译本见阿兰·巴迪欧. 爱的多重奏 [M]. 邓刚，译. 上海：华东师范大学出版社，2012.
⑤ 毕日生. 阿兰·巴丢"非美学"文艺思想研究 [M]. 北京：中国社会科学出版社，2014：73.

著作，其中比较有代表性的主要有如下几类：一是介绍巴迪欧生平、哲学思想等的导论性著作，如奥列弗·菲尔特姆（Oliver Feltham）的《阿兰·巴迪欧：生活理论》（*Alain Badiou: Live Theory*）[1]，克里斯托弗·诺里斯（Christopher Norris）的《巴迪欧的存在与事件导论》（*Badiou's Being and Event: A Reader's Guide*）[2]，杰森·巴克（Jason Barker）的《阿兰·巴迪欧批判性导读》（*Alain Badiou: A Critical Introduction*）[3]，A. J. 巴特雷（A. J. Bartlett）和贾斯汀·克莱门斯（Justin Clemens）主编的《巴迪欧：关键概念》（*Badiou: Key Concepts*）[4]。二是对巴迪欧哲学思想的研究，如彼得·霍尔沃德（Peter Hallward）主编的《再思考：阿兰·巴迪欧与哲学的未来》（*Think Again:Alain Badiou and The Future of Philosophy*）[5]，加布里埃尔·瑞拉（Gabriel Riera）主编的《阿兰·巴迪欧：哲学及其条件》（*Alain Badiou: Philosophy and Its Conditions*）[6]，霍尔沃德的《巴迪欧：通往真

---

[1] Oliver Feltham. *Alain Badiou: Live Theory* [M]. London：Continuum，2008.
[2] Christopher Norris. *Badiou's Being and Event: A Reader's Guide* [M]. London：Continuum，2009.
[3] Jason Barker. *Alain Badiou: A Critical Introduction* [M]. Pluto Press，2002.
[4] A. J. Bartlett，Justin Clemens. *Badiou: Key Concepts* [M]. Acumen，2010. 中译本见A. J. 巴特雷，尤斯丁·克莱门斯. 巴迪欧：关键概念. 蓝江，译. 重庆：重庆大学出版社，2016.
[5] Peter Hallward. *Think Again: Alain Badiou and The Future of Philosophy* [M]. London：Continuum，2004.
[6] Gabriel Riera. *Alain Badiou：Philosophy and Its Conditions* [M]. New York：State University of New York Press，2005.

理的主体》（Badiou: A Subject to Truth）[①]，乔恩·罗弗（Jon Roffe）的《巴迪欧的德勒兹》（Badiou's Deleuze）[②]，保罗·阿什顿（Paul Ashton）、巴雷特和克莱门斯主编的《阿兰·巴迪欧的实践》（The Praxis of Alain Badiou）[③]，巴雷特的《巴迪欧与柏拉图：关于真理的教育》（Badiou and Plato: An Education by Truths）[④]，安东尼奥·卡尔卡尼奥（Antonio Calcagno）的《巴迪欧与德里达：政治、事件及其时间》（Badiou and Derrida: Politics, Events, and Their Time）[⑤]，保罗·M. 利文斯顿（Paul M. Livingston）的《逻辑的政治：巴迪欧、维特根斯坦与形式主义的后果》（The Politics of Logic: Badiou, Wittgenstein, and the Consequences of Formalism）[⑥]，山姆·吉莱斯皮（Sam Gillespie）的《新奇的数学：巴迪欧的极简主义形而上学》（The Mathematics of Novelty: Badiou's Minimalist Metaphysics）[⑦]。三是对巴迪欧政治思想的研究，如奥列弗·马乔特（Oliver Marchart）研究巴迪

[①] Peter Hallward. Badiou: A Subject to Truth [M]. Minneapolis: University of Minnesota Press, 2003.
[②] Jon Roffe. Badiou's Deleuze [M]. Mc Gill-Queen's University Press, 2012.
[③] Paul Ashton, A. J. Bartlett, Justin Clemens. The Praxis of Alain Badiou [M]. London: re. press, 2006.
[④] A. J. Bartlett. Badiou and Plato: An Education by Truths [M]. Edinburgh: Edinburgh University Press, 2011.
[⑤] Antonio Calcagno. Badiou and Derrida: Politics, Events, and Their Time [M]. London: Continuum, 2007.
[⑥] Paul M. Livingston. The Politics of Logic: Badiou, Wittgenstein, and the Consequences of Formalism [M]. London: Rout ledge, 2012.
[⑦] Sam Gillespie. The Mathematics of Novelty: Badiou's Minimalist Metaphysics [M]. London: re. press, 2008.

欧、让-吕克·南希和拉克劳等理论家政治思想的《后基础主义政治思想：南希、勒福特、巴迪欧与拉克劳的政治差异》(*Post-Foundational Political Thought: Political Difference in Nancy, Lefort, Badiou and Laclau*)①，该书专辟一章"国家与真理的政治"② 论述巴迪欧的政治思想。四是对巴迪欧神学思想的研究，如亚当·米勒（Adam Miller）的《巴迪欧、马里昂与圣保罗：内在恩典》(*Badiou, Marion, and St. Paul: Immanent Grace*)③，克里斯托弗·沃特金（Christopher Watkin）的《困难的无神论：阿兰·巴迪欧、让-吕克·南希与甘丹·梅亚苏的后神学思想》(*Difficult Atheism: Post-Theological Thinking in Alain Badiou, Jean-Luc Nancy and Quentin Meillassoux*)④ 等。五是对巴迪欧文艺思想的研究，如让-雅克·勒塞克勒（Jean-Jacques Lecercle）的《巴迪欧与德勒兹论文学》(*Badiou and Deleuze Read Literature*)⑤，安德鲁·吉布森（Andrew Gibson）的《贝克特与巴迪欧：断续的悲情》

---

① Oliver Marchart. *Post-Foundational Political Thought: Political Difference in Nancy, Lefort, Badiou and Laclau* [M]. Edinburgh: Edinburgh University Press, 2007.
② Oliver Marchart. *Post-Foundational Political Thought: Political Difference in Nancy, Lefort, Badiou and Laclau* [M]. Edinburgh: Edinburgh University Press, 2007: 109—133.
③ Adam Miller. *Badiou, Marion, and St. Paul: Immanent Grace* [M]. London: Continuum, 2008.
④ Christopher Watkin. *Difficult Atheism: Post-Theological Thinking in Alain Badiou, Jean-Luc Nancy and Quentin Meillassoux* [M]. Edinburgh: Edinburgh University Press, 2011.
⑤ Jean-Jacques Lecercle. *Badiou and Deleuze Read Literature* [M]. Edinburgh: Edinburgh University Press, 2010.

(*Beckett and Badiou*：*The Pathos of Intermittency*)[1] 等。

较之于对巴迪欧哲学思想的研究，中西知识界对其"非美学"（Inaesthetics）文艺思想的研究显得相对较为薄弱。巴迪欧"非美学"文艺思想集中体现在其著作《非美学手册》(*Handbook of Inaesthetics*)[2] 中。在该著作的开篇题词部分，巴迪欧就对什么是"非美学"进行了如下概括："关于'非美学'，我将之理解为一种哲学与艺术之间的关系。我坚持认为艺术本身是真理的生产者，但艺术并不是哲学的对象。与美学的思考相反，'非美学'专注于由一些独立存在的艺术作品所产生的严格的内在哲学效果。"[3]

这段话奠定了理解巴迪欧"非美学"文艺思想的基础。在巴迪欧看来，"非美学"问题首先涉及哲学与艺术的关系问题，其次涉及"非美学"与传统美学的关系问题。就第一个问题来说，哲学与艺术的关系问题，或曰"诗与哲学之争"，是西方哲学史上的经典问题，时至今日这一问题仍被众多理论家讨论[4]。正如爱德蒙森所说，"本书之所以一开篇就谈及诗人与哲学家的论争（据柏拉图所

---

[1] Andrew Gibson. *Beckett and Badiou*：*The Pathos of Intermittency* [M]. Oxford：Oxford University Press，2006.

[2] Alain Badiou. *Handbook of Inaesthetics* [M]. Translated by Alberto Toscano. Stanford：Stanford University Press，2005.

[3] Alain Badiou. *Handbook of Inaesthetics* [M]. Translated by Alberto Toscano. Stanford：Stanford University Press，2005.

[4] 如刘小枫先生主编的"西方传统：经典与解释"系列丛书就收录了不少关于"诗与哲学之争"的著作，其中比较有代表性的参见斯坦利·罗森. 诗与哲学之争——从柏拉图到尼采、海德格尔 [M]. 张辉，译. 北京：华夏出版社，2004. 此外还有一些关于"诗与哲学之争"的著作也被译为了中文，如马克·爱德蒙森. 文学对抗哲学——从柏拉图到德里达 [M]. 王柏华，马晓冬，译. 北京：中央编译出版社，2000.

说，这个论争在他那个时代就已是古老的论争了），因为我认为，尽管论争在一些重要方面发生了变化，但它至今仍在继续"①。只不过，较之于柏拉图时代——"文学批评在西方诞生之时就希望文学消失。柏拉图对荷马的最大不满就是荷马的存在。在柏拉图看来，诗歌是欺骗：它提供模仿的模仿，而生活的目的是寻找永恒的真理；诗歌煽动起难以驾驭的情感，向理性原则挑战，使男人像个女人；它诱使我们为取得某种效果而操纵语言，而非追求精确。诗人发送出许多精美的言辞，可是，如果你问他们到底在说些什么，他们只会给你一个幼稚的回答：不知道。尽管柏拉图对文学艺术的吸引力不乏雄辩之词，然而，在他看来，诗歌对创造健全的灵魂或合理的国度没有丝毫用武之地。在设计乌托邦蓝图时，柏拉图把诗人逐出墙外。"②——现在的情况已发生了巨大的变化，即"力量对比有了明显转变。那时候，柏拉图俨然一个地位骤升的人物，突然站出来抗议荷马那上帝般的地位。如今，文学的哲学批评占据优势。在文学批评的领地，柏拉图的后裔显然获胜了"③。因此，对巴迪欧"非美学"文艺思想的讨论首先要置于"诗与哲学之争"这一古老问题的理论脉络之中。换句话说，就是要从巴迪欧的哲学思想

---

① 马克·爱德蒙森. 文学对抗哲学——从柏拉图到德里达 [M]. 王柏华，马晓冬，译. 北京：中央编译出版社，2000：2.
② 马克·爱德蒙森. 文学对抗哲学——从柏拉图到德里达 [M]. 王柏华，马晓冬，译. 北京：中央编译出版社，2000：1.
③ 马克·爱德蒙森. 文学对抗哲学——从柏拉图到德里达 [M]. 王柏华，马晓冬，译. 北京：中央编译出版社，2000：2.

出发。

二、真理、事件与主体

正如彼得·霍尔沃德所说,"巴迪欧是不能用传统的方法加以分类的",因为"他的著作涉及多得令人眼花缭乱的领域——数论,精神分析学,现代诗歌,政治理论,戏剧和表演理论。他以不同方式忠实于康托尔(Cantor)、科恩、拉康、马拉美和列宁。尤其特殊的是,也许任何其他当代法国哲学家都无法相比的是,他表明了分析哲学与欧陆哲学之间的任何清晰划分都是过时的。虽然对数理逻辑持批判态度,但他仍以数学为前导。他对弗莱杰(Frege)、维特根斯坦和哥德尔就像他对黑格尔、尼采和德勒兹一样熟悉。他的哲学观拒绝'分析'和'欧陆'这两个修饰语,就如同他拒绝把哲学区分为相对独立的(政治的、美学的、认识论的)领域一样"。① 巴迪欧的哲学无法简单地归入任何一种流派,或者说他的哲学本身就是反流派的。在被后现代主义冲刷过的世纪之交的西方思想界,巴迪欧将对普遍性、普遍真理、理性主义的重申建立在数学基础之上,反对差异政治、社群主义以及各种形式的相对主义。这使其在西方知识界显得非常突兀和难以理解。因此,"可以毫不夸张地说,巴迪欧的著作在今天几乎不能根据英美学界盛行的原则来阅读——无论是政治的还是哲学的。巴迪欧毫不犹豫地接受、有时藐视由此

---

① 彼得·霍尔沃德. 一种新的主体哲学[M]//陈永国. 激进哲学:阿兰·巴丢读本[M]. 北京:北京大学出版社,2010:3—4.

而导致的边缘化:'自柏拉图以来,哲学始终是对观念的突破。……对哲学家来说,凡是没有争议的东西就都是可怀疑的"①。霍尔沃德的这段话并非危言耸听,从某种意义上说,巴迪欧的确与20世纪的哲学主流格格不入。大致来说,20世纪欧美哲学存在着三大主流:一是以维特根斯坦为代表的分析哲学;二是发端于狄尔泰,经海德格尔到伽达默尔的诠释学;三是以德里达、德勒兹、伽塔里、利奥塔等为代表的后结构主义。无论是哪一理论脉络,似乎都与巴迪欧存在矛盾冲突,因为这三种理论脉络共同的特征都是反普遍性,认为不存在普遍真理。作为对这三种哲学主流的拒绝,巴迪欧选择了一条通向古典传统的回退的道路,这一点和新千年在国内声名鹊起的"施特劳斯学派"有相似的地方,其最明显的症候就是巴迪欧对"真理"的论述。

那么巴迪欧思想中的"真理"究竟是什么意思呢?与西方哲学传统中的"真理"又有什么联系与区别呢?对此,巴迪欧在《德勒兹:存在的喧嚣》(Deleuze: The Clamor of Being)② 一书中有过系统性的论述:"我想补充的是,就我个人而言,我一直将真理理解为一种冒险,它发生在事件之后,不受任何外部法则的约束,因此理解它需要同时运用叙述和数学化的资源。在虚构与论证、图像

---

① 彼得·霍尔沃德. 一种新的主体哲学 [M] //陈永国. 激进哲学:阿兰·巴丢读本 [M]. 北京:北京大学出版社,2010:5.
② Alain Badiou. *Deleuze: The Clamor of Being* [M]. Translated by Louise Burchill. Minneapolis: University of Minnesota Press, 1999.

与公式、诗歌与数学之间,存在着一种持续的循环。"[1] ——诚然,博尔赫斯的作品鲜明地展现了这一点。[2] 在巴迪欧看来,真理是一种随机的过程,是一种不定时发生的东西,它在事件之后,不受任何外在的规范约束,它是偶然的和特殊的。"它是它所召集和维持的主体所宣布、构造和坚持的东西。"[3] 霍尔沃德甚至将巴迪欧的真理观与马克思的哲学观进行了对接,认为巴迪欧对真理的态度与马克思关于哲学的主要任务——即哲学的任务不是解释世界,更重要的是改造世界的论述——在逻辑上是一致的。"如马克思一样,巴迪欧懂得'人类思想是否达到客观真理的问题不是一个理论问题,

---

[1] 关于 poem 和 matheme 的翻译问题,马元龙教授做过专门的分析。他在一篇文章的注释中说道:"在《非美学手册》中,有两组密切相关但又彼此对立的概念,那就是'poetry'和'poem','mathematics'和'matheme'。'Poetry'与'mathematics'对应,'poem'与'matheme'对应。'Poetry'与'mathematics'对应是有道理的,因为'poetry'的原始意义不是'诗歌',而是'诗法、诗艺',正好与'mathematics'的本义'数学'对应。在《非美学》的语境中,在写作本文的过程中,我勉强将'poetry'翻译为'诗歌',着重其体裁意义;将'poem'翻译为'诗',着重于具体的作品。但这种方法不适合于'mathematics'和'matheme',因为前者自然应该翻译为'数学',但'matheme'却无论如何不能翻译为'数'。'Matheme'是一个已经废弃了两千年的词语,其本义是'教学',拉康复活了这个词语,用以表示他那些独特的类似数学的公式。巴迪欧继承了拉康的用法,但具体意义有所不同。在巴迪欧的语境中,这个词语的准确意义应该就是'数学算式',在很多地方甚至可以理解为'数学'。但是我们不能将其翻译为'数学',否则与同一语境中的'mathematics'无法区别,但翻译为'算式'或者'数学算式'也不妥,因为这个词语经常又义同'数学'。故此我勉强将其译为'数学[算式]',当其偏重'数学'时,读者可以忽略方括号中的'算式',当其与'mathematics'对举时,方括号中的'算式'又可以提醒读者其不是通常意义上的'数学'。"见马元龙. 非美学:巴迪欧的美学[J]. 文艺研究,2014(11):40.
[2] Alain Badiou. Deleuze: The Clamor of Being [M]. Translated by Louise Burchill. Minneapolis: University of Minnesota Press, 1999: 57.
[3] 彼得·霍尔沃德. 一种新的主体哲学[M]//陈永国. 激进哲学:阿兰·巴丢读本[M]. 北京:北京大学出版社,2010:6.

而是一个实践问题',真正的思想与其说是理解世界,毋宁说是改造世界。"① 正是这一区分奠定了巴迪欧的真理观,即一方面真理意味着一种普遍性的固定不变的秩序,另一方面真理又意味着一种无序的非连续性的逃脱外在束缚的存在。按霍尔沃德的看法,巴迪欧的真理是一种"主观真理",是一种"从已知的特殊性中抽身出来而逃避了第一个客观领域的具体行为"。② 关于这一点,伊格尔顿也持相似的观点。一方面,伊格尔顿认为巴迪欧考虑的真理并不是命题性的真理,相反,"真理也许——必须——是普遍化的,但是就其本身而言它们的奇特性是顽强的"③。但另一方面,关于霍尔沃德所言的"主观真理",伊格尔顿也持相近的看法。他认为对巴迪欧来说,他的"真理"和人类主体一样多,"或者说,人类主体和真理一样多",因为,对巴迪欧来说,"一个主体就是通过以执著(着)的忠诚相应永恒不朽的'真理事件',从而受到召唤而进入存在状态的东西,它破坏性地、难以预料地侵入的假定的事实,侵入到它所有的无法简化的、难以传达的奇异特性,超越了所有的法则、共识和传统理解力"。④

既然真理本身具有这样的两重性,那么接下来的问题便是,真

---

① 彼得·霍尔沃德. 一种新的主体哲学 [M] //陈永国. 激进哲学:阿兰·巴丢读本 [M]. 北京:北京大学出版社,2010:6.
② 彼得·霍尔沃德. 一种新的主体哲学 [M] //陈永国. 激进哲学:阿兰·巴丢读本 [M]. 北京:北京大学出版社,2010:7.
③ 特里·伊格尔顿. 异端人物 [M]. 刘超,陈叶,译. 南京:江苏人民出版社,2014:279.
④ 特里·伊格尔顿. 异端人物 [M]. 刘超,陈叶,译. 南京:江苏人民出版社,2014:279.

理为什么可以摆脱外在规则（external law）对它的约束？或者说，真理何以变为"主观真理"？这里就牵涉巴迪欧的另一个重要概念，那就是"事件"。关于真理与事件的关系，霍尔沃德总结为"真理物质地生产于特定的环境之中，每一个真理都开始于逃避构造和控制这些环境的现行逻辑的一个事件或发现"①。简言之，真理源于事件，事件意味着偶然，事件的发生意味着新的事物与新的秩序的出现，事件无法控制、不可预见、难以捉摸。事件在某一种特定的境遇中爆发，却又不属于这一境遇，它为这一境遇带来了一种全新的秩序，并进而突破既有的秩序。对此，伊格尔顿列举过不少的例子，"真理事件的出现形式和规格各不相同，从耶稣复活到雅各宾主义，从坠入爱河到实现一个科学发现，从布尔什维克革命到巴迪欧自己对 1968 年五月真理事件进行的主体构成"②。在提出真理和事件两大问题之后，巴迪欧最后的指向却是为了引出另一个更为重要的问题，这一问题便是主体。甚至可以说，主体问题才是巴迪欧最重要的关切所在。正如前文所述，尽管巴迪欧认为真理和主体都是偶然的和特殊的，每个个体都能成为主体，但是一般而言，个体同外部世界之间依然存在着一种相对稳定的关联性。一旦"事件"发生，一种全新的秩序便被纳入原来的体系之中，这样原来相对稳

---

① 彼得·霍尔沃德. 一种新的主体哲学 [M] //陈永国. 激进哲学：阿兰·巴丢读本 [M]. 北京：北京大学出版社，2010：7.
② 特里·伊格尔顿. 异端人物 [M]. 刘超，陈叶，译. 南京：江苏人民出版社，2014：279—280.

定的主客体关系就可能被打破。因此，真理、主体和事件应该被理解为同一个过程的不同方面。对此，在《圣保罗》一书中，巴迪欧也有过较为清晰的论述："1. 基督教的主体并不先于他所宣布的事件（基督的复活）而存在。这样一来，他的生存或身份的外在条件就将受到反驳。他将既不是犹太人（或行割礼的），也不是希腊人（或智者）。他既不出生于这个阶级，也不属于那个阶级（真理之前的平等理论），也不属于这种或那种性别（妇女理论）。2. 真理完全是主体性的（它属于一个宣言，这一宣言证明与事件相关的一个信念）。因此，它在法律之下生成的每一个假设都将受到反驳。这有必要从对已经过时且有害的犹太法的根本批判开始，或从对希腊法的批判开始，后者使命运从属于宇宙秩序，它从一开始就只是对拯救之路表现出的'有学问的'无知。3. 忠实于宣言是最关键的，因为真理是一个过程，而不是一个说明。为了思考真理，需要有三个概念：第一个概念（pistis：一般译作'信仰'，但更确切的译法应该是'信念'）在发表宣言的时刻给主体命名；另一个概念（agapē，一般译作'仁慈'，但更确切的译法应该是'爱'）在信念得到精确表达时给主体命名；最后一个概念（elpis，一般译作'希望'，但更确切的译法应该是'确定性'）通过假设真理程序的完成的性质，来给主体命名。4. 真理本身无关乎境况，比如，无关乎罗马政权。这意味着它从这个政权所规定的子集中抽身出来。与这一抽离相应的主体性构成了与国家、与人民意识中与国家相对应的东西——意见的机器——所保持的必要的距离。不要就意见发生辩论，保罗说。一个真理是一个集中的严肃的过程，它从不与既定的意见竞争。"①

从表面上看，巴迪欧在《圣保罗》中谈论的是基督教的保罗神学问题，但是其问题意识依然是关于主体、事件与真理的。在巴迪欧看来，真理首先是一个信仰问题，因为如前文所述，"真理完全是主体性的"。同时，真理不是我们通常所理解的客观性的真理，即一套描述客观性的固定的思想或知识体系。相反，它是一个过程。在真理的这一展开过程中，同时伴有主体的信仰（信念）、爱和希望（确定性）。因此，主体的身份完全取决于这种对某项事物的"信仰"或"信念"。巴迪欧甚至认为，"只有在这种罕见的纯粹献身的时刻，我们才成为我们所能成为的人，就是说，我们被带到正常的界限之外，超过了可预见的反应范围。只有在这个不可预见的领域内，在这个纯粹行为的领域内，一个人才能成为一个完全的主体而非客体"②。另一方面，每一个主体又都依存于事件而存在，事件的发生也加入了主体生成的过程。关于这一点，正如前文伊格尔顿的总结，巴迪欧举出了一系列的例子。如前文所述的作为使徒的基督教主体只有通过宣布一个事件（如耶稣的复活），它才能存在。其他如"雅各宾党和布尔什维克党对一次革命事件的忠诚，就

---

① 阿兰·巴丢. 圣保罗 [M]. 董斌孜孜，译. 林草河，校. 桂林：漓江出版社，2015：14—15.
② 彼得·霍尔沃德. 一种新的主体哲学. 见巴丢读本 [M]. 陈永国，译. 北京：北京大学出版社，2010：8.

其主体力量和普遍规模而言，超过了促使其发生的那些特殊行动；一对恋人把自己看成是相爱的主体，其基础只是对他们相遇的这个昙花一现的事件的忠诚；艺术或科学则忠诚于由于发现或突破传统而打开的一条创造性的探究路线。更多的政治例子，包括 1987 年'巴勒斯坦大起义'（Intifada），1988 年缅甸的学生运动，以及最近墨西哥的'恰帕斯冲突'（Conflicto de Chiapas）和巴西的'无地工人运动'（Movimento dos Trabalhadores Rurais Sem Terra）：用最主观的术语说，每一个序列都成功地调动了几十年来始终处于最淹没状态的那些人，在各自环境中最无法再现的人"①。

综上所述，真理、事件和主体实际上是同一个过程的不同侧面。真理的诞生以主体对真理的"宣言"为基础和前提，而主体的生成又以其对真理的"宣言"和对事件的"信念"为前提和基础。从某种意义上说，巴迪欧所说的真理展开的过程本身也就是主体寻找真理和忠诚于事件的过程，二者是合而为一的。主体与事件之间的这种关系同样可以被主体与共同体之间的关系所置换，或者说主体与共同体之间的关系同主体与事件之间的关系在逻辑上是趋于一致的，那就是主体对事件与共同体的忠诚，或者按前文巴迪欧的说法就是"一个真理是一个集中的严肃的过程，它从不与既定的意见竞争"。

---

① 彼得·霍尔沃德. 一种新的主体哲学［M］//陈永国. 激进哲学：阿兰·巴丢读本［M］. 北京：北京大学出版社，2010：8—9.

关于真理本身,巴迪欧在《德勒兹:存在的喧嚣》(*Deleuze: The Clamor of Being*)中还有另外两个很重要的论述:"一是我甚至愿意这样说,这一价值观背后的信念始终是:真理的现实性(无论是科学的、政治的、爱情的还是艺术的)是超越时间的——我们确实是阿基米德和牛顿、斯巴达克斯和圣茹斯特、紫式部和埃洛伊斯、菲迪亚斯和丁托列托的同时代人。这意味着我们与他们同在,并在他们的思想中思考,完全不需要时间的综合"①,"二是在我看来,这才是(政治)革命、(爱情)激情、(科学)发明和(艺术)创作的真正体验。正是在这种时间的消解中,真理的永恒性得以诞生。"② 在这两段话中,巴迪欧给出了真理的四种主要模式,即革命(revolutions)、激情(passions)、发明(inventions)和创造(creations),它们分别对应四个领域,即政治(political)、爱情(amorous)、科学(scientific)和艺术(artistic)。而在每一个领域中,"主体都是真理的主体,它本身既是单一的(就时机和原创性而言)又是普遍的(就规模而言)。哲学本身并不生产这种意义上的真理。相反,它寻求把这四个领域里的当代产品辨认和聚合起来,如果存在的话,认其为'时代的真理'。这种真理构成了这个

---

① Alain Badiou. *Deleuze: The Clamor of Being* [M]. Translated by Louise Burchill. Minneapolis: University of Minnesota Press, 1999: 59.
② Alain Badiou. *Deleuze: The Clamor of Being* [M]. Translated by Louise Burchill. Minneapolis: University of Minnesota Press, 1999: 64.

时代的永恒的东西"①。

　　巴迪欧关于真理四种模式的划分并非毫无依据，而是有其坚实的哲学基础的。在《哲学宣言》中，巴迪欧明确提出，"哲学是由前提限定的，这些前提是真理程序或类性程序。这些类型包括科学（更准确地说是数元）、艺术（更准确地说是诗）、政治（更准确地说是领域之内的政治或解放政治）和爱（更准确地说是让彼此不相关的两性立场中涌现出的真理程序）"②。具体来说，"哲学是一种在大真理或空之范畴下的搅拌，这种空的定位对应于连续进程的颠覆，对应于界限的另一边。在观点上带有这个目的，哲学将知识的构造和艺术的构造组织成一个叠加起来的超级组合。它构建了一个把握真理的装置，这意味着：它说出存在若干真理，并让它自己去思考这些真理。这种把握是在没有对象的爱之下驱动的，构成了一种具有说服力的策略，且在权力上没有任何风险。这整个程序都是由前提所限定的，即由艺术、科学、爱和政治在它们的事件中所限定的。最终，这些程序通过一个特殊的对手——即智者——而走向两极分化"③。那么，巴迪欧为什么会从这四个维度去理解哲学呢？这是因为巴迪欧认为既往的哲学已经沦为了哲学史，哲学发展进入了一个死胡同，其中一个突出的表现就是各式各样的被知识界所命

---

① 彼得·霍尔沃德. 一种新的主体哲学 [M] //陈永国. 激进哲学：阿兰·巴丢读本 [M]. 北京：北京大学出版社，2010：9.
② 阿兰·巴迪欧. 哲学宣言 [M]. 蓝江，译. 南京：南京大学出版社，2014：115.
③ 阿兰·巴迪欧. 哲学宣言 [M]. 蓝江，译. 南京：南京大学出版社，2014：110.

名为"哲学的终结"的发生,用巴迪欧自己的话说就是"在历史上柏拉图所开创的东西已经进入到其影响的最后阶段"。① 面对这一境况,巴迪欧试图为哲学进行重新定位。"哲学不再明白它是否还有一个合适的地位。它试图嫁接到其他的业已建立的活动上,如艺术、诗、科学、政治行动、精神分析……或者说,如今的哲学仅仅是其自身的历史,它变成了自己的博物馆。我们将这种在变成历史文献和重新再定位的来来回回的犹豫不定称为'哲学的麻痹'。"② 可以说,这一点恰好也构成了巴迪欧事件哲学出场的前提。正是为了突破"哲学的麻痹",巴迪欧选择了将哲学建立在科学、政治、艺术与爱的基础之上,并以此克服哲学的枯竭。巴迪欧对此甚至直言不讳地宣告:"至于我自己,我相信我必须要去宣布这个终结的终结。"③ 具体到哲学与艺术,巴迪欧认为隐喻、形象的强度以及具有说服力的修辞都可以发展成为哲学。"真理打断了连续性序列,它在自身之外或之上进行了重新概述。和柏拉图一样,正是这些形象、神话和比较的作品与他所抨击的诗人相一致。这一次艺术是动态化的,并不是因为艺术具有价值或者带有模仿性和通便性的目的,而是提升大真理的空达到了某个临界点,在临界点上,辩证连续的思想被搁置了。在这里再说一遍,这绝不是'创造艺术作品'的问题,问题在于哲学与后者并不类似,甚至哲学并不能移交到艺

---

① 阿兰·巴迪欧. 哲学宣言 [M]. 蓝江,译. 南京:南京大学出版社,2014:94.
② 阿兰·巴迪欧. 哲学宣言 [M]. 蓝江,译. 南京:南京大学出版社,2014:85.
③ 阿兰·巴迪欧. 哲学宣言 [M]. 蓝江,译. 南京:南京大学出版社,2014:94.

术手上，或者将哲学感受为一种艺术，尽管其目的完全不同。可以说，艺术以自己独到的方式进行模仿，并带有生产出大真理主观位置的观念。我们将这种居于临界点上的处理方式称为**艺术构造**"。①在这里，巴迪欧对艺术与哲学之间的关系进行了重新的厘定。他认为，艺术是哲学的条件，是哲学的一种真理程序，艺术为哲学提供了"主观能动性的范式"②。因此，巴迪欧的文艺思想和他的哲学观念是不能截然分开的，艺术在其哲学体系中占有重要的地位。一方面，艺术通过与哲学的对抗来确立自身的存在；但另一方面，艺术的存在不依赖于任何艺术之外的东西，艺术与哲学之间不是表征与被表征的关系。

三、哲学与艺术关系的重估

关于哲学与艺术之间的关系，巴迪欧认为在既有的哲学史中存在着几种主要的模式（schemata）：其一是教导型模式，其二是浪漫型模式，其三是古典型模式。③

在"教导型模式"（*didactic* schema）中，艺术外在于所有的真理，艺术以"实际的、直接的或赤裸的真理"（effective, immediate,

---

① 阿兰·巴迪欧. 哲学宣言 [M]. 蓝江，译. 南京：南京大学出版社，2014：98. 黑体字为原文所加。
② 阿兰·巴丢. 哲学宣言 [M]. 蓝江，译. 南京：南京大学出版社，2014：98.
③ Alain Badiou. *Handbook of Inaesthetics* [M]. Translated by Alberto Toscano. Stanford: Stanford University Press, 2005：2.

or naked truth)[1] 为幌子表现自身，艺术是真理的外在显现。为进一步说明这一模式，巴迪欧从拉康那里借用了歇斯底里（hysteric）和魅惑（charm）的概念，即"歇斯底里症之象形文字、恐惧症的夸示、分裂性神经症的迷宫——无能的符咒、压抑的困顿、焦虑的神谕——性格所戴之面具、自我惩罚之密封、变态伪装——这些都是我们的注释所应解决的阐释性因素，是我们的招魂术溶解于其中的双关语，是我们的辩证法加以解除的诡计，并且是一种非个人意义的论断，这种方法从不着痕迹的东西中获致启示扩展到神秘的解决办法，并可求助于言说的帮助"[2]。在巴迪欧看来，拉康以及整个精神分析理论脉络中的歇斯底里症与癔症之间的关系，与教导型模式中的哲学与艺术的关系在逻辑上是一致的，都是表征与被表征的关系。巴迪欧进一步说，艺术就是"真理的纯粹魅惑"（the pure charm of truth）[3]。我们知道，在拉康的思想中，由想象界、象征界和实在界构成的三种秩序占据着重要的地位，而魅惑就是对想象界的诠释之一。那么究竟应该怎样理解巴迪欧所说的"艺术是真理的纯粹魅惑呢"？在这里还需要回到拉康的理论视野。拉康在论述其三种秩序理论时，实际上也讨论到了真理问题，只不过他对真理问题的讨论并不附着于任何一种秩序。玛尔考姆·波微认为："这

---

[1] Alain Badiou. *Handbook of Inaesthetics* [M]. Translated by Alberto Toscano. Stanford: Stanford University Press, 2005: 2.
[2] 玛尔考姆·波微. 拉康 [M]. 牛宏宝，陈喜贵，译. 北京：昆仑出版社，1999：67.
[3] Alain Badiou. *Handbook of Inaesthetics* [M]. Translated by Alberto Toscano. Stanford: Stanford University Press, 2005: 2.

三种秩序通过三角关系图谱的反复绘制所获取的,就是真理试图通过瞬时即逝的假定来获取的。但是,在两种思想的风格之间还存在着一种比如此这般更为紧密的关联,因为符号作用是无意识的秩序,没有它,真理是不可能的。拉康三元思维的压倒一切的倾向应该是,把被插于想象作用的瞬时即逝性和沉重的回归性真实之间的符号作用,呈现为不可避免的缺乏和无目标的王国——对此的充分认识一定会在符号孕育的主体身上产生有益的效果。'真理',在我勾勒的两个层面的次要水平中,就是成为一种关于符号作用的令人不安的本原真理:它告诉我们我们的欠缺来自什么地方,并提出措施来限制它们。但是,'真理'在其无限增强和绝对的层次上,是对符号作用的回答;在它的丰足性和它的喜剧性中。它致力于修补由符号作用所引发的损伤;在这个意义上,它是言说之狂喜。当理论家完成了他那漫长的学徒期,并沿着精神分析向所有那些敢于构成理论的人所要求的否定性的道路走得足够远的时候,他才有资格接受他的奖赏。以拉康的情况来看,这种奖赏就是去成为一个作家,并在他的写作中不是去发现真理之巨大山脉的小山丘,而是发现它的狂喜的顶峰。"[1] 波微对拉康真理观的论述,以及对真理与艺术(作家)关系的剖析,与巴迪欧的思路是一致的。巴迪欧认为教导型模式的典型代表是柏拉图,这突出地反映在柏拉图对真理与艺术关系的著名论断中。

---

[1] 玛尔考姆·波微. 拉康[M]. 牛宏宝,陈喜贵,译. 北京:昆仑出版社,1999:67.

因此，模仿艺术和真实的东西自然相差很远，而且，似乎是，它正靠了这一点才制造出各种各样的东西，因为它只抓住了每一事物的一点零星，而且这本身又只是外表形象。我们承认，一个画家能为我们画出诸如皮匠、建筑师和其他手工艺者，虽然他自己一点也不用懂这些专业；尽管如此，至少在孩子们或头脑简单的人面前，如果他是个出色的画家，如果他画出了一个建筑师，并且隔一段距离向对方展出这一画像，他会用这一欺骗手法使对方相信这是个真正的建筑师。

……

"因此，"我说，"下一步我们必须检验悲剧和它的鼻祖荷马，因为我们总是听到某些人声称，这些诗人精通一切艺术，一切涉及美德和邪恶的人类事务，再加上神的事务；因为一个出色的诗人，如果他想创作好他所创造的那些东西，必然是以内行的身份进行创作，否则，他就没有能力进行创作。我们必须检验这些和模仿者相遇的人，或是他们真被对方骗了，当看到对方的那些作品，他们并没感觉到这些东西处在事物本质的第三外围，一个不知真理的人很容易把它们创作出来——其实对方制造出来的是表面形象，并非是事物的本身——或是，不仅他们说得有一定道理，而且这些出色的诗人实质上真精通任何绝大多数人认为他们将其论说得非常精彩的东西。"①

　　这是哲学史和文艺理论史上的一段经典论述。在柏拉图看来，一方面，文学艺术与理念世界也即真理之间隔了两层，文学艺术是对真理的模仿之模仿，文学艺术本身不具有真理性；另一方面，由于文学艺术与爱欲密切相关，能激起人类非理性的情感，因此它可能会被僭主利用，进而破坏城邦的政治秩序。因此，柏拉图坚持要将诗人逐出理想国。巴迪欧引用柏拉图的观点实际上是想表明，柏拉图模仿论的核心并非对"事物的模仿"（an imitation of things），而是对真理效果的模仿（the imitation of the effect of truth）。② 因此，艺术从本质上说是从属于真理的，艺术"处于哲学的严密监视之中"（be subjected to the philosophical surveillance of truths），是一种"真理外部显现的魅惑"（the charm of a semblance of truth）。因此，艺术的标准（norm）就是教育，而教育的标准就是哲学。巴迪欧认为，这是将艺术、哲学与教育联系在一起的第一个节点。③ 在教导型模式中，最核心的问题是对艺术的控制，而且这种控制也是可能的。

---

① 柏拉图. 理想国 [M]. 王扬，译注. 北京：华夏出版社，2012：361—362.
② Alain Badiou. *Handbook of Inaesthetics* [M]. Translated by Alberto Toscano. Stanford：Stanford University Press，2005：2.
③ Alain Badiou. *Handbook of Inaesthetics* [M]. Translated by Alberto Toscano. Stanford：Stanford University Press，2005：2—3.

第二种模式，巴迪欧将之命名为"浪漫型模式"（romantic schema）。[1] 在这一模式中，艺术能够承载真理，也能够指称哲学本身所能指称的所有事物，具备和哲学相同的功能，能够完成同哲学一样的使命。艺术是真理"真实的身体"（real body），或者说是拉库－拉巴特（Lacoue-Labarthe）和让－吕克·南希所命名的"文学的绝对"[2]。这种"真实的身体"也是一种"欢愉的身体"（a glorious body），哲学与艺术不再是主人与仆役的关系，而是父与子的关系，巴迪欧甚至认为哲学扮演了保守的、冥顽不化的、需要被拯救的父亲的形象，而艺术则恰恰扮演着去拯救哲学的角色。同哲学一样，艺术本身也具有教育功能，同时也具有无穷的力量。与哲学不同，艺术能将我们从那种具有规范性和统治性的概念的贫瘠中解放出来，从这个意义上说，巴迪欧认为，艺术本身就是主体，艺术就是真理的化身（incarnation）。[3] 显然，浪漫型模式正好代表了教导型模式的对立面。在浪漫型模式中，艺术是独立于哲学的、有着自我主体性的存在，甚至较之于哲学更具有理解和把握真理的优先性与重要性。哲学对真理的把握是抽象的，需要借助于一系列的概念、范畴、体系和逻辑等工具；而艺术可以直接把握真理，正

---

[1] Alain Badiou. *Handbook of Inaesthetics* [M]. Translated by Alberto Toscano. Stanford: Stanford University Press, 2005: 3.
[2] 菲利普·拉库－拉巴尔特，让－吕克·南希. 文学的绝对：德国浪漫派文学理论 [M]. 张小鲁，李伯杰，李双志，译. 南京：译林出版社，2012.
[3] Alain Badiou. *Handbook of Inaesthetics* [M]. Translated by Alberto Toscano. Stanford: Stanford University Press, 2005: 3.

如巴迪欧所说，艺术就是真理的肉身，艺术是真理的载体。这一方面使得真理变得触手可及，另一方面也使得艺术摆脱了哲学的钳制，脱离了哲学的婢女的身份，从而获得了一种真正绝对独立的主体性地位。

关于浪漫型模式，巴迪欧认为最典型的代表就是海德格尔的诠释学。① 尽管在海德格尔那里，思与诗之间的关系很难辨认，但是诗依然具有独立性，是真理的栖居之所，是一种"毫无遮蔽的敞开"（maintains the effaced guarding of the Open）②。关于这种敞开（Open），海德格尔自己做过这样的描述，"这种敞开领域（das Offene）发生于存在者中间。它展示了一个我们已经提到过的本质特征。世界和大地属于敞开领域，但是世界并非直接就是与澄明相应的敞开领域，大地也不是与遮蔽相应的锁闭。而毋宁说，世界是所有决断与之相顺应的基本指引的道路的澄明。但任何决断都是以某个没有掌握的、遮蔽的、迷乱的东西为基础的；否则它就决不是决断"。③ 那么，这种世界与大地的敞开与真理有什么关系呢？海德格尔继续说道："只要真理作为澄明与遮蔽的原始争执而发生，大地就一味地通过世界而凸现，世界就一味地建基于大地中。但真理

---

① Alain Badiou. *Handbook of Inaesthetics* [M]. Translated by Alberto Toscano. Stanford: Stanford University Press, 2005: 6.
② Alain Badiou. *Handbook of Inaesthetics* [M]. Translated by Alberto Toscano. Stanford: Stanford University Press, 2005: 6.
③ 马丁·海德格尔. 林中路（修订本）[M]. 孙周兴, 译. 上海: 上海译文出版社, 2008: 36.

如何发生呢？我们回答说：真理以几种根本性的方式发生。真理发生的方式之一就是作品的作品存在。作品建立着世界并且制造着大地，作品因之是那种争执的实现过程，在这种争执中，存在者整体之无蔽状态亦即真理被争得了。"① 由此可见，在海德格尔的哲学图景中，世界建基于大地，真理建基于作品（艺术），作品（艺术）建立世界并制造大地。因此，艺术具有一种本源性的地位与意义。对此，海德格尔以凡·高的著名作品《农鞋》为例，指出"在作品中发挥作用的是真理，而不只是一种真实。刻画农鞋的油画，描写罗马喷泉的诗作，不光是显示——如果它们总是有所显示的话——这种个别存在者是什么，而是使得无蔽状态本身在与存在者整体的关涉中发生出来。鞋具愈单朴、愈根本地在其本质中出现，喷泉愈不假修饰、愈纯粹地以其本质出现，伴随它们的所有存在者就愈直接、愈有力地变得更具有存在者特性。于是，自行遮蔽着的存在便被澄亮了。如此这般形成的光亮，把它的闪耀嵌入作品之中。这种被嵌入作品之中的闪耀（Scheinen）就是美。美是作为无蔽的真理的一种现身方式"②。由此可见，在海德格尔这里，艺术本身就是一种无蔽状态的存在，是与哲学无涉的。艺术即真理，艺术直接呈现真理本身。

---

① 马丁·海德格尔. 林中路（修订本）[M]. 孙周兴，译. 上海：上海译文出版社，2008：36.
② 马丁·海德格尔. 林中路（修订本）[M]. 孙周兴，译. 上海：上海译文出版社，2008：37.

由此可见，在艺术与哲学的关系中，巴迪欧提出的教导型模式和浪漫型模式分别给出了完全对立的诠释图式。在教导型模式中，只有哲学才能把握真理，艺术只是真理的外在显现，无法把握真理。而浪漫型模式则恰恰相反，认为不仅艺术能把握真理，同时真理还是以一种无蔽的方式存在于艺术之中的，较之于哲学，艺术具有把握真理的先在性。这样一来，关于哲学、艺术与真理的内在关系就永远摇摆在一种非此即彼、绝对二元对立的僵化的认知模式之中。为超克这一难题，巴迪欧创造性地提出了第三种模式，即"古典型模式"（the *classic* schema）。[1] 巴迪欧认为，古典型模式介于教导型模式与浪漫型模式之间，其在艺术与哲学的关系中达成了一种"和平协议"（peace treaty）[2]。在这一模式中，艺术与哲学不再构成一种绝对二元对立的非此即彼的关系，对此巴迪欧将之命名为"去歇斯底里化的艺术"（*dehystericizes art*）[3]。面对这一崭新的模式，巴迪欧将之追溯到亚里士多德，认为正是亚氏确立了这一经典化的"装置"（*dispositif*）。而这一装置存在于如下两个主题之中，一是如教导型模式所言，艺术与真理无涉，其核心要义在于模仿，

---

[1] Alain Badiou. *Handbook of Inaesthetics* [M]. Translated by Alberto Toscano. Stanford: Stanford University Press，2005：3.
[2] Alain Badiou. *Handbook of Inaesthetics* [M]. Translated by Alberto Toscano. Stanford: Stanford University Press，2005：3.
[3] Alain Badiou. *Handbook of Inaesthetics* [M]. Translated by Alberto Toscano. Stanford: Stanford University Press，2005：3.

其机制（regime）是一种表象的机制。[①] 关于这一点，最典型的代表莫过于柏拉图，他认为艺术与理念世界（真理）之间隔了两层，艺术仅能作为对现实世界的模仿而存在。二是与柏拉图所坚持的观点相对，巴迪欧认为这种艺术的无能（incapacity）并不是一个严重的问题，艺术的目的（purpose）与真理毫无关系，艺术不是真理，也从未声称自己就是真理，因此艺术是无辜的。巴迪欧认为，亚里士多德恰好是从符号（sign）的角度对艺术做出整体性理解的，而不同于柏拉图从知识（knowledge）的角度思考艺术。如果按照今天文学理论研究中的分类方法，便可以这样说：亚里士多德是从艺术本体论的角度来看待艺术的，而柏拉图则是从艺术工具论的视角来探讨艺术的。因此，巴迪欧认为亚里士多德实际上是把艺术从柏拉图的哲学束缚中解放出来了。[②] 而实现这一解放的重要途径便是亚里士多德提出的非常著名的"净化（catharsis）说"——"悲剧是对于一个严肃、完整、有一定长度的行动的摹仿；它的媒介是语言，具有各种悦耳之音，分别在剧的各部分使用；摹仿方式是借人物的动作来表达，而不是采用叙述法；借引起怜悯与恐惧来使这种情感得到陶冶"[③]。此处的"陶冶"即"净化"。对此，罗念生先生有过专门的解释："'陶冶'原文作 katharsis，作宗教术语，

[①] Alain Badiou. *Handbook of Inaesthetics* [M]. Translated by Alberto Toscano. Stanford: Stanford University Press, 2005: 4.
[②] Alain Badiou. *Handbook of Inaesthetics* [M]. Translated by Alberto Toscano. Stanford: Stanford University Press, 2005: 4.
[③] 亚里士多德. 诗学 [M]. 罗念生, 译. 上海：上海人民出版社, 2005: 30.

意思是'净洗'，作医学术语，意思是'宣泄'或'求平衡'。亚理斯多德（亚里士多德）认为人应有怜悯与恐惧之情，但不可太强或太弱。他并且认为情感是由习惯养成的。怜悯与恐惧之情太强的人于看悲剧演出的时候，只发生适当强度的情感；怜悯与恐惧之情太弱的人于看悲剧演出的时候，也能发生适当强度的情感。这两种人多看悲剧演出，可以养成一种新的习惯，在这个习惯里形成适当强度的情感。这就是悲剧的 katharsis 作用。一般学者把这句话解作'使这种情感得以宣泄'，也有一些学者把这句话解作'使这种情感得以净化'。"[1]

由此可见，在巴迪欧看来，艺术的外在形式正是这种经过"净化"的情感的沉积物，艺术的目的或者说标准就是"净化"。巴迪欧认为，艺术具有治疗功效，却与认知（cognitive）、启示（revelatory）无关，艺术并不附属于理论（真理），而是关乎最宽泛意义上的"伦理"（ethical）。而艺术的标准则蕴含在艺术对灵魂之疾的疗救功效之中。[2] 而这种对灵魂之疾的治疗则正是秉持着亚里士多德"净化说"的理论传统。

基于亚里士多德的"净化说"，巴迪欧认为一切关于艺术的重要法则都可以从古典型模式中推导出来。首先，艺术的首要标准就是"喜爱"（liking）。关于"喜爱"，我们可以将之理解为艺术所带

---

[1] 亚里士多德. 诗学［M］. 罗念生, 译. 上海：上海人民出版社, 2005：32, 注释 5.
[2] Alain Badiou. *Handbook of Inaesthetics*［M］. Translated by Alberto Toscano. Stanford: Stanford University Press, 2005：4.

来的情感上的欢愉，或者将之简单化为"娱乐"。"喜爱"之所以重要是因为其能表明艺术净化功能的有效性，同时能掌控对激情的艺术治疗。其次，主体对艺术的"喜爱"或"迷狂"与真理无关。在巴迪欧看来，在古典型模式中，艺术并不关乎真理（truth），艺术仅仅关乎真实（true）。艺术并不生产真理，只有对真实（real）的逼真性（verisimilitude）呈现，从而使其只是看上去是真的。柏拉图所开启的传统紧盯着艺术的逼真性模仿和真实之间的巨大鸿沟，进而贬低艺术本身，并主张抑制人的情感。巴迪欧则认为，真理的残余物并不是真理本身，从而去除了"什么是真实的"与"什么像真实的"之间的逻辑关联，对二者做出彻底的理论切割。最后，巴迪欧认为艺术与哲学之间的和平共处完全基于真理与逼真性之间的严格区分。同时，艺术与哲学之间根本不存在对立，既有的关于艺术与哲学的对立仅仅是一种想象。从某种意义上说，艺术是无辜（innocent）的，因为在古典型模式中，艺术并非思想的载体。艺术的娱乐属性将其转化为一种公共服务。[①]

总体来看，巴迪欧"非美学"文艺思想的根基就在于重新审视与厘定艺术与哲学的关系。与传统哲学史上的诸多论述——比如旷日持久的诗与哲学之争[②]——不同，巴迪欧在探讨艺术与哲学的关

[①] Alain Badiou. *Handbook of Inaesthetics* [M]. Translated by Alberto Toscano. Stanford: Stanford University Press, 2005: 4—5.
[②] 参见马克·爱德蒙森. 文学对抗哲学——从柏拉图到德里达 [M]. 王柏华, 马晓冬, 译. 北京: 中央编译出版社, 1999. 罗森. 诗与哲学之争 [M]. 张辉, 译. 北京: 华夏出版社, 2004.

系时，加入了一个中间项，这一中间项便是"真理"。在巴迪欧看来，艺术与哲学并不直接产生联系，艺术需要通过"真理"这一中介抵达哲学。与西方哲学源头柏拉图将诗人逐出理想国、认为艺术与"理念世界"（真理）之间隔了两层不同，巴迪欧颠倒了柏拉图的这一经典设定，认为艺术并非作为真理的外部表征而出现，相反，艺术生产真理。同时，与艺术相反，哲学并不生产真理，仅通过一些总体性的思想模式来触摸真理。不仅如此，艺术还与"数元""政治"与"爱"一道构成了哲学的"前提"。① 这样一来，巴迪欧将艺术与哲学的关系重新厘定为：艺术是哲学的"前提"。但与传统的"诗学"或"美学"等学科的思考路径完全不同，巴迪欧将艺术与哲学的关系设定为一种单向的联系，即艺术是哲学的"前提"，但无论在何种意义上，哲学都无法把握艺术，也就是说艺术无论如何都不会成为哲学进行批判性反思的对象。这样一来，西方哲学中哲学与艺术的关系便发生了根本性的颠倒。在艺术世界中，哲学从未如此的边缘化。在哲学世界中，艺术获得了前所未有的主体性地位。从某种意义上说，哲学变成了艺术的婢女。那么，为什么在巴迪欧的理论视域中会出现如此情形呢？他为什么如此地高扬艺术的地位呢？这或许与其良好的艺术修养以及对文学艺术的巨大热情有关系。巴迪欧在其著作中既充分讨论了从原始壁画到毕加索、杜尚等的先锋艺术作品，也深入研究了贝克特、荷尔德林、策

---

① Alain Badiou. *Logics of Worlds: Being and Event*, 2 [M]. Translated by Alberto Toscano. London: Continuum, 2009: 71.

兰、马拉美、兰波和佩索阿等的文学作品。此外，他还涉及了勋伯格的无调性音乐，戈达尔、帕索里尼以及沃卓斯基姐妹等的电影。可以说，在巴迪欧自己身上，艺术恰好也是作为其哲学世界的"前提"而出现的。

在巴迪欧搭建的艺术、真理与哲学的关系链条中，还存在着另一条重要的支脉，这便是"事件"的提出。巴迪欧认为"真理之源就是事件的秩序"（the *origin* of a truth is of the order of the event）①，这表明"真理"与"事件"之间存在着密切的理论关联，同时"真理"本身是被生产出来的。在《世界的逻辑》（*Logics of Worlds*）中，巴迪欧将数学引入存在论，并通过二者巧妙的结合清晰地阐释了"事件"与"真理"的关系。在巴迪欧看来，世界的存在就如同一个数学中的集合，充满了混沌和无秩序的个体。换句话说，世界就是由无数个多样化的但同时又是非常杂乱的个体所组成的一个混沌体。但人类出于各种认识的目的，需要将这个混沌的世界分类，因此就需要赋予这个混沌而无序的世界以各种秩序，这些秩序就是人们所谓的"真理"。因此，"真理"不是万事万物永恒不变的内在本质的集合。相反，"真理"奠基于千差万别的个体所拥有的言人人殊的个体性经验。②"真理"的发展与更新也完全依赖于无数个体的经验的变化。正基于此，"真理"与"事件"搭建起了

---

① 阿兰·巴迪欧. 哲学宣言 [M]. 蓝江, 译. 南京：南京大学出版社, 2014：15.
② Alain Badiou. *Logics of Worlds: Being and Event*, 2 [M]. Translated by Alberto Toscano. London: Continuum, 2009: 71.

逻辑上的关联。在巴迪欧看来,"事件"需要从数学的角度来给予定义,这便是"如果我们必须在这里冒昧地为数元的事件(我们是这个事件的同时代人)命名的话,我们应当同意,这个事件是一个真正不可认识的事件,或者一个类性的多元作为纯多的在真-中-存在(ê-en-vérité)"[①]。由此可见,"事件"本身就意味着变化,甚至说"事件"就是变化本身,而且这种变化不具备任何可预估性,会在历史的某处毫无征兆地突然发生,同时它就存在于这种突然性的爆发过程之中。因此,从这一角度来看,混沌的世界就是一系列事件的集合,这一世界无法通过逻辑的或科学的方法来予以把握,所谓的"真理"不过是人类试图把握混沌世界这一实践活动的结果,按照巴迪欧的说法,"真理"其实质就是"事件"的秩序。而对于艺术来说,特别是巴迪欧意义上的真正的艺术,它恰好是那种在此前历史上并不存在的东西,它只是一种新的形式或表征的可能性。因此,艺术从本质上说,也是作为"事件"而存在的,那么艺术作为生产"真理"的程序也就不难理解了。正如艾利·杜林(Elie During)所说,"事实上,正如诗的例子清楚地指出,艺术生产真理,在某种程度上,它抵抗者解释的魅惑(图像、小说或叙事)或抒情的冲动,通过纯粹缩离的手段,在一个昙花一现的显在(presence)中,来把握处在无意义边缘上的事件",因此,"巴迪欧所概括的诗,直接是反模仿和反抒情的",同时"解释学和美学因

[①] 阿兰·巴迪欧. 哲学宣言[M]. 蓝江,译. 南京:南京大学出版社,2014:56.

而都同样被巴迪欧所拒斥"。① 由此来看，艺术就是一种真理程序，就是哲学的前提，就是通过"真理"为感性世界中林林总总的不可见物赋形。而所谓的"非美学"绝非要为艺术重新下一个定义、重新提供一种新的解释，而是将目光从艺术本身移开，转而关注艺术把握混沌世界的具体方式，即"真理"程序，并通过这一程序去揭示几千年来被哲学庇佑和神化的"真理"。至于"真理"究竟是什么，巴迪欧认为艺术的目的不过是揭示出这样一个"真理"，即"这里有真理"。它不断地宣示某处有真理的存在。

综上，巴迪欧对后理论时期西方马克思主义文艺理论的主要贡献在于，以一种全新的方式重新激活了"诗与哲学之争"的传统。同时，巴迪欧以数学模型为基础，重新厘定了艺术、哲学、政治与真理之间的复杂关联。他提出的"非美学"文艺思想，既完成了对既有美学发展历程的批判性审视，又开启了一个新的考察审美问题的传统。从某种意义上说，巴迪欧改变了过往西方马克思主义文艺理论思考文学、艺术、美学、诗学等问题的基本思路，进而开创出了一条崭新的具有高度原创性的诗学之路。

---

① A. J. 巴特雷，尤斯丁·克莱门斯. 巴迪欧：关键概念 [M]. 重庆：重庆大学出版社，2016：111.

第三章

朗西埃：感性分享/分配、艺术体制与电影寓言

第三章　朗西埃：感性分享/分配、艺术体制与电影寓言

对于大陆知识界而言，法国理论家雅克·朗西埃得到关注的时间并不长。从第一篇专门研究雅克·朗西埃的论文发表算起，至今不过十来年时间。[①] 如果从其第一本汉译著作《政治的边缘》[②] 译介至大陆算起，迄今也不过十来年的时间。然而对于战后法国理论界乃至整个欧洲理论界而言，雅克·朗西埃是一个非常重要的存在。他1940年出生于阿尔及利亚的首都阿尔及尔。较之于福柯、德里达、利奥塔、德勒兹、伽塔里等文化理论黄金时代的理论家，他属于后起之秀。从某种意义上说，雅克·朗西埃一直处于这批文化理论家所带来的文化理论的光芒与阴影之下。同阿兰·巴迪欧一样，朗西埃也是"六八之子"，深受1968年"五月风暴"中革命行动主义的影响。在"五月风暴"爆发的前几年，雅克·朗西埃一直是阿尔都塞"马克思《资本论》读书小组"的重要成员。这个读书小组阅读《资本论》的最终成果形成了阿尔都塞著名的《读〈资本论〉》[③]。而这本在战后欧洲思想界引起巨大反响的著作就凝结有雅克·朗西埃的心血和智慧。然而，伴随着"五月风暴"的爆发，雅克·朗西埃最终结束了他的"阿尔都塞时期"。因为"五月风暴"所激发出的平等主义观念让雅克·朗西埃最终抛弃了以阿尔都塞为代表的正统马克思主义。在阿尔都塞看来，革命实践必须依赖于马

[①] 蒋洪生. 雅克·朗西埃的艺术体制和当代政治艺术观 [J]. 文艺理论研究，2012（2）：97—106.
[②] 雅克·朗西埃. 政治的边缘 [M]. 姜宇辉，译. 上海：上海译文出版社，2007.
[③] 路易·阿尔都塞，艾蒂安·巴里巴尔. 读《资本论》[M]. 李其庆，冯文光，译. 北京：中央编译出版社，2008.

克思主义理论,没有理论的革命就不会有实践的革命。这与阿尔都塞一直所坚持的意识形态与科学的二元划分是分不开的。工人阶级由于被笼罩在资产阶级的意识形态中,不能产生无产阶级的阶级意识,也无法看清其所处的社会环境。这时候,作为工人阶级先锋队的党的组织就变得非常重要了。党及其理论家必须戳破资产阶级的意识形态,并通过政治行动将其从中解放出来。根据这一观念,"五月风暴"显然是一场缺乏党的领导和理论指引的带有盲动性质的革命运动。而这恰恰构成了雅克·朗西埃和阿尔都塞的根本分歧。雅克·朗西埃认为,阿尔都塞对"五月风暴"既缺乏清醒的理论认识,也缺乏实际的行动支持。其对工人阶级的主观能动性预估不足,实际上还是没有走出19世纪马克思对工人阶级的认知模式。这一时期关于"五月风暴"与阿尔都塞的相关思考,最后集结在朗西埃的第一部理论著作——1974年发表的《阿尔都塞的教诲》[1]中。从这部著作开始,雅克·朗西埃已有数十部著作出版面世。其中不少已被译为中文,如《历史之名:论知识的诗学》[2]、《歧义:政治与哲学》[3]、《马拉美:塞壬的政治》[4]、《政治的边缘》[5]、《词语

---

[1] Jacques Rancière. *Althusser's Lesson* [M]. Translated by Emiliano Battista. London: Continuum,2011.
[2] 雅克·朗西埃. 历史之名:论知识的诗学 [M]. 魏德骥,杨淳娴,译. 上海:华东师范大学出版社,2017.
[3] 雅克·朗西埃. 歧义:政治与哲学 [M]. 刘纪蕙等,译. 西安:西北大学出版社,2015.
[4] 雅克·朗西埃. 马拉美:塞壬的政治 [M]. 曹丹红,译. 郑州:河南大学出版社,2017.
[5] 雅克·朗西埃. 政治的边缘 [M]. 姜宇辉,译. 上海:上海译文出版社,2007.

的肉身：书写的政治》[1]、《沉默的言语：论文学的矛盾》[2]、《哲学家和他的穷人们》[3]、《图像的命运》[4]、《美学中的不满》[5]、《对民主之恨》[6]、《文学的政治》[7]、《贝拉·塔尔：之后的时间》[8]、《历史的形象》[9]等。

在这些著作中，我们可以较为清晰地看出雅克·朗西埃思想发生和演变的轨迹。"五月风暴"的戛然而止并未让雅克·朗西埃放弃对解放政治的坚守。在他看来，工人阶级或许未必能最终夺取政权，但其对未来一种可能的新的政治秩序的出现是具有相当大的历史潜能的，无论如何都不能否定工人阶级对自我解放的追求，也不能偏狭地否定其开展的阶级斗争。只不过，需要重新从理论上反思工人阶级的革命策略。正是基于这一考量，雅克·朗西埃将其笔触对准了工人阶级运动，进而开展了他早期的劳工研究。他认为，劳工需要发出自己的声音，而不能为统治阶级代言。关于工人阶级的研究，雅克·朗西埃当然不是开创者，此前已有 E. P. 汤普森著名

---

[1] 雅克·朗西埃. 词语的肉身：书写的政治［M］. 朱康，朱羽，黄锐杰，译. 西安：西北大学出版社，2015.
[2] 雅克·朗西埃. 沉默的言语：论文学的矛盾［M］. 臧小佳，译. 上海：华东师范大学出版社，2016.
[3] 雅克·朗西埃. 哲学家和他的穷人们［M］. 蒋海燕，译. 南京：南京大学出版社，2014.
[4] 雅克·朗西埃. 图像的命运［M］. 张新木，陆洵，译. 南京：南京大学出版社，2014.
[5] 雅克·朗西埃. 美学中的不满［M］. 蓝江，李三达，译. 南京：南京大学出版社，2019.
[6] 雅克·朗西埃. 对民主之恨［M］. 李磊，译. 北京：中央编译出版社，2016.
[7] 雅克·朗西埃. 文学的政治［M］. 张新木，译. 南京：南京大学出版社，2014.
[8] 雅克·朗西埃. 贝拉·塔尔：之后的时间［M］. 尉光吉，译. 郑州：河南大学出版社，2017.
[9] 雅克·朗西埃. 历史的形象［M］. 蓝江，译. 上海：华东师范大学出版社，2018.

的《英国工人阶级的形成》①。正是汤普森的著作奠定了工人阶级研究的基础，也为后续研究提供了可资借鉴的范式。此后十多年的时间，雅克·朗西埃一直焚膏继晷地从事该项研究，并最终形成了《劳工之夜》②这本著作。该著作对19世纪法国的工人阶级运动进行了最大限度的还原。

劳工研究这种关于社会底层历史的研究最终引起了雅克·朗西埃对来自社会底层的思想的关注。通过对社会底层的劳工的研究，雅克·朗西埃发现底层劳工并非没有能力说话，并非无知，并非阿尔都塞坚持认为的那样在资产阶级意识形态的笼罩下浑浑噩噩。换句话说，他们并不需要阿尔都塞式的来自革命理论家（知识分子）的教谕，他们需要的是社会组织系统能让他们发出自己的声音。在一次与中国学者汪民安的交谈中，雅克·朗西埃曾这样谈及自己和阿尔都塞的关系："真正将我与阿尔都塞分开的，是他的意识形态概念。在他的意识形态概念里，他创建了一个空间，在这个空间里，科学与意识形态绝对地对立起来。在他所描述的世界里，所有人都沉浸在意识形态里，也就是说，都沉浸在无知的状态里，等等。我这样说可能只是一种简化的方式！阿尔都塞延续了马克思主义的观点，认为人们之所以处于被统治状态，是因为他们不知道统治为何物，他们意识不到统治。这个时候就需要有一个睿智、前卫

---

① E. P. 汤普森. 英国工人阶级的形成 [M]. 钱乘旦等，译. 南京：译林出版社，2001.
② Jacques Rancière. *The Night of Labor* [M]. Translated by John Drury. Philadelphia: Temple University Press，1989.

的思想家向他们揭示统治的规律，以培养他们的反抗意识。我曾经对 1968 年五月风暴，以及法国觉醒解放运动进行过系统研究，在研究过程中我却发现，并不是无知导致了从属状态（subordination），那些处于从属状态的人们实际上非常清楚从属为何物，他们了解自身的从属性。因此，问题的关键并不在于无知。对于那些处于被统治状态的人们，他们需要知道的应该是他们是否自认为有能力自己去创建一个世界。因此，首要的问题不是去了解我们以前无知的事情、意识不到的事情，就像阿尔都塞认为的那样。相反，我的意见是，重要的事情是把自己视作一个这样的人，即可以打造出另一个世界的人，而这个世界将与现在这个令他们水深火热的世界截然不同"。① 这段话非常清晰地表明了雅克·朗西埃与阿尔都塞最为根本的理论分歧，从另一个角度回应了他的激进平等主义立场。

　　劳工研究使得雅克·朗西埃更加确认了他的激进平等主义立场。人与人之间的平等，并非只是启蒙主义所主张的法律和道德的平等，更为重要的是智识水平和话语权利的平等。这种带有浓郁的平等主义色彩的"让劳工说话"最终变成了一种新的关于劳工研究的范式，那就是打破了传统社会学、人类学面对研究对象时高高在上的话语姿态，转而关注劳工自己的思想模式和表达方式。

　　雅克·朗西埃坚持人在智识上的平等地位带来了一个新的理

---

① 汪民安. 歧见、民主和艺术——雅克·朗西埃访谈[J]. 马克思主义与现实，2016（2）：102—103.

解，那就是社会不平等一定是因为社会的问题，而非人的问题。既然人在智识上是平等的，那么现实中的不平等状况显然就是社会等级秩序所运行的必然结果。这一逻辑继续往后推演，又带来了一个新的问题，那便是主体间的交往行为问题。雅克·朗西埃对这一问题的思考，集中体现在其《无知的教师》[1] 一书中。在这本著作中，雅克·朗西埃对 19 世纪法国教育家约瑟夫·雅克托（Joseph Jacotot）的"智力解放方法"[2] 给予了高度肯定，并对这种方法进行了全面的拓展和深化。雅克托的教育理念是充分发挥学生的观察力和意志力，鼓励学生从生活实践和书本中发现问题。发现问题并予以描述的过程，实际上就是一种转译的过程，即将外部事物转译或编码进自己内在的符号系统的过程。而这一转译过程中有一个非常核心的要素，那就是介于主体和客体之间的物质中介。毫无疑问，语言在主客体之间的这种交流活动中扮演了重要的角色。正是基于这一点，也就是语言或词语本身所具有的解放潜能，使得雅克·朗西埃最终将研究对象从工人运动转向了诗学和艺术。因为语言或词语本身凝结了工人阶级独特的声音，这些声音长期以来是被既有的社会结构消音了的。既然人类的智识生来就是平等的，那么在一个阶级社会中谁能发声或者说谁能有效发声就变得非常重要

---

[1] Jacques Rancière. *The Ignorant Schoolmaster* [M]. Translated by Kristin Ross. Stanford: Stanford University Press, 1991.
[2] Jacques Rancière. *The Ignorant Schoolmaster* [M]. Translated by Kristin Ross. Stanford: Stanford University Press, 1991: 19—44.

了。从这点上说，雅克·朗西埃再次确认了其与阿尔都塞的理论分歧。在雅克·朗西埃看来，社会的不平等并不仅仅基于生产关系，不仅仅体现在对物的占有与分配的不平等上；更重要的不平等，体现在对符号的占有和分配上。统治阶级之所以是统治阶级，除了对物的大量占有和对社会物质生产关系的控制，更在于其对符号系统与意义表达系统的绝对控制。从统治的有效性与稳定性来说，后者较之于前者显得更为重要。一方面是统治阶级对符号系统的绝对把控，另一方面语言或词语本身又具有重要的解放潜能，所以雅克·朗西埃开始了他的新的理论旅程，那便是从劳工研究转向了对政治、诗学、美学、艺术等问题的研究。其中，美学与政治、文学与政治等论题一直为雅克·朗西埃所持续关注。

值得注意的是，雅克·朗西埃对美学与诗学问题的研究出发点依然是政治的。这种政治当然不可能是通常所言的经典的社会主义或马克思主义的政治，而是经历了社会主义运动遭遇重大挫折后的新政治。正如前文所述，20世纪八九十年代，伴随着东欧剧变、柏林墙的倒塌和苏联解体，新自由主义和社会自由主义在全球兴起。政治左翼陷入虚无主义的理论迷思，对理论和宏大叙事敬而远之，关于理论终结的呼声不绝于耳。然而政治右翼却在全球展开行动，不断复兴理论，最典型的代表就是亨廷顿的"文明冲突论"和福山的"历史终结论"。当然，任何一个时代，理论都不会只是单向度的。这一时期，同样也有诸如罗尔斯、福柯以及哈贝马斯等理论家孜孜以求于平等主义。正是基于这一背景，雅克·朗西埃在文化理论的末日图景中选择了更为执着的激进平等主义立场。更为重要的是，面对这一巨变的世界和宏大叙事的崩解，雅克·朗西埃表现出了一种可贵的理论勇气。他并未简单地回到经典马克思主义，而是以一种与经典马克思主义保持必要理论张力的姿态坚守激进平等主义。

回到政治与诗学/美学的问题上来。古往今来有不少理论家对政治与诗学/美学的关系进行了深入的探讨。雅克·朗西埃分析这一问题的路径是"感性的分享"（sharing of the sensible）或"感性的分配"（distributing of sensible）。"感性的分享/分配"源自法语 partage du sensible[1]。雅克·朗西埃之所以提出这一核心命题，其问题意识还是在于前文所述的对社会底层思想的关注。在雅克·朗西埃看来，较之于阿尔都塞所言的国家机器和意识形态国家机器，统治阶级是如何悄无声息地抹去被统治阶级的思想、声音和符号才是更值得关注的问题。阶级社会中的不平等从根本上说是一个感知的问题或者说是美学的问题。因为社会统治的核心问题就是哪些人的哪些行为能被人的感官所捕捉。换句话说，就是什么东西可以看（感知）、什么东西不可以看（感知），谁可以看（感知）、谁不能看（感知），这事关社会统治的根本逻辑。因此，"感性的分享/分配"就是一个政治的主题，决定着哪些人的哪些东西可以进入人的经验世界。

---

[1] Jacques Rancière. *The Politics of Aesthetics: The Distribution of the Sensible* [M]. London: Continuum, 2004.

第一节 感性的分享/分配

一、"歧义"与 partager 的悖论

"感性的分享/分配"是雅克·朗西埃独创的一个概念。关于这一概念，国外有学者进行过专门的阐释："这个术语既指确立集体边界的分享条件（这里的 partager 指的是分享），同时也指对上述秩序的干扰或者异议（这里的 partager 指的是隔离）。"[①] 由是观之，partager 本身就具有两重性，一方面指向一种稳定的秩序或边界，另一方面又指向对这一秩序或边界的破坏。这就带来一个非常具有理论张力的问题，即要感知对象，首先就要对这一对象进行命名，不能被命名的对象是无法被感知的，而一旦要命名，就势必要划定边界，但这一边界又是变化的和不确定的。为进一步说明这一问题，雅克·朗西埃又提出了一个叫作"异见"（dissensus）的概念。"这种张力关系通过与之相关的异见（dissensus）概念得以表达，歧义不但是对不平等的异议，而且是对不可感知性（insensibility，亦即无法被感知、注意或者证明）的异议"。[②] 在这里，雅克·朗西埃另一个很重要的概念"歧义"得以出场。雅克·朗西埃自己做过

---

① 让—菲利普·德兰蒂．朗西埃：关键概念［M］．李三达，译．重庆：重庆大学出版社，2018：119．
② 让—菲利普·德兰蒂．朗西埃：关键概念［M］．李三达，译．重庆：重庆大学出版社，2018：120．

非常清晰而全面的界定："关于歧义，我们理解为这是一种被限定的说话情境：对话之一方同时理解（entend）与不理解另一方所说的话。歧义并不是指一方说白色而另一方说黑色的冲突，而是另一种冲突，也就是双方都说白色，但是理解的却完全不是同一件事，或是完全不理解另一方以白色之名所说的同一件事。"①

这是对何为"歧义"的一个很好的解释，它表明"歧义"并非一个真理性或事实性的判断，而是一个牵涉话语权的判断。你我都认为是白的，但究竟什么是白，我们并没有形成共识，最后被定义为白的那个东西一定是话语权斗争的终极胜利者。所以，雅克·朗西埃认为，第一，"歧义不是错误认识（méconnaissance）：误识观念假设对话的一方或是另一方或是双方的单纯无知、刻意掩饰，或是内在蒙蔽之效果，而不知道他们在说什么，或者不知道另一方在说什么"②。第二，"歧义也不是由于词语之不精确而导致的错误理解（malentendu）：今日特别受到重视的一种古老智慧哀悼人们由于交换的词语过于模糊而难以彼此了解；这个古老智慧要求我们无论何处——尤其是涉及真理、善与正义时——都要尝试赋予每一个词语有别于其他字义的确切意义，并且放弃那些不表示确切属性或是同音异义之混淆词语"③。显然，在雅克·朗西埃看来，"歧义"不是错误的认识，甚至也不是因为对于词语的不同理解而产生的误

---

① 雅克·朗西埃.歧义：政治与哲学［M］.刘纪蕙等，译.西安：西北大学出版社，2015：6.
② 雅克·朗西埃.歧义：政治与哲学［M］.刘纪蕙等，译.西安：西北大学出版社，2015：6.
③ 雅克·朗西埃.歧义：政治与哲学［M］.刘纪蕙等，译.西安：西北大学出版社，2015：6.

解或误读。那么"歧义"更深层次的含义究竟是什么呢？雅克·朗西埃对此做了进一步的分析与厘定。"歧义并非错误认识，因此不需要知识的补遗；歧义亦非错误理解，因此并不要求词语纯净。歧义的情况是，在争执说话内容的意义时，已经构成了话语情境之合理性（rationalité）。对话者既理解又不理解同样词语中的同样事物。X同时理解与不理解Y，其背后有各种不同的理性：原因是当清楚地理解另一方在说什么的同时，他却无法看到另一方所论及的对象；或者，原因是他理解并且必须理解同一个词语之内的另一个对象，看见并且希望揭示同一项论证中的另一种理性。"① 这段话对于深入理解何为"歧义"至关重要，因为其中出现了"话语情境"，这表明"歧义"的发生与词语的意义无关，而与说话的语境有关。而一旦涉及说话的语境，那么"政治"的出场就是无可避免的了。"歧义所关系的，与其说是辩论本身，更应该说是关于什么是可辩论的根本问题；也就是说，是关于X与Y之间某个共同对象之在场或不在场的问题。歧义关乎共同对象之感受性的呈现，也就是对话者呈现此对象之特性本身。歧义的极端情况是，X无法看到Y向他呈现的共同对象，因为他无法理解Y所发出的声音其实构成了与他自己所使用的相似的词语以及词语的安排。正如我们将会讨论到的问题，这个极端情境首先涉及了政治（la politique）。当哲学同时遭遇了政治与诗，歧义便关系着利用说话来争论之人的问题。"②

---

① 雅克·朗西埃. 歧义：政治与哲学［M］. 刘纪蕙等，译. 西安：西北大学出版社，2015：6.
② 雅克·朗西埃. 歧义：政治与哲学［M］. 刘纪蕙等，译. 西安：西北大学出版社，2015：8.

具体而言,"就合理性而言,政治是具有歧义合理化的活动",因为"哲学将歧义逐出自身,于是此操作自然地等同于'真正'进行政治之计划,并且实践政治所谓的真正本质。哲学不会因为政治是重要的,并且必须进行干预,而成为'政治性'(politique);哲学成为政治性的,是因为必须澄清政治(la politique)之合理化情境,而这正是哲学之为哲学的一个条件"。[1] 在这里,除了"歧义"与政治的关联,雅克·朗西埃还提出了一个关于政治与哲学关系的颠覆性理解,那便是政治哲学的本质就是用哲学来杀死政治。在雅克·朗西埃看来,歧义取决于语境,语境取决于政治,那么政治一定是歧义性的。然而,哲学的核心任务就是祛除模棱两可的歧义,因此哲学从本质上说就是反政治乃至消灭政治的。为了更好地理解这一点,我们不妨回到亚里士多德关于人与动物的区分的论述。

> 作为动物而论,人类为什么比蜂类或其它群居动物所结合的团体达到更高的政治组织,原因也是明显的。照我们的理论,自然不造无用的事物;而在各种动物中,独有人类具备言语的机能。声音可以表白悲欢,一般动物都具有发声的机能:它们凭这种机能可将各自的哀乐互相传达。至于一事物的是否有利或有害,以及事物的是否合乎正义或不合正义,这就得凭借言语来为之说明。人类所不

---

[1] 雅克·朗西埃. 歧义:政治与哲学 [M]. 刘纪蕙等,译. 西安:西北大学出版社,2015:8.

同于其它动物的特性就在他对善恶和是否合乎正义以及其它类似观念的辨认。①

要完整地理解亚里士多德关于人与动物区分的认识，还需要继续追问其更深层次的原因。

>灵魂和身体间的关系也适用于人兽之间的关系。驯养动物比野生动物的性情为善良，而一切动物都因受到人的管理而得以保全，并更为驯良。又，男女间的关系也自然地存在着高低的分别，也就是统治和被统治的关系。这种原则在一切人类之间是普遍适用的。这里我们就可以结论说，人类的分别若符合于身体和灵魂，或人和兽的分别，——例如在专用体力的职务而且只有在体力方面显示优胜的人们，就显然有这种分别——那么，凡是这种只有体力的卑下的这一级就自然地应该成为奴隶，而且按照上述原则，能够被统治于一位主人，对于他实际上较为合宜而且有益。所以，凡自己缺乏理智，仅能感应别人的理智的，就可以成为而且确实成为别人的财产（用品），这种人就天然是奴隶。这里，他还是有别于其它动物，其它动物对于人的理智没有感应，只是依照各自的秉（禀）赋

---

① 亚里士多德. 政治学［M］. 吴寿彭，译. 北京：商务印书馆，1983：8.

(本能)活动。但奴隶的被应用于劳役同驯畜的差别是很小的；两者都只以体力供应主人的日常需要。[①]

显然，亚里士多德讨论动物最终是为了引向对奴隶制的辩护。在亚里士多德看来，奴隶和动物实际上是差不多的，只不过奴隶会说话。但是，奴隶所说的话在亚里士多德看来根本不算话，也就是说奴隶说的不是亚里士多德所认可的语言，他们仅仅只是一些会发声的动物而已。不把他们视为自由人，是因为他们缺乏自由人的"理智"。事实上，我们知道之所以奴隶所说的话不算话，是因为定义语言的权力不在他们那一边。这也就使得即便他们不断在言说，但是事实上是言而无言。这一逻辑延伸到当下，便是雅克·朗西埃所指出的，社会精英掌握了话语权，普通民众虽然能够言语，但实际上他们的声音是被抹去的。

回到"感性的分享/分配"这一问题，我们便能发现政治与诗学/美学之间的内在逻辑关联。政治行动的内在逻辑是审美的，因为它需要后者来建构起其感知秩序并确立起意义的生产方式。甚至有学者直接指出，"当社会中的某些被认为是感知不到的元素开始挑战占据统治地位的政治秩序时，民主政治就发生了"[②]。这就意味着政治活动的内核实际上是一个美学问题，或者说美学在其间占据

[①] 亚里士多德. 政治学 [M]. 吴寿彭, 译. 北京：商务印书馆，1983：15.
[②] 让-菲利普·德兰蒂. 朗西埃：关键概念 [M]. 李三达, 译. 重庆：重庆大学出版社，2018：120.

了重要的位置。政治角力的背后是感知秩序与符号表征体系的冲突。这在很大程度上颠覆了我们对政治的传统认知。政治冲突不仅只是经济利益或物质利益的占有与分配问题，更关乎人的体验、感知和表征体系。从某种意义上说，这是晚期资本主义社会的一种重要症候。诸如身份政治、尊严政治、被承认的政治等都是这种症候的现实表现。

此外，值得注意的一点是，有学者指出在"感性的分配"与"感性的分享"之间存在着"一条脆弱的分界线"。[①] 正是这条分界线为政治共同体及其歧见设定了感知条件。具体而言，雅克·朗西埃认为世界存在着若干条分界线，而这些分界线并不是恒定不变的，它们无时无刻不处于变化之中。"'这条分界线'——即朗西埃所说的关注对象——就是一条隔离带，它确立了不同集体之间、词语和图像的拼贴之间，以及人和物的集合体之间的关联和分裂形式。朗西埃的分界线是其政治分析的基本单元，但是他的起点却是美学观点：有了感知先决条件的可感性，主体性能被我们看见、听见并关注到。"[②] 这是一个很有见地的观点，充分展现了 partager 这一概念内在的矛盾性、复杂性和多义性。分界线既指向人类社会族群之间的分割，如国家、民族、文化、宗教、种族等，又指向意义

---

① 让—菲利普·德兰蒂. 朗西埃：关键概念 [M]. 李三达, 译. 重庆：重庆大学出版社, 2018: 120.
② 让—菲利普·德兰蒂. 朗西埃：关键概念 [M]. 李三达, 译. 重庆：重庆大学出版社, 2018: 121.

生产系统和符号表征系统。后面这一点有点类似于法国社会学家布迪厄所说的"区隔",它是一种隐在的却又无时无刻不在发挥作用的、决定人的感知方式和认知行为的"区隔"。

正是 partager 这一概念本身的悖论性使之展现出一种很有意味的政治哲学困境。因为"感性的分享"指向的是由分界线所划分出的某个人类团体内部。但是,要实现"分享"(sharing)又必须要划界,即要分清谁是我们自己的人、谁不属于"我们",按照卡尔·施米特"政治决断论"的说法,就是必须分清敌友。同时,"感性的分配"指向的是"给予"。从哲学上讲这是一种使不可见物或未知物变得可见和可知的行为和过程。因此,"感性的分享/分配"既是开放的也是封闭的,既是集合的又是个体的。其开放性在于"分配",而其封闭性在于"分享","分享"必须为"分配"划界,没有"分享"就不会有"分配"。同时,对于个体而言是"分享",而对于集合而言却又是"分配"。当然,雅克·朗西埃提出这一论题具有更深层的诗学和美学意义,那便是在一个共同体内,感性和财产一样,也存在着"分享"与"分配"的问题。这在一定程度上大大拓展了传统政治哲学的理论范围。在经典的政治哲学看来,城邦的稳定取决于在民主基础上所形成的公意,这种公意的形成当然奠基于通过理性思考所达成的意见一致。然而,在"感性的分享/分配"的理论视阈中来看,这一理论预设并未考虑到感性的分配问题。哪些可以被感知,哪些不可以被感知,在民主程序启动之前就已经被预设了。因此,政治斗争的场域并不仅仅是政治意见

(opinion)的交锋，更意味着可被感知与不可被感知之间的缠斗。因此，政治斗争的主要场域将从政治意见转移到"感性的分享/分配"上来。这就使得政治哲学与诗学或美学之间的关联性变得更为复杂。

二、"治安"与"感性的分享/分配"

明晰了"感性的分享/分配"的基本内涵后，如果对这一论题进行继续追问，就会立马遭遇另一个问题，那就是"感性的分享/分配"如何导致一个不平等的社会秩序。换句话说，一个不平等的社会秩序是如何奠基于一个不公正的"感性的分享/分配"体系的。要探讨这一问题，就必须引入雅克·朗西埃另一个非常重要的概念——"治安"（la police）。

鉴于雅克·朗西埃曾对"治安"与"政治"的含义做出区分，在讨论"治安"之前，有必要先勘明雅克·朗西埃对政治的理解。雅克·朗西埃曾明确提出，"政治往往被视为一组达成集体的集结或共识的程序、权力的组织、地方与角色的分配，以及正当化此一分配的体系"[①]。而这中间的分配与正当化的体系就是"治安"（police）。[②] 关于"治安"，雅克·朗西埃认为人们一般会想到"基

[①] 雅克·朗西埃. 歧义：政治与哲学[M]. 刘纪蕙等, 译. 西安：西北大学出版社，2015：46.
[②] 雅克·朗西埃. 歧义：政治与哲学[M]. 刘纪蕙等, 译. 西安：西北大学出版社，2015：46.

层警察（la basse police）、维护法律和秩序的警棍攻击与秘密警察的审问"①，但事实上根据福柯的看法，"治安"就是一种建立社会秩序共识的治理机制。20世纪70年代末，福柯在法兰西学院的系列讲座中就指出，"治安"原先并不具有强制性，不是一种国家机器般的存在，它最早是一种关于城邦健康的管理方式。它包含了对国家公民生命的生理机能以及生产力的规范，与福柯的治理性（governmentality）概念是一致的。而对雅克·朗西埃而言，"治安"则主要指向稳定而同质的共同体所依循的共识结构，其主要包括共享语言、感知结构、伦理习性、社会组织、司法机构以及美学规范，这些稳定的共识结构事先决定了人们参与社会与表达自己的方式。② 显然，这里的"治安"也就是雅克·朗西埃所言的"一般意义上的政治"③。那么什么是雅克·朗西埃赋予独特性理解的政治呢？在《歧义：政治与哲学》这本书中，雅克·朗西埃有过专门的论述。

雅克·朗西埃对"政治"的讨论始于前文所述的亚里士多德关于人与动物、自由人与奴隶的区分。雅克·朗西埃直言不讳地说这种区分是有问题的。他认为"话语动物"与"声音动物"之间简单

---

① 雅克·朗西埃. 歧义：政治与哲学 [M]. 刘纪蕙等，译. 西安：西北大学出版社，2015：46.
② 雅克·朗西埃. 歧义：政治与哲学 [M]. 刘纪蕙等，译. 西安：西北大学出版社，2015：9.
③ 雅克·朗西埃. 歧义：政治与哲学 [M]. 刘纪蕙等，译. 西安：西北大学出版社，2015：9.

的二元对立恰好是政治争议的关键,而这种争议本身就构成了政治。① 换句话说,人与动物、自由人与奴隶的区分本身不是政治,而区分人与动物、自由人与奴隶才是政治。这样一来,居于政治核心的便是一种"双重错误",即"一个根本的、但也从未被如此处理的、关于不够格的言说者的能力与政治能力之间关系的冲突。对柏拉图而言,那些自称人民的杂多无名言说者侵害了整个共同体命定好的身体分配"②。在这里,坚持激进平等主义立场的雅克·朗西埃以一种釜底抽薪的方式抽掉了西方政治哲学传统中"政治"的根基。在雅克·朗西埃看来,古希腊城邦中之所以能出现少数人对绝大多数人的统治,是因为少数人成功控制了意义生产与象征秩序。用雅克·朗西埃自己的话来说就是,"社会秩序将大多数的言说者弃置于静默长夜,或将他们认定为仅是表达愉悦与痛苦的动物喧嚣,而得以进行象征化"③。这一社会秩序奠基于如下两类区分:一是可见者与不可见者的区分,具有话语者与不具有话语者的区分;二是真正能言说者与只能表达愉悦与痛苦的声音者的区分。而所谓的政治,正出现在决定着哪些声音不只是声音而是能承载意义的话语的历史时刻。因此,在雅克·朗西埃看来,所谓的政治就应该是

---

① 雅克·朗西埃. 歧义:政治与哲学 [M]. 刘纪蕙等,译. 西安:西北大学出版社,2015:39.
② 雅克·朗西埃. 歧义:政治与哲学 [M]. 刘纪蕙等,译. 西安:西北大学出版社,2015:39.
③ 雅克·朗西埃. 歧义:政治与哲学 [M]. 刘纪蕙等,译. 西安:西北大学出版社,2015:39.

一种充满了无政府主义的混乱，而不是利用对象征秩序和意义生产的垄断来人为设置不平等的社会等级。也正是在这个意义上，雅克·朗西埃对自苏格拉底、柏拉图、亚里士多德以降的西方政治哲学抱有激烈的批判立场。他认为所谓的西方政治哲学，其目的就是用哲学消灭政治。

这实际就回到了文初所谈到的"施特劳斯学派"。在东欧剧变、苏联解体和柏林墙倒塌之后，法国的左翼知识分子不但逐渐远离了马克思主义，而且还在相当程度上放弃了对社会的分析、解释以及对社会未来的研判。一种看上去逆历史潮流而动的"古典学"研究开始在思想界出现，并且产生了越来越大的影响。其间又以施特劳斯学派所倡导的古典学研究最为典型。正是为了从正面迎战这股来自思想界右翼的风潮，雅克·朗西埃将视点转向了政治与哲学之间的互动关系。尽管施特劳斯提出了政治哲学的三次浪潮，但是雅克·朗西埃还是坚持认为西方两千多年的政治哲学史有一个基础一直没有改变，那就是哲学对政治的强力介入以及对政治产生的事实上的改变。通过对从柏拉图到亚里士多德再到霍布斯等人的研究，雅克·朗西埃认为柏拉图和亚里士多德为后世建立了两种非常典型的反民主话语模式。尽管现代社会已经告别了古希腊城邦的奴隶制，但在雅克·朗西埃看来，雅典城邦中的奴隶和现代的工人阶级有一个最为根本的相同点，那便是他们都是不具有语言能力的主体。尽管工人阶级创造了历史，却一直在历史中暗哑无声。雅克·朗西埃因此认为，从古至今的哲学家都从未认真严肃地对待过穷人。这带来的后果就是哲学从根本上抽取了政治的活力与多样性，最终将政治缩减为"治安"。

为了维护城邦的稳定，柏拉图、亚里士多德孜孜以求于"话语秩序"的稳定和可控。换句话说，绝对不会允许工匠和奴隶拥有"话语"。然而，《理想国》告诉我们，哲学家对文学艺术极为恐惧，那是因为他们看到了文学艺术的不可控性，文学艺术拥有颠覆一切话语秩序的力量。对于柏拉图来说，政治的无序、文学艺术的不可控对城邦来说都实在太危险了，因此需要用哲学来完成对政治的驯化。这最终导致政治的消亡与"治安"的生成。而对于雅克·朗西埃而言，他理想中的政治就是无序的，并带有一种浓厚的无政府主义气息。因此，哲学与政治之间一定是互相冲突的。从历史上看，这种冲突的结果就是政治被降格为治安。

正是基于此，"治安"与政治以及"感性的分享/分配"相互关联起来了。一般而言，"治安"关涉个体社会角色的设定以及社会秩序的建构，因此它也是一种非常特殊的"感性的分享/分配"方式。前文已经述及，"治安"就是对"什么可见""什么可说"的设定，那么很自然的，"治安"也能决定"谁可以被看见"以及"谁可以被言说"。这样一来，无法被"治安"秩序所捕捉和涵括的实际上也就是无意义的。而一旦抹去了可见与不可见、可说与不可说之间的分界线，那么平等就产生了。在"治安"与"感性的分享/分配"的关系中体现了一种深刻的历史辩证法。"感性的分享/分配"的不平等造就了一个不公正的社会，有话语的人与没有话语的人被人为分割。但这种不平等又潜藏着丰富的解放潜能，当那些没有被"治安"所捕捉和涵括的失语者开始挑战既有的"治安"秩序和"感性的分享/分配"秩序时，政治就发生了。从这个意义上说，不但政治的内核是诗学与审美的，而且政治的基础也是诗学和审美的，这带来了我们对政治与文学、政治与审美关系的重新理解。具体而言，一个共同体的维系一定基于同样的"感性的分享/分配"体系，而政治的功能与意义都在于确定什么是可被感知的对象与行为。它的主要任务就是拣选对象并将对象提交给感觉结构，进而建构或重构这一结构。因此，政治就是一种审美行为，而解放则同样奠基于审美。

最后以雅克·朗西埃自己的话作结："更准确地说，美学和政治的关系在于这种政治美学和'美学的政治'之间的关系，换句话说，通过这种方式，让艺术本身变得可见的实践和形式介入可感物的分配和重新布局之中，在那里，它们重新划分了空间与时间，主体与客体，共同之物与独特之物。"[①]

---

① 雅克·朗西埃. 美学中的不满 [M]. 蓝江，李三达，译. 南京：南京大学出版社，2019：26.

第二节　艺术体制论与艺术实践

一、艺术的诸种体制

除"感性的分享/分配"之外，雅克·朗西埃关于诗学与美学还有着其他诸多论述，其中"艺术体制论"影响尤大。雅克·朗西埃的"艺术体制论"主要见于《文学的政治》和《沉默的言语：论文学的矛盾》等著作。值得注意的是，"艺术体制"并非一个规范性的概念，它主要指向过往我们对艺术的理解方式与研究范式。雅克·朗西埃认为，过往我们对艺术主要存在两种理解方式，一是"审美的"，二是"古典的"。这一区分并不新鲜，因为"审美的"理解方式凸显的是现代的艺术观念，而"古典的"或者说"再现的"理解方式体现的则是古代的艺术观念。从艺术自律性上说，前者显然是主张艺术自律的，而后者则让我们看到了柏拉图将诗人逐出"理想国"的影子。具体来说，雅克·朗西埃将"艺术体制"分为了三个亚种，分别是伦理体制、再现体制和审美体制。

（一）伦理体制

所谓艺术的伦理体制首先是指艺术在再现对象的时候是否真实。显然这一体制可以溯源至柏拉图，柏拉图关于理念世界的床、现实世界的床和艺术世界的床的区分为这一体制奠定了思想基础。

其次是再现者也就是诗人或艺术家在面对再现对象时的价值观念，也就是说，诗人或艺术家是否能够按照真实的原则诚实地再现对象，而不至于在创作中"夹藏私货"。显然，这一点也是直接可以溯源到柏拉图的。正是因为他洞见出诗人或艺术家对爱欲生产的巨大能量可能会威胁到城邦的稳定，所以一定要将诗人逐出城邦。总的来讲，艺术的伦理体制主要指向艺术的伦理、道德和政治价值。

（二）再现体制

所谓的艺术的再现体制即"诗学体制"，主要强调艺术的意义源于其所表征的对象世界。艺术的价值主要取决于其所再现的对象本身有无价值。这在诗学史上也不新鲜。比如，判断一部艺术作品的价值如何，往往会以其所表现的对象来判断。在再现体制的视野中，悲剧的价值明显是高于喜剧的，因为其所再现的对象不是英雄就是王侯将相，而喜剧再现的对象往往就是平常生活中的普罗大众。关于这一体制，雅克·朗西埃有过专门的论述，并总结出了四大原则。他认为，"再现的诗学由四大要素组成。第一，在亚里士多德《诗学》第一章提出的虚构的要素。成为诗歌实质的不是格律对仗的使用、或多或少的音调和谐，而是一种模仿，一种行为的再现。……一首诗就是一个故事，它的价值或它的缺陷都属于这个故事的构思。这正是建立'诗学'概论的东西，即艺术的一般准则"①。这一要素也就是第一条原则,即"虚构至上"的原则或者说是"虚构原则"。这一原则突出强调了诗歌的本质在于对行为的再现,而不是对语言的雕琢。

第二条原则是雅克·朗西埃所说的"文类性(généricité)准则"。具体来说,虚构还需要符合一种体裁。"然而,规定体裁的并不是形式标准的总和,而是被再现事物的本质。这也是亚里士多德在他的《诗学》第一部分所提出的准则:诗歌的类别——史诗或讽刺诗,悲剧或喜剧——都首先取决于它所再现的对象的性质。从根本上说,人们模仿的是人与行为的两种类别:伟大的和渺小的;由两种人在模仿:贵族和公众;有两种模仿方式:一种是抬高被模仿对象,另一种则是贬低。拥有贵族灵魂的模仿者选择去表现光辉行为、大人物、英雄和神,并按照我们所能赋予他们的完美形式的最高级别去再现:他们创作史诗或悲剧诗。劣等模仿者则选择去加工小人物的庸俗故事或是去谴责平庸人物的缺陷和罪恶:他们创作滑稽诗或讽刺诗。"②这充分表明文学体裁主要取决于其表现的对象,或者说取决于被再现的客体的本质。也就是"每一个虚构属于一种体裁。体裁由被再现主题所规定。主题在等级制度中居于要位,限定了体裁的等级。被再现的主题将体裁与话语的两种根本形态相关

---

① 雅克·朗西埃. 沉默的言语:论文学的矛盾 [M]. 臧小佳,译. 上海:华东师范大学出版社,2016:7.
② 雅克·朗西埃. 沉默的言语:论文学的矛盾 [M]. 臧小佳,译. 上海:华东师范大学出版社,2016:8—9.

联：歌颂或是谴责。不区分体裁等级的属性系统是不存在的。由被再现主题所限定的体裁也决定了其表现的特殊形式"[1]。

第三条原则是得体性原则（principe de convenance）。所谓得体性原则指在选取表现对象以及在对表现对象进行客观再现时要做到"看人下菜"。选定一个表现对象，然后根据这一对象的特点选取与之相匹配的虚构类型，"并给人物提供适合他们性格的语言和行为"，"得体准则完全匹配于虚构的风格服从原则"[2]。雅克·朗西埃认为历史上最为典型的得体性原则就是"三一律"。人物的语言、性格乃至装扮都要符合他的阶层、身份、文化习惯、信仰风俗等。值得注意的是，雅克·朗西埃提出："问题不是对规则的服从，而是对得体的方式的判断。虚构的目的是讨喜"，因为"虚构必须取悦于有教养的人，虚构必须遵从虚构使人信服并使人喜爱的原则，这应该就是得体准则。"[3] 具体来说，得体性原则又有四种："首先是人类情感本质的普遍相似；其次是某个民族或人物性格或品德的相似，是这些优秀作家让我们认识了他们；再次是适合于我们习俗的得体和品位的和谐；最后，行为和言语与专属于某一类别的行为

---

[1] 雅克·朗西埃. 沉默的言语：论文学的矛盾 [M]. 臧小佳，译. 上海：华东师范大学出版社，2016：9.
[2] 雅克·朗西埃. 沉默的言语：论文学的矛盾 [M]. 臧小佳，译. 上海：华东师范大学出版社，2016：9.
[3] 雅克·朗西埃. 沉默的言语：论文学的矛盾 [M]. 臧小佳，译. 上海：华东师范大学出版社，2016：10.

和性格的逻辑之间的相似。"① 只有这样，文学艺术才能将历史与自然、伦理与传统有机统一起来。

第四条原则是现实性原则。对此，雅克·朗西埃进行了专门的定义："再现结构的准则，是作为行为的言语的优先，也是言语的表现艺术的优先。"② 第四条原则突出强调了言语的重要性，乍看上去似乎与第一条原则相冲突了。对此，雅克·朗西埃专门进行了解释："第四条准则与第一条并不矛盾。该准则显示，是虚构创造了诗歌，而不是语言的特殊形式。最后一条准则将虚构行为的表现与言语行为的展示视为同一。这里没有矛盾存在。作为一种系统的双重布局：虚构的自主，只负责表现和取悦，被悬置于另一种秩序，由另一种言语的场景营造出空间……"③ 在这里，雅克·朗西埃并非做一种简单的调和，而是从根本上把握住了虚构与言语之间的统一性。虚构最终需要由言语来实现、来填满。换句话说，言语就是虚构的肉身。

（三）审美体制

所谓的审美体制就是"审美现代性"。伴随着世俗社会的到来

---

① 雅克·朗西埃. 沉默的言语：论文学的矛盾［M］. 臧小佳，译. 上海：华东师范大学出版社，2016：11.
② 雅克·朗西埃. 沉默的言语：论文学的矛盾［M］. 臧小佳，译. 上海：华东师范大学出版社，2016：13.
③ 雅克·朗西埃. 沉默的言语：论文学的矛盾［M］. 臧小佳，译. 上海：华东师范大学出版社，2016：14.

和人本主义的兴起，一个崭新的民主社会开始降临。民主社会最主要的原则之一就是平等原则。而平等主义的崛起势必要挑战如上既有的两种艺术体制，首当其冲的就是再现体制的四大原则。首先，"虚构至上"原则被"语言至上"原则所取代。语言不再被视为一种消极的仅供交流的媒介或手段，语言本身就是本体、就是存在。甚至说，人的存在都要严重依赖于语言。这是一种根本性的倒转，没有语言，被再现的客观世界是不会有意义的。第二个和第三个原则也遭到了挑战。史诗不再仅仅属于英雄，喜剧的主角也不再仅仅是普罗大众。这类例子实在太多，整个现代主义文学都是这两种原则崩溃的活生生的脚注。即便是突出语言的第四条原则，在审美现代性兴起之后也变得岌岌可危。首先是语言的内涵与地位已经今非昔比了。过去语言与虚构之间还存有一种动态平衡，审美现代性兴起之后，特别是伴随着语言转向，这世界就完全纳入语言本身的逻辑之中了。

二、视觉文化与政治

雅克·朗西埃正越来越受到视觉文化研究界的欢迎。他关于艺术与政治之关系的精到见解正不断修正艺术史和视觉文化研究中的一些成见。雅克·朗西埃对视觉文化的研究主要集中于绘画、摄影、电影以及图像等方面。其中，《图像的命运》一书影响颇大。总的来说，雅克·朗西埃的理论路径是在文学与视觉文化之间寻找到共同的理论支点，然后再将其与民主政治勾连起来，进而产生很多关于视觉文化研究的新见。比如，他提出的"图像性机制"[①] 就为既有的艺术史研究开辟了新的研究路径。雅克·朗西埃认为，图像从来就不是一个简单的现实，也就是说图像并不是一个完全独立于主体的客观实在。图像是一种活生生的实践，作为意义系统，它不是封闭的，而是敞开的，是"可说物（le dicible）与可见物之间的一些关系，是一些与之前和之后、原因和结果进行游戏的方式"[②]。显然，这种对图像的认知方式完全颠覆了艺术史中关于古典主义、现代主义、后现代主义等的历史划分。而关于"图像性体制"，雅克·朗西埃则认为，"它将可说物与可见物的关系推向前台，这种关系既在可说物和可见物的类似上进行游戏，也在它们的不相像上做文章。这种关系绝不要求这两个项具有物质上的在场。可见物将以具有意义的比喻自行布局，而言语则展开一种可能令人炫目的可视性"[③]。为了证明这一点，雅克·朗西埃引用了罗兰·巴特在《明室》一书中对刺点（punctum）的论述。罗兰·巴特认为，摄影的刺点效果并非来源于摄影师，因此他的结论是摄影不是艺术：一是因为它并没有体现摄影师的意图，二是因为摄影装置会自动将世界视觉化。这带来的一个理论问题是：可见物可以是没有意义的。因为摄影机可以记录人没有赋予意义的事物。要进一步解释和说明这类问题，就必须将其纳入"图像性体制"的视野内。

[①] 雅克·朗西埃. 图像的命运 [M]. 张新木, 陆洵, 译. 南京：南京大学出版社，2014：16.
[②] 雅克·朗西埃. 图像的命运 [M]. 张新木, 陆洵, 译. 南京：南京大学出版社，2014：9.
[③] 雅克·朗西埃. 图像的命运 [M]. 张新木, 陆洵, 译. 南京：南京大学出版社，2014：11.

除了"图像性体制",电影理论也是雅克·朗西埃诗学的重要组成部分。雅克·朗西埃关于电影的理论主要集中在《电影寓言》(*Film Fables*)[①] 一书中。该书自出版以来,便在电影研究领域产生了重要影响。雅克·朗西埃之所以会关注电影问题,其实与其一以贯之的艺术观念有关。前文已经述及,雅克·朗西埃一直念兹在兹于艺术与现实的关系。自从审美现代性兴起以来,艺术的自律就成为理论界的金科玉律,但是这一观念正不断受到冲击。特别是伴随着后现代主义等文艺思潮的兴起,"艺术自律何为"开始重新成为一个问题。正是基于此,雅克·朗西埃专门提出了一个叫作"受挫的寓言"(thwarted fable)的概念以作回应。

雅克·朗西埃对艺术与现实之关系的关注,实际上还是源于他对美学与政治之关系一以贯之的理论热情。较之于其他艺术样式,电影最为直观且全面地展现了美学与政治之关系的丰富性与复杂性。因为电影是一种大众艺术,在雅克·朗西埃看来,那些历史深处的喑哑无声的群体似乎可以以此获得言说的机会。这一逻辑与本雅明关于大众文化的态度有相似之处,即大众文化自身可能蕴含的解放潜能。在《电影寓言》中,雅克·朗西埃认为电影诞生于再现与表现之间的矛盾性,因为电影以一种实录的方式直接绕过了"叙事"。接着,雅克·朗西埃回溯到亚里士多德,正是亚里士多德对故事(muthos)的定义给了他灵感。因为 muthos 翻译成拉丁文就

[①] Jacques Ranciere. *Film Fables* [M]. Translated by Emiliano Battista. Oxford: Berg Publishers, 2006.

是 fabula，也就是雅克·朗西埃所说的 fable（寓言）。① 如果回到雅克·朗西埃关于"艺术体制"的分类，很明显"寓言"就是"再现体制"最为核心的东西。因此，所谓的"受挫的寓言"其实就直接指向"再现体制"的危机。"也就是说，电影是现代主义者之梦的实现的事实，它起到的作用是作为能够提供由细微的、多样化的现实细节组成的全景的媒介，电影作为现代艺术的对立面是因为它是作者主动性手中的一项技术，而这种能动性将它带向了寓言的逻辑——因此，最终带向了商业的利益。然而，电影寓言的本质包括了图像不受拘束的表现性，正是通过这一点，挫败了另一种寓言，即将电影视为叙事事件的一种单纯组合（disposition）。"② 从这点说，雅克·朗西埃对电影寄予了非常高的期待，似乎完全可以在语词之外开辟另一个现代的"艺术体制"。然而，如果回到图像叙事学的相关视角，我们就会发现图像只是一种符号，它与语词一样，本身也是具有叙事性功能的。因此，事实究竟能否如雅克·朗西埃所期待的那般乐观，我们只能拭目以待。

总体来说，雅克·朗西埃代表了后理论时期西方马克思主义文艺理论中一种非常值得关注的理论发展趋向。他既不是完全摒弃文化理论，也与经典马克思主义以及西方马克思主义传统保持了必要

---

① 让-菲利普·德兰蒂. 朗西埃：关键概念 [M]. 李三达, 译. 重庆：重庆大学出版社，2018：215.
② 让-菲利普·德兰蒂. 朗西埃：关键概念 [M]. 李三达, 译. 重庆：重庆大学出版社，2018：217—218.

的理论张力。他非常具有理论原创性,提出了一系列很重要的具有高度原创性的理论命题,对后理论时期的文学理论、艺术理论、美学、政治哲学、视觉文化、大众文化研究等领域都具有十分重要的贡献。尽管雅克·朗西埃已经接近九十岁了,但其理论旅程仍在继续,根本看不到消停的迹象。关于朗西埃后继的理论发展状况,我们亦将拭目以待。

第三节 巴迪欧与朗西埃的美学分歧

巴迪欧与朗西埃在美学上的分歧既包括二人之间的互相攻讦,也包括二者论证的思路、方法与"难题性"的差异。

一、朗西埃对"非美学"的批判

朗西埃对巴迪欧的"非美学"的批判是将其置于20世纪后半叶反美学的潮流中来进行的。这一反美学思潮视传统美学为一种诡辩的话语,认为正是借助美学这一"木马",哲学才最终攻入艺术内部,并破坏其品位与趣味。美学的兴起在读者与作品之间制造了重重障碍,取消了各类不同作品之间的区分,最终使得"艺术那耀眼的感性表象被关于艺术的话语所吞噬,而话语则倾向于变成这个感性表象的现实本身"[1]。与巴迪欧反美学的《非美学手册》形成对

---

[1] 雅克·朗西埃. 美学中的不满[M]. 蓝江,李三达,译. 南京:南京大学出版社,2019:3.

照的是让－马里·舍费尔的《告别美学》，二者的区别仅仅在于舍费尔手持的反美学武器是分析哲学，而巴迪欧则是柏拉图主义。^①朗西埃对巴迪欧的非美学思想的批判主要集中在三个方面。

一是矫正了巴迪欧教导型模式中关于艺术与哲学关系的论断。朗西埃认为柏拉图并没有让艺术从属于任何东西，因为我们今天称之为艺术的东西对柏拉图而言毫无意义。^② 柏拉图真正要指向的东西是诗，真正关心的对象是诗的教育功能与城邦的秩序，他要用诗教来护卫城邦。巴迪欧在讨论教导型模式的时候实际上还是掉入了柏拉图主义的窠臼。也正因为忽略了诗与艺术的区别，所以他在讨论"艺术即真理"时有点剑走偏锋了。

二是对巴迪欧浪漫型模式的反思。朗西埃认为这一模式看似主张艺术自律，实际上却取消了艺术的独特性，最后产生了一种关于艺术的悖论，即"艺术作品展示了事物的性质，对其的创作等于是没有创作，对其的认识等于是不认识，一个想要的东西恰恰是不想要的东西"^③。之所以会产生这一悖论，是因为浪漫型模式突破了艺术模仿论，而艺术模仿是区分艺术与非艺术的重要途径。突破艺术模仿论而主张极端的艺术自律，带来的理论后果就是一方面各艺

---

① 雅克·朗西埃. 美学中的不满［M］. 蓝江，李三达，译. 南京：南京大学出版社，2019：2—3.
② 雅克·朗西埃. 美学中的不满［M］. 蓝江，李三达，译. 南京：南京大学出版社，2019：74.
③ 雅克·朗西埃. 美学中的不满［M］. 蓝江，李三达，译. 南京：南京大学出版社，2019：76.

门类之间的区分消失了，另一方面艺术与非艺术之间的分野也消失了。所以，朗西埃说"在美学上自律的艺术，仅仅是艺术他律的另一个名称而已"①。一旦艺术只能是艺术本身，那么它的特殊性就在于它等同于一切非艺术。朗西埃认为"艺术很确实地成了真理的观念，这并不是因为仅仅依靠艺术本身就能触及真理"，"而是因为艺术只能落到这个范畴里"②。

三是对巴迪欧"扭曲的现代主义"的批判。朗西埃认为美学的兴起抹平了不同艺术门类之间的差异，拆解了艺术与非艺术之间的藩篱，带来了艺术认知上的混乱。为抵御这种混乱，现代主义作为一种壁垒出现了。现代主义主张艺术自律，强调艺术形式，以此确保艺术的独特性。正是基于对艺术独特性的共同捍卫，巴迪欧的"非美学"理论与反美学潮流及现代主义之间达成了一致。朗西埃认为这种一致性"复活了昨日的现代主义潮流"③，依据就是巴迪欧在思考艺术问题时带有明显的现代主义特征。比如，巴迪欧认为艺术现代性就是"反－模仿"，艺术不同于艺术话语，各类艺术之间存在着严格的区分，等等。而朗西埃对巴迪欧的批评在于，巴迪欧认为艺术的独特性不在于语言，而在于观念。也就是说，巴迪欧所

---

① 雅克·朗西埃. 美学中的不满 [M]. 蓝江，李三达，译. 南京：南京大学出版社，2019：77.
② 雅克·朗西埃. 美学中的不满 [M]. 蓝江，李三达，译. 南京：南京大学出版社，2019：76.
③ 雅克·朗西埃. 美学中的不满 [M]. 蓝江，李三达，译. 南京：南京大学出版社，2019：80.

坚守的艺术独特性不是基于艺术形式，而是基于哲学观念，是"柏拉图式的永恒性徜徉在最彻底的反模仿观念之中"。这便是朗西埃所宣称的"巴迪欧无可争议的现代主义就是带有扭曲的现代主义版本"[1]。从表面上看，朗西埃与巴迪欧的主要分歧似乎集中在关于现代主义的不同理解上，但实际上朗西埃对巴迪欧的不满主要集中在其对柏拉图主义的坚守上。

二、美学与政治：一与多、柏拉图主义与反柏拉图主义

与朗西埃的"艺术体制论"及"感性的分享/分配"相比，巴迪欧的"非美学"中政治的直接出场并不多，它仅仅作为真理的四程序之一出现过。但实际上政治一直是巴迪欧美学思想中的重要存在，是一种缺场的存在。巴迪欧整个哲学体系的建立与美学思想的生发背后都有一个巨大的政治的在场。换言之，巴迪欧的整个哲学活动都是高度政治化的。这背后不仅有他的共产主义理想，更有其激进的左翼立场。此外，巴迪欧与朗西埃在很多关涉政治的主题上是存有广泛共识的，比如对共产主义的坚守、对阿尔都塞的批判、对解放政治的追求、对资本主义的批判等。但两者之间的政治分歧也是很明显的。这种政治分歧是作为美学分歧的根基而存在的。

巴迪欧与朗西埃政治分歧的核心在以下两点：一是柏拉图主义与反柏拉图主义，二是一与多。朗西埃在政治上最为醒目的标签就

---

[1] 雅克·朗西埃. 美学中的不满 [M]. 蓝江, 李三达, 译. 南京：南京大学出版社, 2019：81.

是"激进平等主义者"。对此,巴迪欧也高度认可。他说"从这两个命题中我们可以推导出一种平等的学说,这个学说才是朗西埃真实的激情所在,其原理就是,无论具体经验如何,每一个人都可以来践行自己的主人角色,而无需处在主人的位置上"①。朗西埃的激进平等主义与他早年的劳工研究分不开。他对这一问题的思考始于《无知的教师》②。朗西埃通过对劳工的研究和对法国教育家约瑟夫·雅克托"智力解放方法"③的援引,认定人在智识上的地位是平等的,进而推论社会不平等一定是社会的问题,而非人的问题——既然人在智识上是平等的,那么现实中的不平等状况显然就是社会等级秩序造成的必然结果。

关于朗西埃的激进平等主义,巴迪欧给予过理论总结。一是坚持认为"所有的主人都是骗人的",二是"所有的联系都预示着一种主人的存在"。④ 这两点如果不置于巴迪欧的柏拉图主义视域中,是无法得到清晰的解释的。朗西埃认为,作为当代的柏拉图主义者,巴迪欧哲学思想的核心是非常保守的,因为那里遗存有柏拉图的社会等级秩序,只不过柏拉图城邦中的"哲人王"(主人)被置

---

① 阿兰·巴迪欧. 元政治学概述 [M]. 蓝江,译. 上海:复旦大学出版社,2015:97.
② Jacques Rancière. *The Ignorant Schoolmaster* [M], translated by Kristin Ross. Stanford: Stanford University Press,1991.
③ Jacques Rancière. *The Ignorant Schoolmaster* [M], translated by Kristin Ross. Stanford: Stanford University Press,1991:19—44.
④ 阿兰·巴迪欧. 元政治学概述 [M]. 蓝江,译. 上海:复旦大学出版社,2015:97. 译文有改动。

换成了"无产阶级精英"而已。① 但巴迪欧的看法是,这个哲人王的位置不是固定的,也不是世袭的,而是流动的,人人皆可以占据,"人皆可以成尧舜"。而如果按照朗西埃激进平等主义的设想,就会出现马克思所说的"自由人的联合",从而导致国家的消亡。这种没有主人的总体性实际上必然会摧毁朗西埃"所希望寄寓其中的知识位点:话语的中介、沉积物的激活、对主人姿态的摧毁",因为"如果平等共同体可以实现的话,那么就不会有任何中介",也不会有"任何沉积物"以及"任何主人的姿态"。② 基于此,巴迪欧更进一步提出平等究竟是一种假设,还是一种可向往的目标的问题。他认为朗西埃更多的是将平等视为一种假设,而不是目标。同时,巴迪欧认为平等是公开宣告的,而不是程序性的。但对朗西埃而言,巴迪欧认为平等既是条件,也是生产过程。③

关于一与多的差异,巴迪欧自己曾言,这是他与朗西埃之间最重要的差异,而且较之于其他差异,这一差别显得更为隐蔽。④ 总体来说,巴迪欧的美学代表了一,而朗西埃的美学则代表了多。一与多的关系是一个非常古老的哲学问题,至少在柏拉图的《巴门尼

---

① Gabriel Rockhill, Phillip Watts, eds. *Jacques Ranciere: History, Polilitics, Aesthetics* [M]. Durham: Duke University Press, 2009: 37—38.
② 阿兰·巴迪欧. 元政治学概述 [M]. 蓝江, 译. 上海: 复旦大学出版社, 2015: 98. 译文有改动.
③ Gabriel Rockhill, Phillip Watts, eds. *Jacques Ranciere: History, Polilitics, Aesthetics* [M]. Durham: Duke University Press, 2009: 42—43.
④ Gabriel Rockhill, Phillip Watts, eds. *Jacques Ranciere: History, Polilitics, Aesthetics* [M]. Durham: Duke University Press, 2009: 46.

德篇》里就有过相当多的讨论了。"展现自身的东西在根本上正是多;而展现自身的东西在根本上是一","多是呈现的体制;相对于呈现而言,一是运算的结果"。不仅如此,"没有一,只有记数为一"①。巴迪欧的意思是,世间万物庞杂繁多,无法用一个同一性概念来概括,但主体会因为种种原因将其记数为一。对朗西埃而言,一与多则主要体现在他的"无分之分"中。所谓"无分"是指"没有特性者聚集而形成的平民",而正是由于这些无分者,"这些一无所有的全体"的存在,"共同体才以一种政治性共同体存在"。② 显然,在朗西埃这里,出现了一种"多"的本体论,即各部分的总和。而当对该共同体进行命名时,总会有一些部分溢出集合本身,这个溢出的部分,巴迪欧将之命名为"情势状态"③。所以,在美学得以奠基的方法论上出现了一与多的分野,而巴迪欧与朗西埃则各持一端。前者强调一,最终一定会走向柏拉图主义的强调秩序的共同体;后者专注于多,则势必走向激进平等主义,并最终导向无政府主义。

综上,巴迪欧与朗西埃的美学分歧实际上是二者政治理念和哲学路径的分歧在美学中的呈现。两人从阿尔都塞的理论废墟中走出来,最后分别走上了柏拉图主义和激进平等主义、无政府主义的道

---

① 阿兰·巴迪欧. 存在与事件 [M]. 蓝江,译. 南京:南京大学出版社,2018:33—35.
② 雅克·朗西埃. 歧义:政治与哲学 [M]. 刘纪蕙等,译. 西安:西北大学出版社,2015:22—23.
③ 阿兰·巴迪欧. 存在与事件 [M]. 蓝江,译. 南京:南京大学出版社,2018:35.

路，这意味着阿尔都塞主义本身就暗含着这两种维度。这对我们今天再反过来重新理解阿尔都塞具有重要的意义。穿过巴迪欧和朗西埃的理论三折屏倒退着"进入"阿尔都塞，对于理解整个当代法国马克思主义也具有重要意义。巴迪欧与朗西埃的分歧实际上表征着法国激进左翼内部的理论紧张。当代法国后马克思主义还是一座理论的活火山，正在不断生发出新的理论命题和思想主张，其内部活力还远未枯竭。但有一点可以确定，那便是巴迪欧和朗西埃真正开启了法国后马克思主义的新传统，二者以其高度原创性的理论一方面阻止了阿尔都塞与萨特等强大的理论惯性，另一方面也擘画出一幅壮丽的后马克思主义与解放政治的未来图景。

ः后理论时期文学研究新范式

作为一种文学批评方法与文学理论流派的"空间批评",兴起于20世纪六七十年代。一般而言,"空间批评"的理论基础可以溯源至法国理论家亨列·列斐伏尔,在具体的理论发展进程中,戴维·哈维、爱德华·索佳(Edward Soja)、曼纽尔·卡斯特尔(Manuel Castells)等理论家确立了这一理论流派的基本研究范式。而对于西方马克思主义文艺理论而言,空间批评既是其重要的组成部分,又推动了后理论时期西方马克思主义文艺理论的发展,使其不断产生新的问题、打开新的视阈,并不断突破自身既有的理论框架。

第一节 资本的空间化:垄断地租、景观资本主义与迪斯尼化

一、垄断地租及其理论脉络

地租理论是西方经济学中的一个经典问题,其发展大致经历了如下几个阶段。

一是17世纪中叶到19世纪初期以弗朗斯瓦·魁奈(Francois Quesnay)、大卫·李嘉图(David Ricardo)、亚当·斯密(Adam Smith)等为代表人物的古典经济学阶段。这一时期亚当·斯密提出了级差地租、绝对地租等问题,认为地租源于劳动本身。

二是19世纪前半期以托马斯·马尔萨斯(Thomas Robert

Malthus)、让-巴蒂斯特·萨伊（Jean-Baptiste Say）、约翰·海因里希·冯·杜能（Johann Heinrich von Thünen）等为代表人物的资产阶级经济学阶段。马尔萨斯认为地租的本质是自然对人类的馈赠；萨伊则提出了著名的关于分配的"三位一体"理论，即工资是对劳动的补偿，利息是对资本的补偿，地租是对土地使用的补偿。

三是19世纪后半期以马克思为代表人物的地租理论。马克思是地租理论的集大成者。他批判性地继承和发展了古典政治经济学的地租理论，特别是大卫·李嘉图和亚当·斯密的相关学说，并在《资本论》第三卷第六篇《超额利润转变为地租》[1]中，用了近二十万字的篇幅集中分析和论述了资本主义国家的地租问题，从而建立起了马克思主义地租理论，实现了地租理论的根本性变革。马克思与诸位先贤最大的不同在于他是从生产关系的角度来理解地租的。他从劳动价值论出发，通过对剩余价值实现形式的追踪，最终发现资本主义地租就是资本主义生产活动中剩余价值实现的重要方式之一——"一切地租都是剩余价值，是剩余劳动的产物。地租在它的不发达的形式即实物地租的形式上，还直接是剩余产品"[2]。在此基础上，他对资本主义地租进行了细分，即级差地租、绝对地租和垄断地租。级差地租源于经营不同土地（不同土地存在着诸如肥力和

---

[1] 卡尔·马克思. 资本论（第三卷）[M]. 中共中央马恩列斯著作编译局，译. 北京：人民出版社，2004：693—918.
[2] 卡尔·马克思. 资本论（第三卷）[M]. 中共中央马恩列斯著作编译局，译. 北京：人民出版社，2004：715.

位置等方面的差异①）所获取的利润的差异，经营较优土地往往能获取更多的超额利润，这些利润构成了级差地租。马克思进一步将级差地租分为级差地租Ⅰ和级差地租Ⅱ。级差地租Ⅰ指由于相等面积的不同地块存在着土地肥力和位置方面的差异而产生的超额利润，级差地租Ⅱ指在相同地块因为连续增加投资而提升劳动生产率进而获取的超额利润。按照马克思自己的话说便是，"级差地租是由投在最坏的无租土地上的资本的收益和投在较好土地上的资本的收益之间的差额决定的"，而"级差地租实质上终究只是投在土地上的等量资本所具有的不同生产率的结果"。② 绝对地租是指农业资本的平均构成低于社会平均资本构成的那一部分，即"不同生产部门内的各等量资本，在剩余价值率相等或劳动的剥削程度相等时，会按它们的不同的平均构成，生产出不等量的剩余价值"③。垄断地租是指与垄断价格相关的地租，马克思认为垄断地租与垄断价格之间存在着双重关系，即一方面垄断价格可以产生垄断地租，另一方面垄断地租也可以产生垄断价格——"产品或土地本身有一个与地租无关的垄断价格存在，所以地租才由垄断价格产生"和"因为有

---

① 卡尔·马克思. 资本论（第三卷）[M]. 中共中央马恩列斯著作编译局，译. 北京：人民出版社，2004：732.
② 卡尔·马克思. 资本论（第三卷）[M]. 中共中央马恩列斯著作编译局，译. 北京：人民出版社，2004：759.
③ 卡尔·马克思. 资本论（第三卷）[M]. 中共中央马恩列斯著作编译局，译. 北京：人民出版社，2004：869.

地租存在，所以产品才按垄断价格出售"。[①] 对于第一种情况来说，其实现的基础在于级差地租中所提及的"肥力"和"位置"，马克思以葡萄酒的酿制为例来进行说明，一个葡萄园能酿造一种独一无二的葡萄酒，葡萄种植者因此能获取一笔相当大的超额利润。有学者将这种地租命名为"垄断的级差地租"[②]。而第二种情况则基于资本主义的土地私有制，因为"土地所有权对在未耕地上进行不付地租的投资造成限制，以致谷物不仅要高于它的生产价格出售，而且还要高于它的价值出售，那么，地租就会产生垄断价格"[③]。这意味着土地经营者要突破土地所有权的限制，必须按照垄断价格出售土地上的产品，并将所获取的超额利润以地租的方式交给土地所有者。这种地租被称为"垄断的绝对地租"[④]。而"垄断的绝对地租"与"一般的绝对地租"之间的差异就在于是否以垄断价格出卖土地上的产品。垄断地租是马克思一个石破天惊的发现，因为它揭示了资本主义社会人剥削人、人压迫人的真相。资本家通过买卖土地获取了土地所有权，马克思以贩卖黑奴作类比，奴隶主"对黑人的所有权，好像不是由于奴隶制度本身，而是通过商品的买卖而获得

---

① 卡尔·马克思. 资本论（第三卷）[M]. 中共中央马恩列斯著作编译局，译. 北京：人民出版社，2004：873.
② 魏光浩. 论我国城市经济中的垄断地租 [J]. 当代经济研究. 2003（1）：8.
③ 卡尔·马克思. 资本论（第三卷）[M]. 中共中央马恩列斯著作编译局，译. 北京：人民出版社，2004：874.
④ 魏光浩. 论我国城市经济中的垄断地租 [J]. 当代经济研究. 2003（1）：8.

的"①，这种表面上自由而平等的买卖关系实际上掩盖了所有权"本身并不是由出售产生，而只是由出售转移"的实质。因为"这个权利在它能被出售以前，必须已经存在；不论是一次出售，还是一系列这样的出售，不断反复的出售，都不能创造这种权利"②，而创造这种权利的恰好是资本主义的生产关系。最后，马克思尖锐地指出："个别人对土地的私有权，和一个人对另一个人的私有权一样，是十分荒谬的。甚至整个社会，一个民族，以至一切同时存在的社会加在一起，都不是土地的所有者。他们只是土地的占有者，土地的利用者，并且他们必须像好家长那样，把土地改良后传给后代。"③

四是 20 世纪初至今的现代地租理论。这一阶段的地租理论最突出的特点就是城市地租的兴起。按照西方新马克思主义者戴维·哈维的分析，20 世纪以降资本主义的发展主要经历了三次大的危机，第一次是 20 世纪 30 年代的经济大萧条，第二次是 1973—1982 年的经济危机，第三次是 2008 年至今的经济危机。④ 前两次危机的

---

① 卡尔·马克思. 资本论（第三卷）[M]. 中共中央马恩列斯著作编译局，译. 北京：人民出版社，2004：874.
② 卡尔·马克思. 资本论（第三卷）[M]. 中共中央马恩列斯著作编译局，译. 北京：人民出版社，2004：874.
③ 卡尔·马克思. 资本论（第三卷）[M]. 中共中央马恩列斯著作编译局，译. 北京：人民出版社，2004：874—875.
④ 大卫·哈维. 资本之谜：人人需要知道的资本主义真相 [M]. 陈静，译. 北京：电子工业出版社，2011：28—33. 此书的中译名与哈维的本意及其对资本主义的批判性立场相去甚远，直译应为"资本之谜与资本主义的危机"（*The Enigma of Capital and the Crises of Capitalism*）。

超克之途都是大规模的城市化运动,反映到地租理论上,便表现为研究重心从农业地租转向了城市地租,从政治经济学的批判性考察转向了价值中立的对空间的定量、定性分析。其代表人物有保罗·萨缪尔森(Paul Samuelson)、阿尔弗雷德·马歇尔(Alfred Marshall)、威廉·阿隆索(William Alonso)、约翰·贝茨·克拉克(John Bates Clark)、迈克·戈德伯格(Michael Goldberg)、彼得·钦洛依(Peter Chinloy)等。克拉克将地租理解为一种特殊形式的收入,是每一位工人所生产出的剩余产量的总和,也是由土地所生产出的总产量。[①] 戈德伯格和钦洛依将经济分析和对城市制度(Urban Institution)的考察结合起来,创造了经济概念和经济分析结合在一起的新模式。[②]

二、戴维·哈维对垄断地租理论的拓展

正是在上述从古典经济学经马克思主义到空间分析的理论脉络中,戴维·哈维推出了自己的垄断地租理论。戴维·哈维之所以选择复兴马克思的垄断地租理论,与当时的社会环境密切相关。首先,在经历了第二次世界大战后最具革命性的红色 60 年代,特别是经历了震撼了整个西方资本主义世界的"五月风暴"以后,马克思主义在西方引起了人们普遍的关注,成为激进知识分子认识和改

---

① 克拉克. 财富的分配 [M]. 陈福生,陈振骅,译. 北京:商务印书馆,1981:142—156.
② 歌德伯戈,钦洛依. 城市土地经济学 [M]. 国家土地管理局科技宣教司,译. 北京:中国人民大学出版社,1990.

造世界最重要的思想武器。其次，从 1945—1973 年，资本主义迎来了它发展过程中的又一个黄金时期，这一阶段其增长的实际复利率高达 5%，这带来的直接后果就是过剩资本的吸收问题。为解决经济中的这一流动性过剩，资本所有者最后列出的方案是大规模的私有化和城市化运动。城市化也由此成为吸收过剩资本的重要途径之一。按照戴维·哈维的说法便是："资本主义能否存续取决于能否按照与一定的经济复合增长率相称的速度进行基础设施投资并为其融资。资本需要在某一个时点创建一个足以满足其自身要求的世界——第二个自然，然后在未来的某一时点，为了满足自身进一步积累的要求，对这个世界进行改造。"① 大规模的高速城市化带来了一系列问题，其一便是土地价格和住宅价格的急剧上升。这迫使人们再次将目光转向马克思主义的地租理论，特别是马克思关于垄断地租的系列论述。戴维·哈维以此为中心，从 1973 年出版的《社会正义与城市》(Social Justice and the City)② 开始，逐渐形成了非常具有原创性和系统性的马克思主义城市地租理论。

戴维·哈维的城市地租理论一方面继承了马克思的地租理论，但另一方面又与后者存在着很大的差异。对两者的差异，有学者进行过较为全面的总结。一是马克思的地租理论主要是农业地租，而尚未形成比较完整、独立和系统的城市地租理论体系；二是马克思

---

① 大卫·哈维. 资本之谜：人人需要知道的资本主义真相 [M]. 陈静，译. 北京：电子工业出版社，2011：88.
② David Harvey. Social Justice and the City [M]. Oxford：Basil Blackwell，1973.

的地租理论主要以农业部门特定的阶级关系为前提，致力于处理地主、租地农场主（产业资本家）和农场雇佣工人三者之间的关系；三是马克思将地租视为资本积累的消极障碍；四是马克思认为地租直接来源于农业生产出的剩余价值；五是在马克思的理论体系中，地租理论只是生产价格理论的附庸，是后者在农业生产中的应用。[1] 戴维·哈维以马克思的地租理论为基础，自觉运用马克思的政治经济学分析方法，将农业地租理论延伸和拓展为城市地租理论。在早期出版的《社会正义与城市》[2] 和《资本的限度》（The Limits to Capital）[3] 等著作中，哈维系统论述了自己的城市地租理论。他一方面批判了古典政治经济学的地租理论，认为其过分强调了级差地租。在古典政治经济学看来，决定地租的是土地的属性，也就是马克思所说的"肥力"与"位置"。另一方面，戴维·哈维又提出了自己的观点。他认为恰恰是土地的价值决定了土地的用途，而决定土地价值的则是若干权力关系和制度因素。[4] 这显然是对古典政治经济学的颠倒。在后者（如亚当·斯密）看来，土地是一种生产资料，而在哈维的视野中，土地则变成了一种金融资本。土地一旦变

---

[1] 孟捷，龚剑. 金融资本与"阶级—垄断地租——哈维对资本主义都市制度化的分析"[J]. 中国社会科学，2014（8）：91.
[2] David Harvey. Social Justice and the City [M]. Oxford：Basil Blackwell，1973：153—194. 对地租的论述着重在第五章"使用价值、交换价值与城市土地利用理论"（Use Value，Exchange Value and the Theory of Urban Land Use）这一部分.
[3] David Harvey. The Limits to Capital [M]. Oxford：Basil Blackwell，1982. 对地租的论述着重在第十一章"地租理论"（The Theory of Rent）这一部分.
[4] David Harvey. Social Justice and the City [M]. Oxford：Basil Blackwell，1973：185—187.

为金融资本，便直接进入资本循环的轨道，这不但打破了古典政治经济学地租理论的研究范式，而且也突破了马克思的经典地租理论。

垄断地租是戴维·哈维一以贯之的关切所在。在 2010 年出版的《资本之谜》中，哈维再次论及了绝对地租、级差地租和垄断地租。哈维对马克思提出的"第三类地租"即"绝对地租"不予考虑，因为在他看来，绝对地租是无关紧要的。[①] 哈维真正的关注点在垄断地租上。哈维认为垄断地租和一切形式的财产所有权紧密相关，垄断的产生源于自由竞争条件的丧失。而面对古典政治经济学和马克思主义政治经济学念兹在兹的级差地租，哈维则给出了完全相反的理解。在哈维看来，土地的"肥力"和生产率并不完全由先天的自然条件决定，对生产技术的投资和改善有助于提升土地的生产率。对土地的"肥力"而言，先天条件和后天因素一样重要。比如，19 世纪英国以广泛使用化肥为标志的"高级农业"便极大地提升了土地的"肥力"。其他诸如灌溉设施和作物轮种等技术的推广也都可能改变同一地块在不同时段的生产率。级差地租的主要价值已不在于解释土地价值的差异，而在于指出另外一个重要的问题，那便是自然资源对资本主义发展的制约问题，即区分"哪些应该归于自然的恩赐、哪些应该归于人类的主观努力"以及"是不顾后果地对现有资源（不管是自然的赏赐还是人类后天积累的）进行

---

① 大卫·哈维. 资本之谜：人人需要知道的资本主义真相[M]. 陈静，译. 北京：电子工业出版社，2011：82.

开采利用,直到它们被全部耗尽,还是对这些资源进行维护和改进,以期未来长期可持续利用"。[①] 在 2012 年出版的《叛逆的城市——从城市权利到城市革命》(Rebel Cities: From the Right to the City to the Urban Revolution)[②] 中,哈维对垄断地租进行了系统性的理论总结,并在此基础上提出了垄断地租与城市迪斯尼化之间的二律背反关系。从 1973 年出版《社会正义与城市》到 2012 年《叛逆的城市》面世,哈维对垄断地租的兴趣一直持续了近四十年。他对垄断地租的矢志不渝源于这一理论本身巨大的阐释力。特别是在城市研究中,它几乎是一个无法绕开的巨大存在。首先,哈维重申了自己在《资本的限度》中的观点,即认为垄断地租"能够多方面多视角地解释资本主义全球化、地方政治经济发展和文化意义、美学价值演进间的关系中产生出来的事情和个人困境"[③]。哈维认为私人业主对一定资产的垄断权是所有地租的基础,而出现垄断地租是因为社会行动者对可交易物品的专属控制,并在长时段内获得高额收入。其次,哈维指出了产生垄断地租的两种状况。一是社会行动者控制了某些具有特殊品质的资源、商品或区位,进而可以从那些需要使用这些资源的人们那里获得垄断地租。哈维援引了马克思

[①] 大卫·哈维. 资本之谜:人人需要知道的资本主义真相[M]. 陈静,译. 北京:电子工业出版社,2011:84.
[②] 戴维·哈维. 叛逆的城市——从城市权利到城市革命[M]. 叶齐茂,倪晓晖,译. 北京:商务印书馆,2014.
[③] 戴维·哈维. 叛逆的城市——从城市权利到城市革命[M]. 叶齐茂,倪晓晖,译. 北京:商务印书馆,2014:91.

在《资本论》第三卷中曾提到的具有特殊品质的葡萄酒能以垄断价格在市场上销售这一经典案例①，指出垄断价格能产生垄断地租这一事实②。二是将土地和资源直接纳入市场进行交易。对稀有资源的总量控制使得土地和资源变成紧缺商品，并通过进一步的投机活动来生产垄断地租。这一逻辑能延伸到一切具有紧缺性和独特性产品的投机活动中，如艺术品市场的藏品拍卖、文物交易、"炒地皮"等。需要指出的是，哈维认为这两种形式的垄断地租之间并不是泾渭分明的，在实际的市场行为中两者往往是互相交叉的。③ 比如，城市中心黄金地段的商业住房所有者既可以通过出售住房所有权获取垄断地租，也可以通过租赁住房获取租金进而实现垄断地租。再次，哈维揭示出垄断地租内部具有双重矛盾。一是具有特殊品质的商品因其唯一性与特殊性往往在市场交易中成为奇货可居的对象，如毕加索、莫奈、马奈等名家的名画，考古发现的文物，历史建筑，甚至珠穆朗玛峰登顶经历等，都具有货币价值④。一般而言，越容易销售的东西越容易被市场化，但对垄断地租而言，恰好是越容易批量化生产的东西越难以构成其基础。要实现和维持垄断地

---

① 比如，法国的葡萄酒通过坚持土地、气候和传统的独一无二性以及由"酒庄的名称"确保的产品独特性，来寻求垄断地租。见戴维·哈维. 叛逆的城市——从城市权利到城市革命［M］. 叶齐茂，倪晓晖，译. 北京：商务印书馆，2014：98.
② 戴维·哈维. 叛逆的城市——从城市权利到城市革命［M］. 叶齐茂，倪晓晖，译. 北京：商务印书馆，2014：92.
③ 戴维·哈维. 叛逆的城市——从城市权利到城市革命［M］. 叶齐茂，倪晓晖，译. 北京：商务印书馆，2014：92.
④ 戴维·哈维. 叛逆的城市——从城市权利到城市革命［M］. 叶齐茂，倪晓晖，译. 北京：商务印书馆，2014：92－93.

租，必须不断保持其唯一性与特殊性。二是竞争造成垄断。这挑战了既有的关于竞争破除垄断的一般性认识。哈维认为竞争中的那些获胜者将逐渐淘汰那些失利者，最后造成资本空前的集中。这好比在单位面积的雪地上，由于大雪球吸附雪的能力比小雪球大，最后出现大雪球越滚越大、小雪球无雪可滚的局面。这一点既为马克思所注意，也是托马斯·皮凯蒂在《21世纪资本论》[1]中的论述重点。在哈维看来，对垄断权力的追求是资本主义得以持续运转的基础。进入晚期资本主义阶段，这种垄断权力更是以"文化"的形式出现，通过对文化独特性与不可复制性的强调来隐藏其实质。为了说明这一问题，哈维再次援引了葡萄酒业的发展的案例。当澳大利亚葡萄酒也开始讲求法国葡萄酒曾经坚持的那些优势（诸如土地、气候和传统）时，为维持自身的垄断权力，一种新的区分方式便应运而生了，这便是"文化"——诸如将葡萄酒消费与酒神精神（狄俄尼索斯嗜好葡萄酒）、基督教的圣餐仪式（以葡萄酒来象征耶稣的血）等联系起来，进而使得不同类型的葡萄酒消费具有各式各样的美学意义。甚至不同的葡萄酒消费开始形成布迪厄式的文化区隔，酒类知识和"适当的"品鉴方式成为某种身份的象征，哈维甚至半开玩笑地说，在社交场合，那些连葡萄酒都不会选择和鉴赏的人一定不会是一个好的生意伙伴。这样一来，作为商品的葡萄酒便被附加了文化资本，从过去强调葡萄酒的产地（包括气候、土壤、

---

[1] 托马斯·皮凯蒂. 21世纪资本论 [M]. 巴曙松等, 译. 北京：中信出版社，2014.

酿造方式等)、口感和风味的独一无二性,转变为强调葡萄酒的文化品格及消费方式的独特性。这种商品的文化资本化和文化本身的商品化是晚期资本主义生产方式的一种典型症候,尽管人们已经习惯于认为文化产品"的确存在着某种特殊的东西,使它们不同于衬衣和鞋子等一般商品",但哈维认为二者并没有本质上的区别,而他要解决的问题就是商品特性和文化特征究竟是如何融合起来的。[1]为更好地理解这一问题,我们需要援引法国情境主义国际(Situationist International)代表人物居伊·德波(Guy Debord)提出的"景观社会"以及其他相关论述。

三、垄断地租与景观资本主义

学者张一兵曾对"景观"这一概念做了一个简要的梳理。他认为,"景观"(Spectacle)一词出自拉丁文"spectae"和"specere"等词语,有"观看""被看"之意。台湾学者则多将其译为"奇观"。对此,张一兵说:"'spectacle'不是什么令人惊奇的观看,恰恰是无直接暴力的、非干预的表象和影像群,景观是存在论意义上的规定。它意味着,存在颠倒为刻意的表象。而表象取代存在,则为景观。"[2] 他进一步考证出居伊·德波第一次使用"景观"一

---

[1] 戴维·哈维. 叛逆的城市——从城市权利到城市革命 [M]. 叶齐茂,倪晓晖,译. 北京:商务印书馆,2014:90—91.
[2] 张一兵. 代译序:德波和他的《景观社会》//居伊·德波. 景观社会 [M]. 王昭凤,译. 南京:南京大学出版社,2006:10.

词,是在他发表在《情境主义国际》1959年第3期的关于《广岛之恋》的影评文章中。而据胡塞尔的考证,"景观"一词应该是源自尼采的《悲剧的诞生》一书。[①] 尽管如此,但真正让"景观"从一个名词变身为一个概念的是德波。正是德波对这个概念的发现、重述和丰富,使其成为西方马克思主义理论中一个极其重要的概念。

贝尔登·菲尔兹(Belden Fields)和斯蒂文·贝斯特(Steven Best)在为罗伯特·戈尔曼编著的《"新马克思主义"传记辞典》[②]所撰写的词条——"情境主义国际"中,对"景观"的含义进行了简要的概括。二者认为"景观"是情境主义关于现代社会批判的核心,是一个含义极为复杂的概念。其最直接的含义是"少数人演出,多数人默默观赏的某种杂技或表演"[③]。这种关于"表演"的"看与被看"的逻辑关系后来被延伸至景观社会——"受制于现代生产条件的社会的全部生活宣称自己是景观无边无际的聚积。一切

---

① 张一兵. 代译序:德波和他的《景观社会》[M]//居伊·德波. 景观社会. 王昭凤,译. 南京:南京大学出版社,2006:10.
② 罗伯特·戈尔曼. "新马克思主义"传记辞典[M]. 赵培杰,李菱,邓玉庄等,译. 重庆:重庆出版社,1990.
③ 罗伯特·戈尔曼. "新马克思主义"传记辞典[M]. 赵培杰,李菱,邓玉庄等,译. 重庆:重庆出版社,1990:767.

曾经活生生的事物现在都已经转变成了一种表征"①。这里的景观并非一种带有强制性和暴力性的压迫性力量,也不是一种直接可以触摸到的"真实的现实"(the Real Reality),景观社会中我们看到的"现实"只不过是"真实的现实"的转录,但由于景观取消或者说遮蔽了"真实的现实",所以我们就会把"真实的现实"的表征物——"虚假的世界"(Pseudoworld)② 当作真实的现实本身。因此,景观这个概念,"涵括权力在直接的暴力之外将潜在地具有政治的、批判的和创造性能力的人类归属于思想和行动的边缘的所有方法和手段"。"景观是最典型的非政治化:景观的最重要的原则是

---

① Guy Debord. *The Society of the Spectacle* [M]. Translated by Fredy Perlman and John Supak. Detroit: Black & Red, 1970: §1. 由于笔者手头的两种英译本 *The Society of the Spectacle* 原书皆未标有页码,因此用"§1"表示英译本第一节,全书共 211 节,以此类推,下同。需要注意的是,Ken Knabb 的英译文是"In societies where modern conditions of production prevail, life is presented as an immense accumulation of *spectacles*. Everything that was directly lived is now merely represented in the distance"。而 Fredy Perlman 和 John Supak 的英译文为"The entire life of societies in which modern conditions of production reign announces itself as an immense accumulation of *spectacles*. Everything that was directly lived has moved away into a representation"。而法文原文为"Toute la vie des sociétés dans lesquelles règnent les conditions modernes de production s'annonce comme une immense accumulation de *spectacles*. Tout ce qui était directement vécu s'est éloigné dans une représentation"。经认真比对,我们发现,尽管 Fredy Perlman 和 John Supak 的译本没有版权(Detroit: Black & Red, 1970.),但其译文更接近于德波的法文原文,可视为对德波原文的直译。而 Ken Knabb 的译本意译的成分较多,如本段中的 in the distance 在法文中就很难找到其直接对应的文段(不过对于德波思想的理解,Ken Knabb 的译本还是很有价值的,它至少提供了另外一种解读的可能)。因此,若无特别说明,本文的研究主要依据为 Fredy Perlman 和 John Supak 的译本,下不再述。
② Guy Debord. *The Society of the Spectacle* [M]. Translated by Fredy Perlman and John Supak. Detroit: Black & Red, 1970: §2.

不干预主义。"[1] 正是这种不干预主义，意味着景观对人的隐性控制和最深刻的奴役。前文的"少数人"显然指的是资本主义的景观生产，或者说是"表演"的幕后操纵者——资本家[2]。而多数人的观看则伴随着一种痴迷和震惊的体验，它表征着观看者的"控制和默从，分离和孤独"[3]。对此，德波也有一段叙述，"观者只是被简单地设想为一无所知、无所应答者。那些总在观望下一步会发生什么事的人是永远不会行动起来的，这显然就是观者的情形"[4]。在这里，德波揭示了景观社会中"沉默的大多数"的真实处境——由于受到景观社会所提供的各种娱乐样式的蛊惑，人类因此背离了自己最具批判性的工作：改变世界和解放日常生活。与此同时，官僚政治统治改进并完善了自身的统治技巧。[5]

贝斯特在此后的一篇文章中清理了从马克思到卢卡奇到德波再到鲍德里亚的思想脉络，并再一次重申了对"景观"的理解问题。贝斯特认为，景观是一种绥靖和去政治化的工具，是一场"永久的鸦片战争"[6]，这场战争麻痹了社会主体，使他们脱离了真实生活最

---

[1] 罗伯特·戈尔曼. "新马克思主义"传记辞典 [M]. 赵培杰，李菱，邓玉庄等，译. 重庆：重庆出版社，1990：767.
[2] 张一兵. 文本的深度耕犁：后马克思思潮哲学文本解读（第二卷）[M]. 北京：中国人民大学出版社，2008：81.
[3] 罗伯特·戈尔曼. "新马克思主义"传记辞典 [M]. 赵培杰，李菱，邓玉庄等，译. 重庆：重庆出版社，1990：767.
[4] 居伊·德波. 景观社会评论 [M]. 梁虹，译. 桂林：广西师范大学出版社，2007：13.
[5] 罗伯特·戈尔曼. "新马克思主义"传记辞典 [M]. 赵培杰，李菱，邓玉庄等，译. 重庆：重庆出版社，1990：767.
[6] Guy Debord. *The Society of the Spectacle* [M]. Translated by Fredy Perlman and John Supak. Detroit：Black & Red，1970：§ 44.

急迫的任务——通过社会转变来恢复人类活动的整体性。而景观社会正是通过休闲和消费的文化机制以及娱乐业和服务业的发展来传播其麻醉剂的。这个结构的转变包含着社会生活先前未被占据的部门的商品化,[①] 以及科层控制向休闲和日常生活领域的扩张。此外,德波还利用了法兰克福学派关于"完全管理的"社会或"单向度社会"的论述,指出"景观是商品获得了对社会生活完全占有的时刻"。[②] 贝斯特认为,由于"景观"的成形,资本主义的剥削关系已经进入了心理的层面,在物质贫困的基础上又被添加了对更高需求的"富裕贫困",从而异化变得非常普遍化了,同时也变得十分舒适和温情脉脉,而消费本身则变成了对异化的补强。[③] 对此,德波也认为,伴随着第二次工业革命的到来,被异化的消费已经变成了大众对异化的生产的一项附加的义务。[④]

因此,"景观"可以从如下几个方面来理解。首先,"景观"是资本主义的一种阶级统治方式。比如,德波曾将"景观"分为"集

---

① 这与曼德尔对"服务业"发展的论述高度一致。见曼德尔. 晚期资本主义 [M]. 马清文,译. 哈尔滨:黑龙江人民出版社,1983:444—480.
② Guy Debord. *The Society of the Spectacle* [M]. Translated by Fredy Perlman and John Supak. Detroit: Black & Red, 1970: §44.
③ 史蒂文·贝斯特. 现实的商品化和商品化的现实:波德里亚、德波和后现代理论 [M] // 波德里亚:一个批判性读本. 道格拉斯·凯尔纳,编. 陈维振,陈明达,王峰,译. 李平武,审校. 南京:江苏人民出版社,2008:76.
④ Guy Debord. *The Society of the Spectacle* [M]. Translated by Fredy Perlman and John Supak. Detroit: Black & Red, 1970: §42.

中的景观"① 与"弥散的景观"②,"二者都以目标和假象的形式超越并游离于现实生活之上。前者,如法西斯主义和东方专制主义,已经实现了集权主义反革命,它们拥护围绕某个独裁政权人物而形成的意识形态。后者,以世界的美国化为其表现,在该模式的作用下,那些以工资谋生的人自愿地将其自由选择的权利应用到对当前名目繁多的新商品的挑选上"③。其次,"景观"是一种意识形态。德波认为,"景观不能被理解为因大众传播技术而产生的视觉滥用。相反它已经变成了一种事实上本质已经发生转变的世界观。它是关于物化世界的幻象"④。最后,"景观"依然在快速向前发展。德波认为,晚近几十年"景观"掌握了新型的防御技术,赢得了巨大的发展空间,并将自身的历史进程推到了极致。但人们对其整体性、系统的连贯性及其深奥性和实际活动能力则普遍估计不足⑤。

凯尔纳在其著作《媒体奇观:当代美国社会文化透视》⑥ 中对德波的"景观"概念进行了再编和补强。首先,他认为德波的"景观"这一概念较为单一和抽象,带有鲜明的整体论色彩。但同时他

---

① Guy Debord. *The Society of the Spectacle* [M]. Translated by Fredy Perlman and John Supak. Detroit: Black & Red, 1970: §64.
② Guy Debord. *The Society of the Spectacle* [M]. Translated by Fredy Perlman and John Supak. Detroit: Black & Red, 1970: §65.
③ 居伊·德波. 景观社会评论 [M]. 梁虹, 译. 桂林: 广西师范大学出版社, 2007: 5.
④ Guy Debord. *The Society of the Spectacle* [M]. Translated by Fredy Perlman and John Supak. Detroit: Black & Red, 1970: §5.
⑤ 居伊·德波. 景观社会评论 [M]. 梁虹, 译. 桂林: 广西师范大学出版社, 2007: 2.
⑥ Douglas Kellner. *Media Spectacle* [M]. London: Routledge, 2003. 汉译本见道格拉斯·凯尔纳. 媒体奇观: 当代美国社会文化透视. 史安斌, 译. 北京: 清华大学出版社, 2003.

也认为"景观"这一概念对今天的文化研究和批判理论依然有效且意义重大。① 其次，他对"景观"这一概念进行了丰富、扩展和具体化。他在德波"景观"的基础上提出了"媒体奇观"的概念，即"那些能体现当代社会基本价值观、引导个人适应现代生活方式、并将当代社会中的冲突和解决方式戏剧化的媒体文化现象，它包括媒体知道的各种豪华场面、体育比赛、政治事件"② 等。

"景观资本主义"（Spectacular Capitalism）是理查德·吉尔曼－欧帕斯基（Richard Gilman-Opalsky）在其新著《景观资本主义：居伊·德波与激进哲学实践》（*Spectacular Capitalism: Guy Debord and the Practice of Radical Philosophy*）③ 中提出的一个概念。或许受德波将景观分为集中景观、弥散景观与综合景观的启发，吉尔曼－欧帕斯基在此书中提出了景观资本主义（Spectacular Capitalism）、景观社会主义（Spectacular socialism）和景观无政府主义（Spectacular anarchism）的概念。在此书的导言中，吉尔曼－欧帕斯基毫不掩饰德波给予他的灵感和启发。他认为正是德波对景观社会无与伦比的分析和理解给了他写作该书的兴趣和助推

---

① 道格拉斯·凯尔纳. 关注媒体奇观——中文简体字版前言［M］// 媒体奇观：当代美国社会文化透视. 史安斌, 译. 北京：清华大学出版社, 2003：ⅲ－ⅴ.
② 道格拉斯·凯尔纳. 关注媒体奇观——中文简体字版前言［M］// 媒体奇观：当代美国社会文化透视［M］. 史安斌, 译. 北京：清华大学出版社, 2003：2.
③ Richard Gilman-Opalsky. *Spectacular Capitalism: Guy Debord and the Practice of Radical Philosophy* ［M］. London：Minor Compositions, 2011.

力。[1] 吉尔曼－欧帕斯基高度认可德波对景观的基本判断，即景观绝不仅仅是一种错误的理解或错误的表征。景观是关于世界运行逻辑的一种非常策略化的诠释，具有很强的意识形态性，它既是一个结构，也是一个关于上层建筑的术语。正是在此基础上，吉尔曼－欧帕斯基认为当今世界正是由景观资本主义和景观社会主义的逻辑所建构的。对景观社会主义而言，吉尔曼－欧帕斯基认为景观社会主义除了国家资本主义之外就什么也不是。他甚至认为正是景观社会主义内在的扭曲的逻辑让奥巴马被广泛地看作一名社会主义者、马克思主义者和共产主义者。[2] 他进一步说，景观社会主义是景观资本主义播下的龙种而收获的跳蚤，是景观资本主义的副本[3]，景观资本主义则是景观社会主义的具体化。二者在 20 世纪后半期的世界扮演着非常重要的角色，是这一时期极为突出的风景。需要注意的是，二者的景观形式并不一定与其各自的哲学体系共存。由于受冷战思维的影响，景观社会主义一般被指称为"共产主义的幽灵"，对其描述也多集中于对其恐怖、邪恶和偏执的诸多面相的展演。这一冷战思维的范式在美国再度死灰复燃，被用于对奥巴马政

---

[1] Richard Gilman-Opalsky. *Spectacular Capitalism: Guy Debord and the Practice of Radical Philosophy* [M]. London：Minor Compositions，2011：14.
[2] Richard Gilman-Opalsky. *Spectacular Capitalism: Guy Debord and the Practice of Radical Philosophy* [M]. London：Minor Compositions，2011：16.
[3] Richard Gilman-Opalsky. *Spectacular Capitalism: Guy Debord and the Practice of Radical Philosophy* [M]. London：Minor Compositions，2011：23.

府的描述。① 吉尔曼－欧帕斯基认为景观社会主义，或者说作为意识形态的社会主义与作为哲学理论或政治理论的社会主义之间存在着极为重要的区别。景观社会主义并不是真正的社会主义。②

景观资本主义主要由关于资本主义的神话构成，这种神话掩盖了资本主义的内在逻辑，并拒绝承认资本主义世界既存的宏观经济事实。这种神话的内容无非涉及以下内容。(1) 资本主义为每一个追求上进、努力工作的人提供积极向上的进取心，每一个人只要选择为他自己而创造生活，那么他都能过上与之相匹配的舒适的生活。要做到这一点，最关键的因素就是每个人都必须雄心勃勃。因此，在这种神话中，一个人的贫穷与失败并非资本主义的失误，而是因为个人没有做出正确的选择。马克思称之为"护教学"(Apologetics)③。(2) 每个人对自己的关切的总和就是整个社会最大的福祉所在。同时，自由的市场有助于社会的民主化，资本主义与民主之间存在着一种主导与反应的二元对立关系。资本愈是能在国界间自由地穿越，全球的不均衡发展和贫困便愈能得以消除。(3) 与资本主义相比，其他所有的生产方式不但缺乏自由，而且更缺少稳定性与活力。资本主义的这种稳定性与内在的活力能让它战

---

① Richard Gilman-Opalsky. *Spectacular Capitalism: Guy Debord and the Practice of Radical Philosophy* [M]. London：Minor Compositions，2011：23.
② Richard Gilman-Opalsky. *Spectacular Capitalism: Guy Debord and the Practice of Radical Philosophy* [M]. London：Minor Compositions，2011：26.
③ Richard Gilman-Opalsky. *Spectacular Capitalism: Guy Debord and the Practice of Radical Philosophy* [M]. London：Minor Compositions，2011：17.

胜发展过程中自己遇到的一切危机，并平衡各种代际利益。这就是景观资本主义神话的几个主要特征，其倾向于假定资本主义这个系统是完美的，同时这一系统中的每个人都非常简单而从不犯错。[①]

但是，资本主义的统治恰好就是建立在对这种景观资本主义神话的永久承诺与持久赞美的基础之上的。正是通过这一途径，景观资本主义凌驾于万物，甚至凌驾于资本主义本身。不过，对于这样一种景观凌驾于资本主义的现象，吉尔曼-欧帕斯基认为可能还存在着另外一些心理上的原因。因为景观资本主义要确保每一个拥有雄心壮志的个体获得成功，这实际上已经大大突破了资本主义的既有形式。换句话说，如果说资本主义本身就是一则谎言，那么现在甚至连谎言的始作俑者——撒谎者本身也开始相信这则谎言了。所以，吉尔曼-欧帕斯基提请人们注意景观与意识形态同样具备的那种寻求自身不朽的冲动，这也是景观内在的本质规定性。[②]

吉尔曼-欧帕斯基认为德波凸显出了景观资本主义通过天衣无缝的手段实现了对表征域的垄断，因此景观资本主义的崩溃也必须从这一领域开始，而对这一点德波恰恰缺乏论述。也正是从这里，吉尔曼-欧帕斯基找到了突破口，并开始了自己的叙述。他并非要回到德波，而是以德波为指引开始激进哲学实践（Practice of

---

[①] Richard Gilman-Opalsky. *Spectacular Capitalism: Guy Debord and the Practice of Radical Philosophy* [M]. London：Minor Compositions，2011：17.
[②] Richard Gilman-Opalsky. *Spectacular Capitalism: Guy Debord and the Practice of Radical Philosophy* [M]. London：Minor Compositions，2011：22.

Radical Philosophy）的探险。因为他认为既存社会必须被批判，而且需要找到其结构上的缺陷和不稳定性。欧氏并不寄希望于景观社会会在其某一个阶段因"压倒骆驼的最后一根稻草"而突然解体。他缺乏鲍德里亚那样的乐观主义，但也不似德波一样的悲观。他在新千年中看到了一系列社会和政治变革的希望，而他对激进哲学实践的探险就是要对这些已经出现的变革的苗头做出必要的回应。最后，他认为景观资本主义就是一个莫比乌斯环（Möbius Strip），自身包含着自身的反面。因此要突破景观资本主义社会的限度——诸如教育、辩论以及政治空间等——就必须诉诸激进哲学实践。因为只有激进哲学实践才能让我们突破上述限制从而抵达对世界的真实认知。[1]

戴维·哈维对垄断地租的持续性关注与他对资本主义生产方式发展演变规律的分析是同步的。他在《后现代的状况》中曾集中分析了泰勒制、福特主义和"灵活积累"等资本主义生产方式，其间对德波的"景观社会"理论也有所论及。哈维认为福特主义带来了资本主义的巨大发展，同时也让它自身从一种单纯的生产体制转变为一种全新的生活方式——"大规模生产意味着产品的标准化和大众消费；意味着一种全新的美学和文化的商品化"[2]。而紧随其后的

---

[1] Richard Gilman-Opalsky. *Spectacular Capitalism: Guy Debord and the Practice of Radical Philosophy* [M]. London：Minor Compositions，2011：28—29.
[2] 戴维·哈维. 后现代的状况——对文化变迁之缘起的探究 [M]. 阎嘉，译. 北京：商务印书馆，2003：179.

是所谓的"灵活积累"的出现,它与福特主义的"刻板"形成鲜明的对比。它"依靠同劳动过程、劳动力市场、产品和消费模式有关的灵活性",其特征是"出现了全新的生产部门、提供金融服务的各种新方式、新的市场,首要的是商业、技术和组织创新得到了极大强化的比率。它导致了不平衡发展模式中的各种迅速变化,包括各个部门之间与各个地理区域之间的迅速变化,例如,产生了所谓'服务部门'就业中的巨大冲击,以及迄今为止各个不发达地区中全新的工业集群"[1]。这种"灵活积累"的生产方式加快了产品的创新速度,同时又减少了商品的周转时间。而要缩短商品的这种周转时间,就必须加快消费。所以便出现了哈维所描述的"福特主义的现代主义相对稳定的美学,已经让位于后现代主义美学的一切骚动、不稳定和短暂的特质,这种美学赞美差异、短暂、表演、时尚和各种文化形式的商品化"[2]。而"景观社会",按照哈维的看法,是作为一种"意识形态"而内在于"灵活积累"这一生产方式之中的,其表现如表 4.1[3]。

---

[1] 戴维·哈维. 后现代的状况——对文化变迁之缘起的探究 [M]. 阎嘉,译. 北京:商务印书馆,2003:191—192.
[2] 戴维·哈维. 后现代的状况——对文化变迁之缘起的探究 [M]. 阎嘉,译. 北京:商务印书馆,2003:201—202.
[3] 此表为埃里克·斯温格多夫(Erik Swyngedouw)所做,哈维在《后现代的状况》中引用了这一表格并表示了对斯氏所做出的如下区分的认可。

表 4.1　福特主义的生产与适时生产之差异

福特主义的生产 （以规模经济为基础）	适时生产 （以地域经济为基础）
E	意识形态
现代主义	后现代主义
总体性/结构改革	特性/适应
社会化	个性化，"表演"社会①

尽管哈维后来的论述转向了对时空转移与过度积累二者之间关系的探讨，并认为"灵活积累"是两种基本策略——剩余价值和相对剩余价值——的简单再结合②，但斯温格多夫的这一区分为我们理解垄断地租的晚期资本主义背景提供了很好的角度。首先，从生产过程来看，个性化商品的小批量生产取代了同质化商品的大量生产，这也是哈维提出的垄断地租产生的必要前提。但这是一个很容易被忽略的细节。如果仅是同质化商品的大量生产，显然是不足以支撑起德波所描述的、大量图像堆积的景观社会的。试想一下，如果城市街道上都是同一种风格和差不多内容的广告牌和霓虹灯，商厦里都是款式及颜色雷同的时装，每个家庭都使用一种品牌的家电、驾驶同样款型的轿车，电视台每天都播放着演员相同、情节类似的肥皂剧，所有的电影院一年到头都上映同一种的类型片……那

---

① 戴维·哈维. 后现代的状况——对文化变迁之缘起的探究 [M]. 阎嘉，译. 北京：商务印书馆，2003：451. "表演"社会即"景观社会"。
② 戴维·哈维. 后现代的状况——对文化变迁之缘起的探究 [M]. 阎嘉，译. 北京：商务印书馆，2003：235.

么这个世界显然不是景观社会,而是极权社会。其次,生产由"需要"推动而非"资源"推动,这同样带来了一个重要的转变,即生产不但是面向自然的,而且更重视对个体感官和欲望的开发、管理。而对感官的开发中,视觉便成为首选目标。资本的逻辑进入人的身体、欲望和感官,这是晚期资本主义带来的最为重要的改变之一。

由此可见,哈维所提出的垄断地租问题的展开需要解决一个核心问题,那便是晚期资本主义生产方式中文化与商品的关系问题。关于这一点,哈维显然已经意识到了,但囿于论题,并没有完全展开。本部分基于此,试图通过对批判理论回溯式的清理来厘清景观社会理论与垄断地租理论之间的逻辑关联,以及前者之于后者的巨大修补作用。

四、垄断地租与城市经营中的迪斯尼化

戴维·哈维提出的垄断地租理论为我们考察当下城市的企业化经营提供了一条独特的分析路径。在哈维提供的视野中,我们不得不面对这样一个尖锐的问题,那便是:"目前对地方文化创新的兴趣,对地方传统的振兴和创造的兴趣,在多大程度上与获取及占有垄断地租的愿望相联系呢?"[1] 这对中国当下的城市化运动以及地方文化的传承与发扬、历史街区的保护等现状同样具有很强的现实针

---

[1] 戴维·哈维. 叛逆的城市——从城市权利到城市革命[M]. 叶齐茂, 倪晓晖, 译. 北京: 商务印书馆, 2014: 100.

对性。换句话说，这能为"我们的城市开发与建设如何才能有效地规避对垄断地租过分的热望"这一问题的解决提供一些方向。在哈维看来，"最狂热的全球化追求者们都会支持地方发展，因为地方发展具有产生垄断地租的潜力，即使对地方发展支持的后果是产生一种与全球化对抗的地方政治气候"①。这里哈维展示出了一种悖论，那就是越是地方性的、独特性的和抵制商业化的，越容易获得高额的垄断地租，进而越容易被商业化。比如，越是强调巴厘岛地方文化的独特性和纯粹性，就越使得巴厘岛进一步被商业化。甚至连里约热内卢的贫民窟也被纳入旅游业开发，一些旅游公司推出了一系列贫民窟旅游项目。②

在这些现象的背后潜藏的是城市企业化经营的逻辑。城市企业化经营是一种城市管理的行为模式，具体而言就是把"国家权力（地方的、都市区的、区域的、国家的或超越国家的）与市民社会的各式各样的组织（商会、工会、教会、教育机构、研究机构、社区团体、非政府组织等）、私人利益攸关者（公司的和个人的）结合起来，形成联盟，推进或管理各种城市或区域发展"③。这样的一种城市管理模式是以地方投资建设模式为主导的，同时其目的就是

---

① 戴维·哈维. 叛逆的城市——从城市权利到城市革命 [M]. 叶齐茂，倪晓晖，译. 北京：商务印书馆，2014：101.
② 戴维·哈维. 叛逆的城市——从城市权利到城市革命 [M]. 叶齐茂，倪晓晖，译. 北京：商务印书馆，2014：101.
③ 戴维·哈维. 叛逆的城市——从城市权利到城市革命 [M]. 叶齐茂，倪晓晖，译. 北京：商务印书馆，2014：101.

最大化地攫取垄断地租。比如，我们所熟知的房地产开发策略，房地产商一般都会储备一些优质地块，坐等土地升值进而获取高额垄断地租。当然，地方政府也深谙此道。他们会通过非常高的垄断价格来控制公共开发用地的出售，进而引诱国内外各类金融投资资本的进入。哈维在论述城市企业化经营的时候，特别列举了中国香港和新加坡的例子，认为二者正是通过这一城市管理模式在获取垄断地租方面取得了巨大的成功。[①] 具体来说，就是"地方投资不仅仅是交通、通讯、港口设施、给排水等基础设施投资，还包括对教育、科学技术、社会管理、文化、生活质量等社会设施的投资"，这种投资的目的就是"通过私人利益攸关者和国家权力，在创造和实现垄断地租的城市化过程中，创造出充分的协同效应"。[②]

前面已经述及，独特性、唯一性、特殊性等构成了垄断地租的基础。哈维认为，除了这些自身所必备的物质因素以外，话语权力的争夺也是其中要义。因为"许多垄断地租是建立在历史的叙述、集体记忆的解释和意义，以及重要的文化实践基础上的：在构建获取垄断地租的缘由时，总有强大的、社会的和话语的因素存在"[③]。而一旦涉及历史叙述、集体记忆和文化实践，那么集体符号资本的

[①] 戴维·哈维. 叛逆的城市——从城市权利到城市革命 [M]. 叶齐茂，倪晓晖，译. 北京：商务印书馆，2014：103.

[②] 戴维·哈维. 叛逆的城市——从城市权利到城市革命 [M]. 叶齐茂，倪晓晖，译. 北京：商务印书馆，2014：103.

[③] 戴维·哈维. 叛逆的城市——从城市权利到城市革命 [M]. 叶齐茂，倪晓晖，译. 北京：商务印书馆，2014：104.

重要性便显现出来了。符号资本是布迪厄的发明，他针对的对象主要是个体。而所谓的集体符号资本更为关注的是城市这类集体形式。比如，较之于利物浦、法兰克福、里昂、佛罗伦萨等城市，伦敦、柏林、巴黎和罗马的集体符号资本肯定更为丰富。因此，较之于前者，后面这些城市肯定能获取更为高额的垄断地租，从而也就具备了更为巨大的经济优势。按哈维的话说就是"城市'品牌'成了一件大生意"[①]。

为进一步说明这一问题，哈维以西班牙城市巴塞罗那为例。哈维认为，在欧洲的城市体系中，巴塞罗那地位的上升很大程度上就是依赖其不断积累起来的集体符号资本和有别于其他城市的特殊标志的累积（比如大教堂）。巴塞罗那成功挖掘了它极具个性和特点的加泰罗尼亚文化传统，特别是以安东尼·高迪的建筑为代表的建筑遗产。此外，对于巴塞罗那而言，其成功举办的1992年夏季奥运会对其获取垄断地租至关重要，正是大量奥运场馆的建设再造了巴塞罗那，同时"把曾经相当阴暗甚至危险的巴塞罗那夜生活转变成为一个前景无量的城市景观"[②]。但哈维对巴塞罗那的考察并未止步于此。同对19世纪的首都——巴黎的考察一样，他注意到了城市变革背后的金融资本问题。哈维发现当巴塞罗那获取了高额的垄

[①] 戴维·哈维. 叛逆的城市——从城市权利到城市革命 [M]. 叶齐茂, 倪晓晖, 译. 北京: 商务印书馆, 2014: 105.
[②] 戴维·哈维. 叛逆的城市——从城市权利到城市革命 [M]. 叶齐茂, 倪晓晖, 译. 北京: 商务印书馆, 2014: 105.

断地租以后，却迅速地滑向了迪斯尼化①。巴塞罗那丰厚的集体符号资本使得金融资本对之垂涎欲滴。这最终导致房地产价格的成倍增长和越来越严重的跨国商品化和城市发展的全球同质化。具体表现为和世界其他地方差不多的沿滨海地区的开发、交通拥堵以及因此而修建的穿越整个老城区的宽阔道路，这不由得让我们想起19世纪奥斯曼对巴黎的破坏性改造。同时，多国商店取代了本土的地方商店，地价的飞涨使得原住民不断向外搬迁，城市结构也因此遭到毁灭性的破坏。最终巴塞罗那逐渐丧失掉了它的那些地方化的独特标志，而最终陷入迪斯尼化。

那么巴塞罗那究竟是如何一步步陷入迪斯尼化的呢？哈维认为首先是集体符号资本和文化资本的监护人将参与创造城市集体符号资本的底层大众拒之门外。其次是国家行动，国家为了获取高额垄断地租，甚至不惜动用暴力手段。再次是集体符号资本所产生的垄断地租全都被跨国公司和少数有权势的地方资产阶级攫取了。而怎样解决这一问题呢？哈维首先还是将思路返回到对垄断地租的分析。哈维认为"商品化和商业化所有事物是我们这个时代的标记之一"②，商品化、商业化的对象就包括反资本主义的文化。资本对反资本主义文化的垂青源于资本对差异化的支持，支持差异化的根本

---

① 根据布里曼《迪斯尼风暴》的总结，迪斯尼化的主要特征是：主题化、混合消费、商品化和表演性劳动。布里曼．迪斯尼风暴［M］．北京：中信出版社，2006．
② 戴维·哈维．叛逆的城市——从城市权利到城市革命［M］．叶齐茂，倪晓晖，译．北京：商务印书馆，2014：111．

动力还是在于对垄断地租的需求。"资本甚至可以（当然是谨慎地，而且常常是不安地）支持离经叛道的文化实践，因为这是实现原创性、创造性、真实性以及独特性的一条路径。"[1] 正是在这里，哈维找到了对抗性空间存在的可能。资本需要最大化地攫取垄断地租，因此它需要千方百计地保持文化差异和文化共享资产，因为只有这样才能实施下一步对二者的资本化。这样在文化生产者与资本之间便产生了一种对抗性的空间。在这一空间内的博弈，一方面使得资本化过程得以延缓，文化差异性得以继续保持；另一方面也会使斗争的对象变得日益清晰，那便是"商品化、市场主导以及更一般意义上的资本主义制度"。通过这些斗争，能够"引导部分关注文化问题的社区，去支持反对跨国资本主义政治，支持那些建立在不同社会和生态关系上的更有吸引力的选择"[2]。其次，要利用资本所创造出来的既有空间，转变全球化的基础，而不是直接与全球化对抗，要"把重点放在动员大众，主动构建新的文化形式，建立对真实性、独创性和传统的新定义"[3]。简言之，按照哈维的定义就是建构出一个"不同种类的全球化和生机勃勃的反商品化政治"的"希望的空间"，在这一空间内，"文化生产和改革的进步力量能够寻找

---

[1] 戴维·哈维. 叛逆的城市——从城市权利到城市革命 [M]. 叶齐茂，倪晓晖，译. 北京：商务印书馆，2014：111.
[2] 戴维·哈维. 叛逆的城市——从城市权利到城市革命 [M]. 叶齐茂，倪晓晖，译. 北京：商务印书馆，2014：111.
[3] 戴维·哈维. 叛逆的城市——从城市权利到城市革命 [M]. 叶齐茂，倪晓晖，译. 北京：商务印书馆，2014：112.

方法占领和削弱资本的力量，而不是相反"。①

第二节　戴维·哈维与法国文学的"空间批评"

如果说，雷蒙德·威廉斯对英国文学的空间批评是在文学研究领域体现出了一种空间研究的视野的话，那么，戴维·哈维则在自觉的当代马克思主义空间理论的建构中涉及了文学领域。同时，哈维的空间理论及其对文学领域的空间关注代表着西方马克思主义最新的趋势和动向。

在本体论、现代性、文化艺术三重维度展开的空间转向潮流中，当代西方空间理论的演进与马克思主义的参与是密不可分的。在一定意义上，对空间进行重新阐释和理解进而形成不同于传统的空间观念，是在西方现代地理学与马克思主义的相遇中完成的。"空间转向"因大量借助马克思主义的传统理论资源或者说因马克思主义的推动和参与而最终形成了对空间的具有马克思主义风范的全新诠释。在这种全新诠释中，文学艺术同样成为其重要的关注对象。戴维·哈维就是实现这种"相遇"并体现"空间转向"三重维度的关键性人物。

---

① 戴维·哈维. 叛逆的城市——从城市权利到城市革命 [M]. 叶齐茂, 倪晓晖, 译. 北京: 商务印书馆, 2014: 113.

一、哈维空间观念的三重维度

戴维·哈维著述丰富且涉及的主题和领域庞杂，但贯穿其思想主题核心的关键词是"空间"。

作为第二次世界大战后极具影响力和代表性的地理学家，哈维的空间理论起步于他对地理学传统的改造。与作为哲学家的列斐伏尔着力于对空间进行本体论的重新阐发不同，哈维在对地理学的改造中从一开始就十分重视哲学与方法论。在《地理学中的解释》一书的序言中，他清理了"计量学"传统，认识到"计量革命"所蕴含的"哲学革命"，从而认识到地理学研究中科学方法与哲学理念的重要性。基于此，尽管哈维自己强调其《地理学中的解释》主要是方法论论著，但他也明确申明，对于地理学最根本的观点是方法论与哲学，而这两者必须兼顾。[①] 在哈维看来，地理学家的研究是建立在一定的信念和价值判断上的，也依赖于符合逻辑的合理性论证，前者需要地理学家具有哲学家的"理论思索和价值判断"，后者需要地理学家具有方法论意义上的严密推理与解释。哈维所理解的哲学是"信念""生命观""生活观"，而这构成了"地理学的哲学"。因此，哈维对哲学的强调，从根本上是对地理研究中的价值信念的强调：

---

① 大卫·哈维. 地理学中的解释 [M]. 高泳源，刘立华，蔡运龙，译. 北京：商务印书馆，1996：15.

由于各有自己的价值观念，因此不同的地理学家和地理学家集团就有相当不同的任务。假设我们希望转变一个人的地理任务观使之同我们自己一样，我们唯有通过转变他的信念才能达到。例如我们可诉诸他的社会良心，指出加尔各答街头的饥荒和悲惨境况，以此来设法转变他，使他认识到地理学在减轻饥荒和悲惨境况方面是有所作为的。或是我们可以利用他的爱美情绪，使他踯躅于罗马废墟之间，从而使他转变到这一立足点上，为景观随时间而变迁的"感觉"所包围。但是我们不能以逻辑上的争论来摧毁他的信念，我们只能以这类争论来支持自己的信念。[1]

在这样的论述中，我们可以感受到哈维对传统地理学的改造从一开始就体现出其不同凡响之处，并已经预示着其学术思想继续前行的轨迹：对方法论的坚守展示出哈维这一时期的思想还是偏向于逻辑实证主义的，但其以信念价值为核心的哲学立场，则又体现出其对地理学、对空间问题的探讨必然地会与现实人生和现实社会关联起来，同时必然会走向实证与思辨的调和；而他对"社会良心"与"景观随时间变迁"的敏锐艺术感则已经显露了他后来《社会正义与城市》《巴黎城记：现代性之都的诞生》等著作的主题端倪。《地理学中的解释》在对"空间"概念进行哲学、心理学、人类学、

---

[1] 大卫·哈维. 地理学中的解释 [M]. 高泳源，刘立华，蔡运龙，译. 北京：商务印书馆，1996：10.

物理学考察的基础上,极力彰显空间概念的多维性:

> 地理学的空间概念建立在经验之上。……不去参照特定文化在语言、艺术和科学方面所发展的空间概念,就想理解地理学的空间概念是不可能的。关于空间的地理学观念因此被深深地置于某些较广泛的文化体验之中。但……地理学的空间概念是专门的,它发展和演化于地理学家研究现实空间问题的专业经验之外。……无论是为了哲学目的或经验研究的目的,无需对空间概念本身持一种僵硬的观点。概念本身可以看作是灵活的——可以用特定的关联域来确定,可以用特定的方式使之成为符号,可以用各种空间语言使之形式化。这种灵活运用需要谨慎对待。但它也以一种新颖的和创造性的方式为发展地理学理论提供了挑战和机会。[1]

在此,有几个关键词可以看出,"实证主义"阶段的哈维在理解空间时,已经开始摈弃实证主义而追求科学与哲学的调和:其一是空间概念植根于广泛的"文化体验"之中,空间概念是灵活的,需要在"关联域"中确定;其二是空间可以"符号化"。这两点又

---

[1] 大卫·哈维. 地理学中的解释 [M]. 高泳源,刘立华,蔡运龙,译. 北京:商务印书馆, 1996:274—275.

是彼此联系的，共同体现出哈维力求在科学计量和实证基础上追寻统一的哲学基石上的科学方法与哲学思辨相结合的空间探讨路径。

20世纪60年代资本主义世界主导性的城市化、环境问题和经济发展问题使哈维对统一的方法论和哲学基石的追寻显得更加明确，而这种追寻使马克思主义成为他最终的选择，从而实现了地理学传统与马克思主义传统的"相遇"。在哈维的这一创造性"相遇"中，他既实现了对马克思主义传统的创造性改造，也实现了对地理学传统的根本性变革，从而使"空间转向"潮流更加明确地走向马克思主义化，实现了马克思主义批判传统的空间转向。概括而言，哈维的空间理论从三个方面体现了西方"空间转向"潮流的三重维度。

首先，哈维运用马克思主义对空间是灵活的、是"关联域"和"文化体验"中的理解进行了改造，提出了"社会过程—空间形式"的概念：

> 在很大程度上，如果不是在现实中，那就是在我们的思想上认为社会过程和空间形式存在差别，而这也是我这几年一直关心的一个基本问题，现在正是弥补这显现得不同的两种（事物）和矛盾的分析模式之间的思想裂痕的时候。……社会过程与空间形式之间的区别常被认为是幻想而非真实，但……这种区别在相当不同的意义上讲是不存在的。空间形式不能被看成社会过程中发生的无生命的东

西，而是一种"容纳"社会过程的事物，就如同社会过程也同样是空间形式一般。[1]

在此，哈维不仅如同"空间转向"中的其他理论家那样改变了空间对时间的依附地位，将空间和社会共同看作人类生存的本体，而且还将空间与社会的变迁联系起来，将空间形式与社会过程看作一体化的。其中，哈维的独特之处在于，"社会过程—空间形式"这一统一体彰显了社会与空间相互塑造的动态过程。因此，艾拉·卡赞尼尔森（Ira Katznelson）指出："尽管受到列斐伏尔的激发，但是哈维完全拒绝了列斐伏尔将空间关系视为一种独立的决定性力量的主张。对于哈维而言，空间不是一个类似本体论的范畴，而是一个既形塑（人们）又被人们形塑的社会维度。"[2] 当然，卡赞尼尔森对列斐伏尔的判断是否完全准确值得探讨，但在一定意义上，列斐伏尔建立了"空间、时间、存在"三位一体的本体论，而哈维则更加强调了在此基础上，空间与社会存在之间的动态"形塑"关系。在《正义、自然和差异地理学》中，哈维则进一步强调了"图化空间"的重要性，认为"社会关系总是空间性的，实践改变了知识体验的空间，其中制度也是被生产出来的空间，而想象是所有可

---

[1] David Harvey. Social Justice and the City [M]. Oxford: Blackwell, 1988: 302—303.
[2] Katznelson. Foreword [M] // David Harvey. Social Justice and the City. Oxford: Blackwell, 1988: 3.

能的空间世界的丰富源泉"①。这十分明确地体现出哈维对马克思主义一些重要论断的空间化解读,而这种解读本身又表明了哈维对空间问题的马克思主义式的创造。综合而言,哈维体现出一种建构新马克思主义空间关系阐释框架的理论追求:

> 空间本身既不是绝对的、相对的,也不是相关的,但它可以依据境况成为其中一种,或者同时成为全部三种。恰当地使空间概念化的问题,要通过与之相关的人类实践来解决。换言之,不存在由空间性质产生的哲学问题的哲学答案——答案在人类实践之中。因此,"什么是空间"的问题,要由"不同的人类实践如何创造了空间以及怎样利用对空间的不同概念化"的问题来取代。②

哈维的马克思主义空间关系阐释框架的建立,为"空间转向"中形成的当代西方空间理论从本体论意义上突破时间与空间的对立、经验与形而上的对立奠定了基础;而对空间与实践、空间与社会之间的动态"形塑"关系的深刻把握,则从根本上动摇了实证主

---

① 大卫·哈维. 正义、自然和差异地理学 [M]. 胡大平, 译. 上海: 上海人民出版社, 2010: 111—112.
② David Harvey. *Space as a Keyword* [M] //*David Harvey: A Critical Reader*. edited by Noel Castree and Derek Gregory. Oxford: Blackwell, 2006: 287. 中译文源自阎嘉. 戴维·哈维的地理学与空间想象的维度 [J]. 四川师范大学学报(社会科学版), 2013 (6).

义地理学"价值中立"的伪装，实现了将资本、权力、阶级、文化等与空间的生产联系起来展开对现实社会的批判。

其次，哈维立足 20 世纪中后期资本主义所谓"后福特主义"的现实，运用马克思主义理论，创造了"时空压缩"（time space compression）这一核心范畴，对资本主义发展所带来的所谓现代性和后现代性的问题展开了探讨。现代性关乎历史主义与时间性的问题，现代性问题天然地与空间性问题存在着紧密的关联。哈维认为伴随着生产技术的进步，"商品生产—商品流通—商品消费—实现利润—商品扩大再生产"这一流程运转速度加快，在很大程度上缩短了人们对时间的感受。同时，空间障碍因为高新技术的出现和生产要素的全球化流动而得以取消，因此人们对空间距离的感知会变得越来越弱。哈维认为，"最近这 20 年我们一直在经历一个时空压缩的紧张阶段，它对政治经济实践、阶级力量的平衡以及文化和社会生活已经具有了一种使人迷惑的和破坏性的影响"，这种影响包括，"强调了时尚、产品、生产技术、劳动过程、各种观念和意识形态、价值观和既定实践活动的易变性与短暂性"[1]，等等。他将"时空压缩"的内涵集中表述为：

这个词语标志着那些把空间和时间的客观品质革命化了，以至于我们被迫、有时是用相当激进的方式来改变我

---

[1] 戴维·哈维. 后现代的状况 [M]. 阎嘉, 译. 北京：商务印书馆，2003：355.

们将世界呈现给自己的方式的各种过程。我使用"压缩"这个词语是因为可以提出有力的事例证明：资本主义的历史具有在生活步伐方面加速的特征，而同时又克服了空间上的各种障碍，以至世界有时显得是内在地朝着我们崩溃了。花费在跨越空间上的时间和我们平常向我们自己表达这一事实的方式，都有利于表明我所想到的这种现象。[1]

可见，所谓"时空压缩"，一方面指花费在跨越空间上的时间的缩短，即"使时间空间化"；另一方面指空间的收缩，即所谓的"地球村"，可称之为"通过时间消灭空间"。[2] 哈维认为时间、空间以及时空关系的变化对于对现代性的理解而言具有十分重要的意义。现代性的核心正在于时空的演变，而这种演变同时也构成了现代性在全球布施的基本动力。从某种意义上说，正因为现代性的到来，时间和空间才会如此深入地介入人们的日常生活，并对人类感知世界的方式产生深远的影响。"时空压缩"范畴的提出了体现出哈维空间观念的现代性维度。

再次，哈维的空间理论还涉及文化艺术的领域，体现出"空间转向"的美学艺术之维度。在 2000 年，哈维接受《新左派评论》杂志记者的采访时说："其实我向来就爱阅读文学作品，只是从未想过把它用于我的研究中。一旦开始引用，我发现诗歌和小说能够

---

[1] 戴维·哈维. 后现代的状况 [M]. 阎嘉，译. 北京：商务印书馆，2003：300.
[2] 阎嘉. 戴维·哈维与马克思主义文学批评传统 [J]. 当代文坛，2011（6）.

使如此之多的历史观念得以阐明、重现光芒。而有了这样的转变，一切就一发不可收拾了。"① 在哈维的学术历程中，文学艺术一直是其关注的对象。自《社会正义与城市》起，哈维开始自觉地将文学艺术和审美体验与其对空间问题的思考结合起来。他在《后现代的状况》中写道："审美实践与文化实践对于变化着的对空间和时间的体验特别敏感，正因为它们必需根据人类体验的流动来建构空间的表达方式和人工制品。"② "通过参照各种物质的和社会的条件，就有可能写出在社会生活中体验空间与时间的历史地理学，并理解这两方面已经经历过的各种转变。"③ 在哈维的著述中，他对提香、马奈、契里科、康定斯基、劳申伯格、柯布西耶、蒙克、巴尔扎克、波德莱尔等艺术家的作品以及一些后现代电影等艺术作品，都从空间和时间的角度进行过具体分析，试图从艺术家所呈现的独特的空间和时间的体验中透视历史、政治、经济和文化的变迁。

在对文学艺术作品的空间解读中，哈维尤其关注文学艺术作品中的城市空间体验，而这又尤以巴黎为最。关于巴黎，这座被誉为19世纪的首都的城市，历来不乏理论家的深度解读。在西方马克思主义的脉络中，最著名的巴黎解读人莫过于本雅明。无论是他的"拱廊街计划"还是他对"波德莱尔与现代性"的天才解读，都显

---

① David Harvey. *Spaces of Capital: Towards a Critical Geography* [M]. Edinburgh: Edinburgh University Press, 2001: 13.
② 戴维·哈维. 后现代的状况 [M]. 阎嘉，译. 北京：商务印书馆，2003: 255, 409.
③ 戴维·哈维. 后现代的状况 [M]. 阎嘉，译. 北京：商务印书馆，2003: 255, 409.

示出巴黎这座城市之于现代性研究的重要性。难能可贵的是，哈维摆脱了本雅明所带来的"影响的焦虑"，从空间批评的视角切入对法国文学与巴黎之间的互动关系进行考察，在打破既有诸多成见的同时也将考察的焦点上溯至巴尔扎克。在哈维洋洋洒洒的《巴黎城记》中，我们发现作为现代性样板的巴黎有其自身的成长演变轨迹，至迟到"第二帝国"时期才成为"十九世纪的首都"。特别是经历了 1848 年和 1871 年两次大革命，巴黎发生了巨大的转变，这一转变直接源于时任塞纳区长官奥斯曼对巴黎的再造。同时，在这一时期，一种新的资本主义形式也开始在巴黎出现，这便是金融资本主义，由此催生出的一种现代形态的消费文化也开始大行其道。这种资本主义发展所带来的城市外观的改变和消费文化发展所推动的现代主义文化使这一时期的巴黎处处都充满着结构性的张力。哈维正是从对这些张力的考察和分析入手，开始其对法国文学的空间分析的。在具体的文学文本的选择上，哈维着重分析了巴尔扎克、福楼拜、波德莱尔和左拉。哈维认为，奥斯曼、马克思、福楼拜和波德莱尔全部都是在 1848 年以后才锋芒毕露的，而这些人无不受巴尔扎克的巨大影响。哈维同意马克思关于巴尔扎克的看法，即"巴尔扎克的作品整体来说已经预示了未来社会秩序的演变。巴尔扎克不可思议地'预期'到一种社会关系，而这种社会关系在 1830 与 1840 年代还处于难以觉察的'胚胎期'"。[1] 在哈维看来，巴尔扎

---

[1] 大卫·哈维. 巴黎城记：现代性之都的诞生 [M]. 黄煜文, 译. 桂林：广西师范大学出版社, 2010: 19.

克通过《人间喜剧》这类批判现实主义的文学作品成功再现了那个充满结构性张力的时代,细致、全面而深刻地描绘了资本主义这种全新的生产方式一经确立后所产生的对社会和空间巨大的冲击和改变,同时更预示着一种新的社会关系的全面确立。从这个意义上说,哈维对巴尔扎克的作用和地位都给予了极高的评价,甚至认为巴尔扎克对于马克思都具有奠基性的意义,他才是现代性的先知先觉者:

> 巴尔扎克为现代性的神话揭开面纱,让我们觉察到现代性其实是从复辟时期(Restoration)就开始发展,因此所谓1848年后的激进断裂,其背后其实有着深刻的连续性。即便是在文学生产领域,福楼拜和波德莱尔也在隐约中仰赖巴尔扎克所构筑的视野,从这点便可看出当中的连续性。马克思的政治经济学以及历史作品更是明确地表现出这种连续性。如果说革命运动利用的是既有秩序中潜在的紧张,那么巴尔扎克所描写的1830与1840年代的巴黎就表现了这种本质。①

在这里,哈维明确否认了所谓现代性就是一种断裂的观点。哈维更加强调的是历史之间的连续性,而所有这种连续性的源头都是

---

① 大卫·哈维. 巴黎城记:现代性之都的诞生 [M]. 黄煜文,译. 桂林:广西师范大学出版社,2010:19.

拜巴尔扎克所赐。在哈维看来，正是巴尔扎克构筑的天才般的恢宏的视野为马克思、福楼拜、波德莱尔等后继者奠定了必要的认识框架。或许正是基于这样的认识，哈维在对现代性、空间等问题作出马克思主义的最新回应的进程中，较多地选取了以巴尔扎克为代表的法国作家对现代性以及现代都市空间的体验来展开，从而形成了他在文学领域的空间批评风貌。如同雷蒙德·威廉斯将城市看作革命力量的"聚集"空间一样，哈维从西方无产阶级革命的历史中发现"城市"一直是反资本主义的蓬勃之地："城市化在世界人口空间组织中加速产生了生态、政治、经济和社会革命。"[①] 下面我们将以巴尔扎克和波德莱尔为代表，来细致窥探哈维对以巴黎为核心的法国文学的空间批评以及这种批评视角下他对文学作品中呈现的现代都市体验和都市空间中蕴含的资本主义批判力量的重现。

二、对巴尔扎克与法国文学中的现代性空间体验的解读

哈维认为在波德莱尔和本雅明之前，巴尔扎克就已经解开了现代性的神话。19世纪，伴随着资本主义生产关系的逐步确立，巴黎这座盛极一时的大都市开始变得愈来愈难以描绘和把握。其间如欧仁·苏等小说家就缺乏巴尔扎克式的解读和表现能力。巴尔扎克绝大部分的文学创作都是以巴黎为中心来展开的，巴黎在巴尔扎克的文学世界中具有举足轻重的地位。尽管巴尔扎克将《人间喜剧》

---

① 大卫·哈维. 希望的空间 [M]. 胡大平, 译. 南京: 南京大学出版社, 2006: 45.

分为了巴黎的、外省的、私人的、军事的、政治的以及农村的等诸多组成部分，但关于巴黎的叙述是贯穿始终的。可以说，巴黎构成了巴尔扎克小说的一条最为主要的线索，他绝大部分的文学创作都围绕这一主线展开。哈维认为巴尔扎克"创造了一股公共舆论的气候，使人能够更清楚地了解（甚至是接受，不管是在无意之间还是勉强接受）现代都市生活背后的政治经济学，而这种政治经济学则为第二帝国巴黎的系统性转变塑造出想象的前提"，其最大的成就在于"细致地解开并表述了随时随地充满于资产阶级社会子宫中的社会力量"，"去除了巴黎的神秘面纱，同时也去除了覆盖在巴黎之上的现代性神话，因此开启了新视野，这些新视野不只表现在巴黎是什么，也表现在巴黎能成为什么"。在哈维的视域中，巴尔扎克是第一个洞察到巴黎是一座现代性之都的作家，敏锐地把握到时代和城市的巨变以及这种巨变背后的本质性和规律性的东西，"通过巴尔扎克的作品，巴黎的辩证过程与现代巴黎如何构成便赤裸裸地展现出来"[1]。具体而言，哈维从如下几个方面揭示了巴尔扎克作品塑造的文学空间中蕴含的现代性体验。

首先，从城乡生存空间的变化来揭示巴尔扎克作品中传统生活体验与现代都市生活体验的反差，呈现出对现代都市体验的反思。哈维认为巴尔扎克作品中的很多角色都要从艰苦的外省进入巴黎，伴随而来的则是其生活方式的巨大改变，即从艰辛节俭的外省生活

---

[1] 大卫·哈维. 巴黎城记：现代性之都的诞生 [M]. 黄煜文，译. 桂林：广西师范大学出版社，2010：30.

方式转变为浮华奢靡的巴黎都市生活方式，《高老头》中的拉斯蒂涅、《交际花盛衰记》中的吕西安等都是如此。这种外省的生活方式在以巴黎为代表的都市生活方式面前是极为不自信的，是以一种自我否定的姿态出现的，它迫切需要融入都市生活方式之中。而且这些角色，不管是"商人（如赛查·皮罗托）、野心勃勃的年轻艺术家（如拉斯蒂涅），还是与权贵关系甚佳的女人（如巴日东夫人）。一旦打进这个圈子，他们绝不回头，即便他们最终在巴黎失败而招致毁灭（如皮罗托与吕西安）"①。这实际上展现的是资本主义这种生产关系的确立所带来的城乡分离以及城市施加给乡村的巨大压力与冲击。这也是哈维所述的时空压缩的一种体现，城市与乡村开始进入一种二元对立关系，城市第一次取得了主导性的地位。而现代性的逻辑也必须借助于城市这一舞台才能完成其穷形尽相的展演。对此，哈维进一步说："对外省出身与外省权力的热切否认，演变成巴黎生活的创始神话：巴黎是个自足的实体，完全无需仰赖它所鄙视的外省世界。"②

在哈维的解读中，巴尔扎克作品中闲散的富有乡村生活气息的外省生活方式与繁华匆忙的巴黎都市生活方式之间鲜明的反差被凸显出来。对于现代都市的日新月异、繁忙匆促、丑陋与不安，巴尔

---

① 大卫·哈维. 巴黎城记：现代性之都的诞生 [M]. 黄煜文，译. 桂林：广西师范大学出版社，2010：36.
② 大卫·哈维. 巴黎城记：现代性之都的诞生 [M]. 黄煜文，译. 桂林：广西师范大学出版社，2010：38.

扎克用了相当多的篇幅来描绘："不停地往前走并且从不休息"，它是一个"巨大而丑陋的奇迹，一个运动、机器与观念的惊人组合，一座有着一千则各式罗曼史的城市……一个永不止息的万城之后"，在"巴黎的湍流中"，"事件与人群在杂乱地跌成一团。甚至连穿越马路都令人感到威胁"，每个人都"顺着自己的路线走，审视四周，一下子往这儿跳，一下子往那儿跳，不是怕沾到泥，就是为了赶时间，或者是因为他看到其他人慌乱地沿路狂奔"。① 这显然是一种对时空压缩体验淋漓尽致的刻画，尽管巴尔扎克还未能使用一整套全新的概念，运用全新的逻辑体系全面论述现代性的逻辑，但是其对现代性的体验已经非常深刻和全面了。哈维认为，巴尔扎克对这种现代性都市的刻画与德国社会学家西美尔有着异曲同工之妙。西美尔认为，这种现代性都市具有一种独特的"麻木不仁"的面相。"感情抵抗不了往事件奔去的漩涡急流；事件的奔流与逆流而上的努力，减低了热情的强度。爱被转化为欲念，而恨则被转化成一时的奇想……在客厅以及在街道上，没有人是多余的，没有人是绝对不可或缺的或绝对有害的……在巴黎，每件事都可以被容忍：政府、断头台、教会、霍乱。你总能在巴黎社会中受到欢迎，然而如果你不在那儿，也不会有人想念你。"② 在哈维的批评中，巴尔扎克

---

① 大卫·哈维. 巴黎城记：现代性之都的诞生 [M]. 黄煜文，译. 桂林：广西师范大学出版社，2010：38.
② 大卫·哈维. 巴黎城记：现代性之都的诞生 [M]. 黄煜文，译. 桂林：广西师范大学出版社，2010：38.

通过城乡空间变化所展现的生活方式的深刻变革，准确把握住了现代性都市表面的喧哗与骚动，这为马克思通过商品拜物教的分析进一步揭示其背后的根本逻辑与规律提供了文学体验的基础。

其次，哈维通过对巴尔扎克笔下巴黎这一空间的独特性描绘，呈现了作家对资本主义再造现代都市空间的文学化描绘与体验。巴黎有不同的区，而区与区之间是有严格的区隔的，这种区隔实际上也对应着阶级的区隔。巴尔扎克写到，巴黎将"它的头放在阁楼上，居住的是科学家与天才；二楼住的是装得满满的胃；一楼则是店铺，是腿与脚，因为忙碌的商人一直在此匆忙地进进出出"[1]。这样一种现代都市空间的再造实际上与道德秩序、社会关系是密切相关的，甚至说，通过这样一种空间再造，道德秩序与社会关系便深深地嵌入了都市空间之中。哈维对巴尔扎克的文学化现代体验理论性地升华道：

> 空间模式不仅反映出道德秩序的再生产，而且也是道德秩序再生产的发动时刻……在历史的每个时期，上层阶级与贵族的巴黎都有着自己的中心，正如同无产阶级的巴黎总是有着自己的特定空间一样。[2]

---

[1] 大卫·哈维. 巴黎城记：现代性之都的诞生［M］. 黄煜文，译. 桂林：广西师范大学出版社，2010：46.
[2] 大卫·哈维. 巴黎城记：现代性之都的诞生［M］. 黄煜文，译. 桂林：广西师范大学出版社，2010：46—47.

由此可见，资本主义生产关系的确立带来了对都市空间的再造，而这种再造不仅体现了资本主义的生产关系和现代性的逻辑，而且也将道德秩序、社会关系、阶级分化等全部糅进一种全新的空间模式之中。哈维对巴尔扎克的空间批评，深刻地展现了现代都市空间所蕴含的道德、社会和阶级元素，从而从空间平台出发延续了马克思主义文学批评对资本主义的批判传统。

最后，哈维细致分析了巴尔扎克作品所描绘的内部空间与外部空间之间的张力关系。外部空间是一种全新的现代空间模式，是由城市、街道、公园、拱廊街等构成的一种外在的物理与物质空间。而内在空间则包括人们的精神空间、情感空间以及审美空间等。这种全新的外在空间甫一出现，便给主体带来巨大的冲击，类似于本雅明所述的"震惊"效果。通过这一冲击，主体内在空间被完全颠覆，然后按照外部空间的法则与逻辑进行重构。哈维认为，"巴尔扎克对资产阶级的批评，其实最核心的部分在于他认为资产阶级无法有亲密关系以及内在情感，因为资产阶级将所有事物都转化成冷酷的计算以及利己主义，他们只在意货币的价值、虚幻的资本以及追逐利润"[①]。巴尔扎克作品中这些人物角色包括《贝姨》中的克雷维尔、《朗热公爵夫人》中的公爵夫人等。恰恰就是资本主义生产关系所带来的外部空间的改变，全面破坏了人的内在空间，才等到这类人物的出现。由此，人的情感空间、审美空间等都受到了巨大

---

① 大卫·哈维. 巴黎城记：现代性之都的诞生［M］. 黄煜文，译. 桂林：广西师范大学出版社，2010：52.

的冲击和改变。

在哈维的批评视域中，巴尔扎克既是一位幻象型作家同时也是一名现实主义作家。"他仔细观察周遭环境的细节以及巴黎的内在有形特质如何影响社会关系，以此来了解社会关系表现的方式"，"显示以货币计算、资本虚构形式的虚假（如信贷与利息，这两者驱动了社会关系和都市过程）、不断在他人的欲望上投机（造成毁灭性的后果）为基础的价值是完全空洞的"，"资产阶级用他们的思想来包裹世界，铸造世界，塑造世界，穿透世界，掌握世界——或自以为自己能掌握世界；然而当他们突然独自醒来，发现自己处于幽暗光影深处"。[①] 哈维的空间批评从另一个角度展现了巴尔扎克的风貌：巴尔扎克通过对资产阶级内在的深层价值的揭示，破除了资本主义现代性的神话，他虽然并未像马克思那样发现了资本主义最隐微的根本运行逻辑，却通过文学化的再现，对这一逻辑的外在表现形态进行了尽可能丰富和深刻的还原。因此，哈维对巴尔扎克的空间批评不仅从一个崭新的视角为我们揭示了巴尔扎克这一伟大作家的价值，而且显示了马克思主义文学批评通过空间视野来施展批判力量的独特魅力。

三、对波德莱尔与现代都市景观的解读

关于波德莱尔与巴黎的关系，最经典的论述莫过于本雅明的

[①] 大卫·哈维. 巴黎城记：现代性之都的诞生［M］. 黄煜文，译. 桂林：广西师范大学出版社，2010：67.

《发达资本主义时代的抒情诗人》。在这部著作中，本雅明写道："寓言是波德莱尔的天才，忧郁是他天才的营养源泉。在波德莱尔那里，巴黎第一次成为抒情诗的题材，他的诗不是地方民谣，这位寓言诗人以异化了的人的目光凝视着巴黎城。这是游手好闲者的凝视。他的生活方式依然给大城市人们与日俱增的贫穷洒上一抹抚慰的光彩。游手好闲者依然站在大城市的边缘，犹如站在资产阶级队伍的边缘一样。但是两者都还没有压倒他。他在两者中间都不感到自在。他在人群中寻找自己的避难所。"① 然而，在本雅明的描述中，作为"游手好闲者"的诗人所寻求"避难"的"人群"只不过是诗人想象的面纱，破除这层面纱，其后游荡的依然是幽灵般的城市。他写道："人群是一层帷幕，从这层帷幕的后面，熟悉的城市如同幽灵般向游手好闲者招手。在梦幻中，城市时而变成风景，时而变成房屋。二者都走进百货商店的建筑物中。百货商店也利用游手好闲者们销售其货。百货商店是对游手好闲者最后的打击。"② 本雅明用同样诗意化的语言破除了波德莱尔诗意化但的确是"异化"的对城市的"凝视"，揭示了城市空间并非诗人所想象的"风景"，而更多的是资本主义的商业气息。可见，本雅明对巴黎空间的诗意化解读已经不是一种浪漫想象，而是具有了马克思主义的深刻分析

---

① 本雅明. 发达资本主义时代的抒情诗人 [M]. 张旭东，魏文生，译. 北京：生活·读书·新知三联书店，1989：189.
② 本雅明. 发达资本主义时代的抒情诗人 [M]. 张旭东，魏文生，译. 北京：生活·读书·新知三联书店，1989：189.

与批判。但是，城市空间的诗意化想象面纱之后的幽灵气息的根源究竟何在呢？哈维对本雅明研究波德莱尔的再研究开始回归经典马克思主义，试图揭示城市空间最深层的秘密。

哈维对波德莱尔的重述是从对巴黎景观的深描开始的。哈维指出，法兰西第二帝国的权力逐渐让位于资本与商业这两个驱动城市极速变化的引擎。伴随着商业与资本的推动，整个巴黎的面貌发生了巨大的变化。从物理空间来说，首先是交通运输状况的极大改善。新铺设的碎石路面保证了运货马车和其他公共交通运输工具的大规模使用。与此相应的就是新的交通要道成为一种新的城市景观。在此基础上，出现了一系列新的都市景观：咖啡馆、百货公司、有娱乐节目的餐馆、马戏团、音乐厅、戏剧院以及全民歌剧院等。这些新的城市景观和设施的出现促进了大众娱乐的兴起。一些城市公园，如布洛涅森林和蒙索公园，以及一些广场，如神庙广场，开始逐渐转变为民众社交和休闲的地方。这种转变带来的是私人财富的大量展示，群众的社交活动开始由过去的私密场所逐渐转移到大街上来，并从此接受商业法则和国家机器的监督与控制。

在这些新的都市景观中，哈维特别提到了百货公司，正是在这些百货公司中，商品本身才正式作为一种景观而出现，并日益显示其魔力。哈维写道：

> 这些高周转率的百货公司需要来自巴黎各区的大量顾客，而新大道则促进了人潮的流动。商店橱窗成为引人驻

足凝望的诱惑物。百货公司内堆置得高耸入云的商品本身便是一种景观。百货公司大门正对着街道，鼓励大众进到百货公司，即使光看不买也照样欢迎。大批接待员与推销员（特具魅力的年轻男性和女性）在百货公司内巡行的同时，也试着迎合消费者的欲望。这里面所牵涉的是露骨的性欲。不管此时的女性是担任买家还是卖家，其地位都远较过去来得吃重。①

在这里，哈维与本雅明一样，都注意到了百货公司这一新兴的都市景观带给大众的视觉冲击，以及百货公司如何成为大众的欲望对象。百货公司等对人的欲望的召唤与重构实际上已经开启了后世诸如情境主义者对都市景观的分析维度。与百货公司相应的就是都市大道。在七月王朝时期，巴黎的大道就是作为重要的公共展示中心而出现的。到了第二帝国时期，大道的功能被进一步强化。都市大道融合了剧院、咖啡馆与其他娱乐场所，"使得大道沿线开展出许多展示资产阶级富裕、铺张浪费与女性时尚的空间。简言之，大道成了商品拜物教统治的公共空间"②。

在哈维对波德莱尔的重述中，百货公司、大道、铁路等新的都

---

① 大卫·哈维. 巴黎城记：现代性之都的诞生 [M]. 黄煜文，译. 桂林：广西师范大学出版社，2010：223—227.
② 大卫·哈维. 巴黎城记：现代性之都的诞生 [M]. 黄煜文，译. 桂林：广西师范大学出版社，2010：227.

市景观的出现，极大地改变了都市生活方式，这一方面给予波德莱尔以切肤的现代性体验，另一方面也促使波德莱尔开始反思这种都市景观对民众内在心境的影响。他认为"在某种近乎超自然的内心状态中"，"生命的深处几乎完全显露在我们眼前的景观中，不管有多平常，而景观也成了内在心境的象征"。① 哈维注意到波德莱尔的《穷人的眼睛》所显示的现代都市景观之于单个主体的巨大冲击力以及由此生发的现代性体验。哈维评述道："波德莱尔的散文诗显示了所有权、美学与社会关系上的模棱两可，以及在公共空间控制上的争论点。"② 哈维认为这种新的都市景观所营造出来的空间具有阶级性。比如咖啡馆，它既可以是完全的私人空间，也可能是公共空间。但是要进入这一空间，必须经过商业与消费主义的淘选，也就是说只有具有消费能力与消费意愿的人才可以进入这类空间。对于社会底层的贫困阶级而言，咖啡馆就是一个排他性的空间。因此，现代都市景观绝非一种纯粹的景象，而是作家对世界的一种叙述，在这种叙述中蕴含的是不同而顽固的社会实践力量的交织与冲突。比如，广大的工人阶级注定需要依靠微薄的工资维持生活，而男性工人一般都热衷于到小食店吃吃喝喝，当然也会到咖啡馆、舞厅、有娱乐节目的餐厅以及各类低档酒馆找乐子。而这种工人阶级

---

① 大卫·哈维. 巴黎城记：现代性之都的诞生 [M]. 黄煜文，译. 桂林：广西师范大学出版社，2010：228.
② 大卫·哈维. 巴黎城记：现代性之都的诞生 [M]. 黄煜文，译. 桂林：广西师范大学出版社，2010：232.

长期占据的咖啡馆就会逐渐变成巴尔扎克所描述的"人民议会"。正是这种咖啡馆数量的急剧增长,保证了其在政治生活中日益增长的重要性。"咖啡馆也许对许多工人的生活来说是最稳定而可接近的空间",但因为妇女、家庭等都未曾被排除在咖啡馆之外,所以,咖啡馆在工人阶级的生活中实际上扮演了"制度、政治与社会的角色",哈维总结道:

> 简言之,工人阶级的连带关系是借由咖啡馆或酒馆为中心而以邻里为基础而建立起来的。同样,对工人阶级妇女来说,1850 年代后激增的洗衣店也成了社会互动、亲密与连带关系、传递八卦及偶然冲突的中心。①

哈维的空间解读,凸显出现代都市景观所营造出的各类空间本身就是各种权力、各层阶级所争逐的场所。总的来说,哈维在处理波德莱尔与巴黎的关系时,显见地借助了本雅明的论述,但是哈维更加看重的是作为 19 世纪首都的巴黎其本身具体的都市景观以及这种现代都市景观对于主体的巨大冲击。在对这些景观的细致入微的分析中,哈维征用了其一直非常擅长的社会历史分析方法。这样就使得其对波德莱尔的论述显得更为公允、客观、中肯、深刻,并深入对城市景观空间最底层的生产方式的分析与批判。

---

① 大卫·哈维. 巴黎城记:现代性之都的诞生 [M]. 黄煜文,译. 桂林:广西师范大学出版社,2010:233.

总而言之，哈维通过对 19 世纪法国文学中巴尔扎克、波德莱尔、福楼拜以及左拉作品的深度细读，同时运用社会学和历史研究的方法，以空间批评为基本视角，以马克思主义政治经济学分析模式为主要研究范式，揭开了 19 世纪法国文学与现代性、资本主义生产方式之间的复杂关联。特别是对巴尔扎克，哈维给予了极高的评价，认为他直接奠定了马克思、福楼拜、波德莱尔等后继者对资本主义生产关系进行政治经济学分析或文学再现的基础。正是通过对资本主义生产方式所带来的对全球时空的再造及其在文学世界中的呈现方式的分析，哈维的空间批评不仅在"空间转向"潮流中成为极具魅力的一朵浪花，而且在马克思主义文学批评的历史星河中成为灿烂夺目的一颗新星。哈维的批评实践开辟出了一条全新的通过文学研究来探讨空间问题的新路径，开拓了一种通过空间批评来展开文学与文化研究的新视野，搭建了马克思主义理论与文学批评立足现实、立足批判的新平台。这种新路径、新视野、新平台标志着西方马克思主义学者试图在新的社会语境中，重新激活经典马克思主义的理论生命力的有力尝试。这种尝试不仅回应了西方社会的现实转型，回应了西方"空间转向"的学术潮流，而且呼应着经典马克思主义传统，展示了经典马克思主义对关注西方现实的"空间转向"潮流的深刻推动。这种推动一方面从深刻的内在理路上继承了马克思主义传统的批判立场和现实品格，另一方面为我们从民族现实出发创新马克思主义以及马克思主义文学批评提供了典范。

第三节　杰姆逊及其空间批评

在整个西方马克思主义的理论脉络中，杰姆逊的空间批评是一个很难化约的存在。一方面，他坚持在现代主义与后现代主义之间做出一个清晰的划分，即现代主义是关于时间的，而后现代主义是关于空间的。[①] 另一方面，杰姆逊又将现实主义、现代主义和后现代主义分别对应于古典资本主义、垄断资本主义和晚期资本主义的生产方式。与现实主义不同，现代主义和后现代主义并不存在一个可供客观再现的物质对象。"作家之所以写这两样东西正是因为它们不存在，是一个问题而不是客观对象，必须用新的手法和技巧来表现后现代主义的全球性空间意识，后现代主义中的空间正是其神秘之处，但这种空间现实又正好是看不见摸不着的。"[②] 显然这与此前我们所讨论的空间批评有很大的差异。一方面，杰姆逊的空间批评与其对后现代主义的理论概括是裹缠在一起的，很难将二者完全剥离开来；另一方面，杰姆逊对后现代主义的诸多分析都采用了文学批评的方式。因此，要讨论杰姆逊的空间批评问题，必须回到其对后现代主义的理论解剖和文学批评实践中来。

---

① 杰姆逊. 后现代主义与文化理论 [M]. 唐小兵，译. 北京：北京大学出版社，1997：219.
② 杰姆逊. 后现代主义与文化理论 [M]. 唐小兵，译. 北京：北京大学出版社，1997：219.

一、"认知测绘"与总体性

"认知测绘"（Cognitive Mapping）是凯文·林奇（Kevin Lynch）在其著作《城市的印象》[①] 一书中所使用的概念。林奇使用这一概念是为了说明后现代社会中出现的空间迷失问题。具体而言，即主体在后现代社会中丧失了测绘城市空间的能力。杰姆逊从此概念出发，认为林奇所描述的空间迷失问题只是更大的一个问题的一种表征。换句话说，在空间迷失的背后潜藏着一个更大的尚未被发现的问题，这个问题便是晚期资本主义。杰姆逊认为，资本主义的发展过程大致可以分为三个历史阶段，即古典资本主义阶段、垄断资本主义阶段和晚期资本主义阶段。而每一个阶段都各自生产出一个与之相对应的空间。这些空间的产生一方面是资本全球扩张的结果，另一方面也是帝国主义国家全球殖民的后果。杰姆逊将资本视为一种总体性的力量，在古典资本主义阶段，正如马克思的经典分析，资本按照自己的逻辑"把一些旧的神圣和异质的空间重新组织成几何的笛卡尔式的同质性空间，一个无限对等和延伸的空间"[②]。杰姆逊区分了两种空间，即马克思将之置于泰勒制和劳动过程之中的空间，和福柯的权力化空间，并认为马克思所分析的这一空间更为重要，更接近于古典资本主义的生产逻辑，即"对世界的

[①] 凯文·林奇. 城市的印象 [M]. 项秉仁，译. 北京：中国建筑工业出版社，1990.
[②] 詹姆逊. 詹姆逊文集（第一卷）：新马克思主义 [M]. 王逢振，编. 北京：中国人民大学出版社，2004：295.

非神圣化，对旧的神圣或超验形式的解码和世俗化，交换价值对使用价值的逐渐殖民化"，以及"对主体和客体的标准化，对欲望的非自然化，以及欲望最终被商品化的取代"等。[①] 在这一阶段，空间的生产并未摆脱主客体二元对立的模式。主体保有对客体的理性认知，并能实现对空间的全盘把握。这一点反映在文艺创作中，便是现实主义当道，作者无论是立足于表现（浪漫主义），还是立足于再现（现实主义），都能完整地把握市场资本的发展所带来的巨大改变。

在资本主义发展的第二阶段，也就是列宁所说的帝国主义阶段，市场资本开始向垄断资本过渡。这一阶段，垄断资本的发展开始逐步突破主体既有的感知方式，传统文艺"模仿论"的表征模式也受到挑战。表现在空间批评中，便是个体经验与空间发展相分离，二者逐渐走向对立。个体无法准确探知空间演变的内在逻辑，也无法对空间的巨变做出及时的应对。这便是杰姆逊所形容的——"在这种环境中，个体经验如果是可靠的，就不可能是真实的；如果同一内容的科学或认知模式是真实的，那它就是个体经验所无法捕捉的"[②]。在杰姆逊看来，现代主义的产生正是克服这一危机的结果。以传统"模仿论"为核心的表征模式的破产，使得主体失去了

[①] 詹姆逊. 詹姆逊文集（第一卷）：新马克思主义［M］. 王逢振，编. 北京：中国人民大学出版社，2004：296.
[②] 詹姆逊. 詹姆逊文集（第一卷）：新马克思主义［M］. 王逢振，编. 北京：中国人民大学出版社，2004：297.

图绘空间的能力，只能转而求助于外部空间在自我内心的投射。而这一投射又是以表征对象缺场的方式存在的。因此，杰姆逊认为，如果说空间化是理解后现代主义的一把钥匙的话，那么理解现代主义的关键词便是时间化。[1] 这种表征的危机促使作者将注视的焦点从外向内转移，注重开掘人物内心世界的丰富性和复杂性。杰姆逊认为现代主义这种对心理的深度挖掘是一种新的历史经验的产物，是一个表征时代巨大转换的历史事件。伴随垄断资本而出现的帝国主义世界体系的建立深刻影响到了主体对空间的感知状况。特别是对大城市中的人们来说，"社会现实看不见了，从存在主义的立场看，社会现实已经消失了，因为它无处不在，它充塞了空间和各种力量的网，因此，在个人的经验中已经感觉不到它的存在"[2]。这也就是林奇所描述的空间迷失问题的内在逻辑。

在资本主义发展的第三个阶段，也就是杰姆逊借用的曼德尔的表述——晚期资本主义阶段，资本主义的高速发展大大突破了传统城市和民族-国家的界限。与此相应的是新技术的不断涌现，特别是电脑和信息处理技术的进步造成了客观性的外部空间和主观性的内在空间的巨大改变。与这一生产方式相对应的便是后现代主义。杰姆逊认为，后现代主义的第一个特点便是一种新的平淡感。关于

---

[1] 詹明信. 晚期资本主义的文化逻辑 [M]. 张旭东, 编. 陈清侨等, 译. 北京：生活・读书・新知三联书店, 1997：293.
[2] 詹明信. 晚期资本主义的文化逻辑 [M]. 张旭东, 编. 陈清侨等, 译. 北京：生活・读书・新知三联书店, 1997：297.

这一点，杰姆逊是将之置于空间的视域来考察的。在他看来，主体在后现代绘画以及建筑的外观中都能感觉到这种平淡感。"后现代主义要求绘画或者艺术品本身消融在它周围的空间中，我们最终只能以一种新的时间性来描述这种体验，目的是通过这种新的空间现象来把握画家的原意。"[①] 这种将时间性体验空间化的努力最终导致的便是对现代主义传统中的深度模式的消解。这一深度模式主要包括如下四个方面：一是有关本质和现象二元对立的辩证思维模式，二是弗洛伊德的心理分析模式，三是存在主义的模式，四是索绪尔的符号学模式。[②] 杰姆逊认定后现代主义从总体上看就是空间化的。同时，由于晚期资本主义阶段的全球资本本身具有强大的去中心化的能力，因此，资本的全球扩张所带来的也必然是全球性的空间重组。这一空间重组的过程即民族－国家界限被不断打破、城市空间不断被碎片化的进程。伴随这一进程的还有"主体之死"，即主体在全球资本主导的新空间中的彻底迷失和"认知测绘"能力的全部丧失。为进一步说明这一问题，杰姆逊列举了马文·苏尔金（Marvin Surkin）和丹·乔伽基斯（Dan Georgakis）合著的《底特律：我的确在意死亡，城市革命研究》（*Detroit: I Do Mind Dying, A Study in Urban Revolution*）。在该书中，作者围绕20世纪60年代底

---

① 詹明信. 晚期资本主义的文化逻辑 [M]. 张旭东，编. 陈清侨等，译. 北京：生活·读书·新知三联书店，1997：288.
② 詹明信. 晚期资本主义的文化逻辑 [M]. 张旭东，编. 陈清侨等，译. 北京：生活·读书·新知三联书店，1997：290.

特律"黑人革命工人协会"的兴衰这一线索，着力讨论了空间与政治的关系问题。不过杰姆逊并没有因循作者的写作思路，而是从社会主义革命运动的脉络出发，从空间批评的视角对这一问题进行了理论反思。杰姆逊尖锐地指出："如果你不能在一个国家内实现社会主义，那么，在今天美国的一座城市里实现社会主义的前景又具有多大的讽刺意义呢？"[1] 显然杰姆逊对社会主义革命运动采取的是一种总体性的视角，暗含着对列斐伏尔以及法国情境主义国际关于空间革命的理论反思。因为此二者所倡导的城市空间革命极易被资本询唤和改造为一种新的不复有革命可能性的空间，并最终可能出现杰姆逊所描述的现状，即"实际发生的是，该协会乘坐喷气式飞机从事宣传的战斗员们都成了媒体明星；他们不仅仅疏远了当地选民，而且，更糟的是，没有人呆（待）在家里料理当地事务"[2]。挑战全球资本秩序的城市空间革命最终被资本的力量所驯化，进而成为另外一道独具特色的城市景观。如果套用索绪尔关于能指与所指的划分，即出现了景观（能指），但景观所指涉的对象（所指）消失了。这也是居伊·德波在《景观社会》和鲍德里亚在《符号政治经济学批判》中所诠释的主题。因此，杰姆逊是以一种批判性的态度对待后现代主义的空间化问题的，因为后现代空间极大地削弱了

---

[1] 詹姆逊. 詹姆逊文集（第一卷）：新马克思主义 [M]. 王逢振，编. 北京：中国人民大学出版社，2004：300.
[2] 詹姆逊. 詹姆逊文集（第一卷）：新马克思主义 [M]. 王逢振，编. 北京：中国人民大学出版社，2004：301.

主体的革命行动能力。以前文所述的居伊·德波提出的景观社会为表征，后现代空间完全超出了主体的"认知测绘"能力，使其迷失在后现代空间中，从而无法感知周边的世界。

因此，面对晚期资本主义所带来的空间迷失的问题，杰姆逊寄希望于一种新的空间政治的发生。这一全新的空间政治能使主体完成自我在后现代空间中的"认知测绘"。这实际上是杰姆逊将林奇的分析方式运用到了更为广阔的全球空间中。"我对该书的利用是象征性的，因为林奇探讨的城市空间的精神地图可以外推到以各种篡改了的形式存留在我们大家头脑里的关于社会和全球总体性的精神地图。"[①] 林奇关于"认知测绘"的论述是以对洛杉矶、波士顿以及新泽西等后现代都市的空间考察开始的。具体而言，林奇以访谈的形式让这些城市的居民回忆他们所居住城市的环境，并最终得出结论——城市所带来的对主体的异化越深，主体越不可能完成对城市空间的"认知测绘"。关于主体在后现代都市空间中的迷失，杰姆逊曾以洛杉矶为例做出非常精细的描述：

大家只要到洛杉矶市中心百老汇街和第四街的交界处，沿着那大型墨西哥市集往上坡走，一直走到曾经名噪一时的灯塔山区；在沿途的路上你会有意想不到的发现：眨眼之间，一座偌大的银行大厦便飘然浮现在你面前，它

[①] 詹姆逊. 詹姆逊文集（第一卷）：新马克思主义[M]. 王逢振, 编. 北京：中国人民大学出版社，2004：302.

的外墙耸然屹立，而墙的表层看起来几乎可说是不需依靠内容和体积来支持的。建筑所应有的内涵和外貌（长方形的，不规则四边形的）都的确难以用肉眼辨认出来。也就是说，这一面庞大的玻璃窗户，确实欠缺了一般建筑所有的立体感，可是它却提供了另一种抵制地心吸力的"二度面向"空间（two-dimensionality），把我们脚下的斜坡暂时移置到一部幻象放映机里去，让我们可以从中看到各种形状的映象，在我们四周的贴板式空间里此起彼落地浮现，这样的一座大楼，无论从哪个方向来看，视觉的效果都相同。它的存在，好比寇比力克（Kubrick）在其科幻电影《2001年》里所设计的那块巨石那样，以宿命的启示屹立眼前，使我们仿如置身一堵谜一般的命运之墙面前，任生命的幻变无常在跟前自由舒展，在当下这个多国文化共同支配着生活的大都会里，旧有的城市结构早被强暴地取缔了。问题是，奇异而新鲜的建筑外貌，以夸张傲慢的姿态，把我们对昔日城市生活的感觉系统全盘打散，把旧有的规律和指标彻底破坏以后，却提供怎样的出路？旧有的过去了，将能取而代之的却依然悬而未决。[1]

尽管杰姆逊列举洛杉矶的例子是为了说明后现代主义的无深度

---

[1] 詹明信. 晚期资本主义的文化逻辑 [M]. 张旭东, 编. 陈清侨等, 译. 北京：生活·读书·新知三联书店, 1997：446.

感，这个例子本身却成为"认知测绘"的经典叙述。在如上所述的后现代都市的空间中，主体难以用肉眼辨识后现代主义风格的建筑，建筑的各个侧面呈现出相似的视觉效果，给主体带来认知的困难。这一现象最终导致的必然是主体通过过往城市生活所建构起的感觉系统被彻底打破，但一种新的认知体系又付之阙如，因此空间迷失必然生成。

基于这样的空间迷失，林奇的解决方案是将"此时此地的直接感知"与"把城市作为一个缺场的总体性的想像感知的辩证法"结合起来。① 也就是将"认知测绘"诉诸一个总体性的视野。对此，杰姆逊给予了高度评价，认为这是可以与阿尔都塞的"意识形态"理论相提并论的一个理论思路，即"对主体与其真实生存关系的想像再现"。② 在杰姆逊看来，虽然这一思路仍未脱离现象学思考模式的桎梏，但已经强调了"个别主体的局部位置与他或她所处的总体阶级结构之间的距离"，正是这一距离使得"认知测绘"成为可能。杰姆逊的贡献在于，他将林奇的分析路径扩展到了整个社会结构领域，即从"我们所处的历史时刻，外推到全球规模的（或可说是跨国的）总体阶级关系上来"。③ 这样杰姆逊不仅大大扩展了林奇的问

---

① 詹姆逊. 詹姆逊文集（第一卷）：新马克思主义 [M]. 王逢振，编. 北京：中国人民大学出版社，2004：302.
② 詹姆逊. 詹姆逊文集（第一卷）：新马克思主义 [M]. 王逢振，编. 北京：中国人民大学出版社，2004：302.
③ 詹姆逊. 詹姆逊文集（第一卷）：新马克思主义 [M]. 王逢振，编. 北京：中国人民大学出版社，2004：302.

题意识，更重要的是赋予了"认知测绘"一种更具可能性的激进政治的图景。

为更清晰地厘清这一问题，杰姆逊简要回顾了后马克思主义对经典马克思主义的背离。首先，后马克思主义否认阶级依然存在，仅将其视为一种文化或社会分层；其次，后马克思主义否认马克思主义的生产理论；最后，后马克思主义极力排斥再现和总体化思想，认为这一思想充满了极权主义色彩。杰姆逊对如上观点进行了逐一批驳，特别对总体化思想给予了正名处理，并从总体性角度对空间进行了全新解读。我们知道，总体性是经典马克思主义对待空间问题的基本视角。经典马克思主义以对资本主义生产方式的分析入手，揭示资本积累和资本扩张对于空间开拓和重构的支配性地位，在资本主义生产方式与空间建构之间建立了一种牢不可破的逻辑关联。

杰姆逊继承了经典马克思主义这一视角和分析方式。面对后现代主义的多元化和异质性空间，杰姆逊坚持以一种总体性视角对之进行重新解读。首先，杰姆逊区分了两种意义上的总体性，其一是经典马克思主义的总体性，其二是后现代主义所激烈批判的总体性。杰姆逊认为经典马克思主义所倡导的总体性正如卢卡奇所言，"总体的范畴决不是把它的各个环节归结为无差别的统一性、同一性"[1]，马克思主义所倡导的总体性是一种容纳了差异性和多元性的

---

[1] 卢卡奇. 历史与阶级意识 [M]. 杜章智等, 译. 北京：商务印书馆, 1992：61.

总体性。这一总体性视角下的后现代空间不再是后现代主义所主张的那种纷乱无序的空间，而是一个有机统一的空间。这种有机统一性源于晚期资本主义的急剧扩张，在以全球化为其外在表征的这种扩张和全球资本增殖的进程中，"迄今自治的民族市场和生产地带向单一地区的迅速同化，民族性生活必需品（如食品）的消失，和地球上所有国家不得不统一而成为我在前面提到的那种新的全球劳动分工。在此，开始激发我们的全球化思考的是在规模上新的无与伦比的一幅标准化图画，一幅被迫进入世界体系的统一的图画"①。其次，杰姆逊又从辩证法的角度发现了这种同一性与差异性之间的对立与统一。杰姆逊认为差异性的对立面是全球资本，在全球化无孔不入的当下，民族－国家被召唤为一个新的角色，担负对抗全球资本的任务。而且似乎"只有通过这样一种可能性才能抵制世界市场，抵制跨国资本主义以及所谓第一世界的大资本借贷权力中心的侵蚀"。同时，在这个过程中，也"必须抵制后现代大众文化的扩散，这就与提倡多元性和差异性的人构成了矛盾，后者只有激活真正的多元和差异的草根文化才能首先抵制民族－国家本身，然后抵制在民族－国家之外的外部世界"②。回到空间批评的视野，这便会带来另外一个问题，那就是全球资本通过其扩张进程建构出了一个

---

① 詹姆逊. 詹姆逊文集（第四卷）：现代性、后现代性和全球化 [M]. 王逢振，编. 北京：中国人民大学出版社，2004：389.
② 詹姆逊. 詹姆逊文集（第四卷）：现代性、后现代性和全球化 [M]. 王逢振，编. 北京：中国人民大学出版社，2004：408.

同一性的空间，但这一空间并非封闭的，相反，它的开放性让其内部同时又生长出抵制全球资本的力量。正如杰姆逊对黑格尔的援引和发挥，"你以同一性开始，他说，结果只能发现同一性总是依据与其他事物的差异性来界定的；于是你转向差异，结果发现任何关于差异的思想都涉及关于这一特殊范畴的'同一性'的思想。当你开始观察同一性变成差异性，差异性又回过头来变成同一性时，你把二者解作不可分割的对立，你学到的是必须总把二者放在一起来思考。但此后，你发现它们并未构成对立，而在某种另外的意义上，它们是相互同一的。在这一点上，你接近了同一与非同一的同一性。"① 也正因为此，杰姆逊赋予了"认知测绘"一种新的激进政治的意义和乌托邦色彩。"我们认为，拒斥总体性概念的任何人在这个问题上都似乎不可能有什么有用的话可说，因为对这些人来说，总体化的社会主义幻想显然无法估计，在任意和无法确定的微观世界里是一个虚假问题。抑或有另一种可能性，即，我们对总体性概念的不满本身并不是一个自圆其说的思想，而是一个重要征候，思考一个复杂社会中这些相互关系的愈加增多的困难的一个功能。"②

因此，"认知测绘"不只是一个后现代的空间问题，在其背后

---

① 詹姆逊. 詹姆逊文集（第四卷）：现代性、后现代性和全球化 [M]. 王逢振，编. 北京：中国人民大学出版社，2004：409.
② 詹姆逊. 詹姆逊文集（第一卷）：新马克思主义 [M]. 王逢振，编. 北京：中国人民大学出版社，2004：305—306.

隐藏着一个更为根本的逻辑，那便是晚期资本主义的生产方式和全球资本的扩张。基于这一现状，杰姆逊自觉重回经典马克思主义关于总体性论述的立场，将之作为对"认知测绘"进行更深入研究和更大范围拓展的最根本的思考模式。同时，杰姆逊也将"认知测绘"扩展到对整个资本主义生产方式的分析和对其阶段进行划分的应用上来，并将之作为一种新的激进政治的实践方式来对待。在杰姆逊这里，"认知测绘"不仅是一种后现代的美学表征问题，还是一种激进的社会主义文化政治实践——"完成的认知测绘将是一个形式问题，我希望我已经表明了它将是社会主义政治的一个必要组成部分，尽管它自身的可能性完全可能会依赖于以前的政治开放，这样，它就将肩负着越来越重的文化任务"①。

二、空间批评视野中的"第三世界文学"

较之于雷蒙德·威廉斯和戴维·哈维，杰姆逊的空间批评呈现出较为独特的面貌。前两者或关注资本主义生产方式确立以后文学世界中的"城市与乡村"问题，或关注文学世界中的城市景观变化及其对主体认知系统的重构，或关注资本的全球扩张对主体内在空间的开拓，总体来看与通常所说的"空间批评"的内在逻辑、主要结构框架和基本问题域是非常吻合的。但杰姆逊的空间批评则较难归纳和把握。首先，杰姆逊断言后现代主义从本质上说就是空间化

---

① 詹姆逊. 詹姆逊文集（第一卷）：新马克思主义 [M]. 王逢振，编. 北京：中国人民大学出版社，2004：307.

的，但是他并未对此论题给予充分论证。我们只能从其对后现代主义的诸多论述中去寻找这一论题的蛛丝马迹，并予以系统化。其次，杰姆逊继承了经典马克思主义和卢卡奇的总体性理论，并以此为依据和基本理论武器，对林奇提出的"认知测绘"予以拓展和深化，使之成为描绘后现代空间最重要的理论范畴之一。但是，究竟如何"测绘"后现代空间，杰姆逊并未画出清晰的路线图，只是不断在强调这一论述的重要性。最后，杰姆逊提出了跨国资本主义时代中的第三世界文学文本总是以一种民族寓言的方式来投射一种政治。[1] 如果将之置于此前所论述的空间批评和"认知测绘"的视野，那么便是杰姆逊试图通过对第三世界文学的分析来完成对第三世界国家和资本主义全球化运动所带来的全球地理景观改变的"认知测绘"。

首先，杰姆逊认为资本主义这种生产方式在全球范围内扩张的同时会遭遇两种力量的抵抗。这两种力量以两种不同的社会和文化形式表现出来，一是所谓的原始社会或部落社会，二是马克思分析过的亚细亚生产方式，也就是杰姆逊所说的"庞大的官僚帝国制度"[2]。杰姆逊所有关于跨国资本主义时代第三世界文学的分析都是建立在此基础之上的。具体而言，杰姆逊认为非洲的社会和文化是

---

[1] 詹明信. 晚期资本主义的文化逻辑 [M]. 张旭东，编. 陈清侨等，译. 北京：生活·读书·新知三联书店，1997：523.
[2] 詹明信. 晚期资本主义的文化逻辑 [M]. 张旭东，编. 陈清侨等，译. 北京：生活·读书·新知三联书店，1997：522.

原始社会或部落社会的典型代表，中国和印度则代表了亚细亚的生产方式。因此在阐述第三世界文学的时候，杰姆逊就是以非洲的奥斯曼尼·塞姆班内（Ousmane Sembene）和中国的鲁迅为例证的。在做出这样的区分之后，杰姆逊做出了一个理论假设，即"所有第三世界文化生产的相同之处和它们与第一世界类似的文化形式的十分不同之处。所有第三世界的文本均带有寓言性和特殊性：我们应该把这些文本当作民族寓言来阅读，特别当它们的形式是从占主导地位的西方表达形式的机制——例如小说——上发展起来的。可以用一种简单的方式来说明这种区别：资本主义文化的决定因素之一是西方现实主义的文化和现代主义的小说，它们在公与私之间、诗学与政治之间、性欲和潜意识领域与阶级、经济、世俗政治权力的公共世界之间产生严重的分裂。换句话说：弗洛伊德与马克思对阵"[①]。寓言作为一个文学范畴，在西方可谓是已经在故纸堆的边缘摇摇欲坠了，但是在当代的西方文艺理论中，这一古老的文学范畴逐渐出现了复活的态势。因为这一范畴"具有极度的断续性，充满了分裂和异质，带有与梦幻一样的多种解释，而不是对符号的单一的表述。它的形式超过了老牌现代主义的象征主义，甚至超过了现实主义本身"[②]。正是寓言本身所具有的这种异质性、流动性和意义

[①] 詹明信. 晚期资本主义的文化逻辑［M］. 张旭东，编. 陈清侨等，译. 北京：生活·读书·新知三联书店，1997：523.
[②] 詹明信. 晚期资本主义的文化逻辑［M］. 张旭东，编. 陈清侨等，译. 北京：生活·读书·新知三联书店，1997：528.

的多重性暗合了后现代主义的口味。但值得注意的是，在杰姆逊看来，所谓的民族寓言并不是铁板一块，也不具备固定不变的内涵和外延。西方文学中的民族寓言与第三世界的民族寓言之间存在着很大的差异。杰姆逊以西班牙作家班尼托·皮拉斯·卡多斯（Benito Perez Galdos）为例指出，卡多斯在作品中所描写的一个男人在两个女人之间的摇摆，其实是一种政治寓言，其真正的指向在于他在民族与国家之间、在1868年共和革命与1874年波旁王朝复辟之间的摇摆。因此，在面对这样的作品时，既可以将之读作"西班牙的命运的寓言式的评论"，也可以将之形容为"个人戏剧的比喻式的装饰"。[①] 寓言的重新出场，使我们得以发现寓言背后的政治与力比多（马克思与弗洛伊德）之间的对立。但在西方，在寓言被重新发现之前，这一对立是被遮蔽的。正是通过对寓言的再发现和再阐释，西方文艺理论才得以重新获取了文化政治的视角。更进一步，杰姆逊引用了德勒兹和加塔利的电影理论，认为二者对电影文本的分析就是一种典型的寓言式解读，只不过这种寓言结构并不显在地存在于西方文学文化文本中，而是潜藏在其潜意识里。在第三世界文学中，这种政治与力比多的对立与西方第一世界有着很大的差异，它们不是潜在的（潜意识），而是显在的（症候）。杰姆逊以对鲁迅先生《狂人日记》和《药》等文本的分析为例，指出正是第三世界文学对心理主义和自我指涉的疏离，使得其自身具有了一种寓

---

① 詹明信. 晚期资本主义的文化逻辑[M]. 张旭东, 编. 陈清侨等, 译. 北京：生活·读书·新知三联书店，1997：535.

言性质，"讲述关于一个人和个人经验的故事时最终包含了对整个集体本身的经验的艰难叙述"[①]。

其次，杰姆逊谈跨国资本主义时代第三世界文学的问题，谈后现代主义空间的"认知测绘"的问题，其最终的指向依然是西方马克思主义脉络中的文化政治的策略，也就是重新思考美学与政治的关系问题，试图通过二者的辩证统一来完成对社会主义乌托邦的构想。在论及这一问题的时候，杰姆逊首先引用了"文化革命"的概念，并指出了其与中国"文化大革命"以及列宁"文化革命"的本质不同。也正是在这一点上，杰姆逊拐进了西方马克思主义文化政治的死胡同，包括他念兹在兹的古巴文化革命最终都不可能完成对资本主义的结构性破坏，更遑论提出超克资本主义的替代性构想了。在具体的论述过程中，杰姆逊罗列出了一份长长的理论家的名单，包括葛兰西（Gramsci）、威尔汉姆·莱赫（Wilhelm Rerch）、福兰斯·范农（Frantz Fanon）、赫伯特·马尔库塞（Herbert Marcuse）、鲁道夫·巴罗（Rudolph Bahro）、保罗·福赫（Paolo Freire）等，试图以此框定自己的理论范围。他特别向葛兰西的"臣属"（subalternity）概念致敬，并在此基础上提出了"文化臣属"的概念。杰姆逊指出，所谓"臣属"是指"在专制的情况下必然从结构上发展的智力卑下和顺从遵守的习惯和品质，尤其存在于

---

① 詹明信. 晚期资本主义的文化逻辑 [M]. 张旭东, 编. 陈清侨等, 译. 北京：生活·读书·新知三联书店, 1997：545.

受到殖民化的经验之中"。① 值得注意的是，葛兰西的"臣属"这一概念颇受非议，杰姆逊并未在完成对这一概念批判的基础上使用它，导致其整个论述都存有漏洞。第三世界文学与文化要远比杰姆逊所想象的更为复杂，单一的"臣属"的概念不足以解释第三世界文学与文化的丰富性与复杂性。在面对第三世界文化与文学时，杰姆逊试图将"文化臣属"作为基本的观察视角，提出"如果我们要理解第三世界的知识分子、作家和艺术家所起的具体历史作用的话，我们必须在这种文化革命（目前对我们来说是陌生和异己）的语境之中来看待他们的成就和失败"②。遗憾的是，尽管杰姆逊也认识到了"当一个心理结构是由经济和政治关系而客观决定时，用纯粹的心理疗法是不能奏效的"③，但他依然没有摆脱西方马克思主义的固有立场，即"不能完全地按照经济和政治的转化方式来对待'臣属'，因为习惯依然残留着有害和破坏的效力"④。也就是说，杰姆逊依然秉持了西方马克思主义所固有的文化分析的立场，将经典马克思主义的分析路径简单地化约为"经济决定论"，试图通过文化政治的路径来寻找突破口。显然，后继的文化实践证明这只是一

---

① 詹明信. 晚期资本主义的文化逻辑 [M]. 张旭东，编. 陈清侨等，译. 北京：生活·读书·新知三联书店，1997：532.
② 詹明信. 晚期资本主义的文化逻辑 [M]. 张旭东，编. 陈清侨等，译. 北京：生活·读书·新知三联书店，1997：532.
③ 詹明信. 晚期资本主义的文化逻辑 [M]. 张旭东，编. 陈清侨等，译. 北京：生活·读书·新知三联书店，1997：532.
④ 詹明信. 晚期资本主义的文化逻辑 [M]. 张旭东，编. 陈清侨等，译. 北京：生活·读书·新知三联书店，1997：532.

厢情愿。对待资本主义的文化生产,显然必须回到政治经济学的理论视野和分析方法,即便面对的是第三世界的文化与文学,也同样如此。正因为有了全球资本主义这样一个潜在的或显在的对话对象,第三世界文学就不再只是第三世界的文学,而是全球资本主义空间中生长出的新的第三世界文学。

综上所述,面对晚期资本主义所开创出的一个崭新而复杂的空间,杰姆逊复活和扩展林奇的"认知测绘"这一概念并将其作为理解全球资本主义空间的重要手段。具体到文学批评中,杰姆逊试图通过分析全球资本主义遇到的主要障碍——以非洲为代表的原始社会或部落社会、亚细亚生产方式以及拉丁美洲的发展方式——来凸显第三世界文学之于理解全球空间的重构和资本主义生产方式的转变的重要意义,并最终得出跨国资本主义时代中的第三世界文学文本总是以一种民族寓言的方式来投射一种政治的结论。

如韦格纳的研究所指出的,对空间的关注,已经从诸多不同的角度进入了文学领域,如殖民和后殖民批评、女性主义批评、通俗文化研究、对文学经典的质疑、对文本内部空间地图的关注、对全球化语境下文学史和文学实践的关注等都体现出了当代西方不同于传统的空间观念。[1] 当代空间观念对文学领域的影响(或者反过来说,文学参与当代空间观念的形成),最根本的体现是文学与文学之外的世界的关系、文学文本空间及阐释、文学对现实的批判力量

---

[1] Julian Wolfreys. *Introducing Criticism at The 21st Century* [M]. Edinburgh: Edinburgh University Press, 2002: 181, 187, 189.

的呈现方式等这些基本的文学观念发生了有别于传统的变化。这些变化概括地说就是：文学空间不仅仅是现实空间的反映，其自身就是现实空间的重要组成，文学空间的生产、文学空间自身以及文学空间的阐释等都是多元的、异质性的、互文性的，文学对社会现实的批判力量的呈现最终借助于对文本的多次、多重阐释，文学阐释和研究本身成为文学空间介入现实、批判现实的一种空间结构。"空间批评"是在西方社会、思想、文化"空间转向"背景下，以新的空间观念为基础，实现文学研究的批判功能的一种新型批评形态。无论是威廉斯还是哈维，其对文学的空间批评都力图以"空间"为切入点来展开文学研究，在以"空间批评"作为文学研究的一种范式中，文学批评本身就由文学出发而指向了更为开阔的天地，进而成为西方知识分子尤其是马克思主义知识分子通过文学而介入现实、参与政治的一种独特方式。从马克思主义文学批评的整体传统而言，当代西方马克思主义空间批评贯穿了西方马克思主义的早期和后期（有些人物如哈维则被列为新马克思主义的重要代表而区分于之前的西方马克思主义），但更多的属于 20 世纪中后期，是西方马克思主义者或西方具有马克思主义思想传统的知识分子在新的社会历史语境中所做出的一种理论和批评回应。这种回应既是对西方社会语境的文化艺术表征的马克思主义回应，也是对马克思主义传统的回应。这种回应从根本上实现了马克思主义与"空间转向"的相互推进，实现了"空间转向"与文学研究的相互策应。当代西方马克思主义空间批评固然从整体上属于西方马克思主义传统，但从它越来越摆脱西方马克思主义哲学－文化批判而走向政治－经济批判的路径来看，它又更多地在向经典马克思主义回归。当然，这种回归在多大程度上能够让西方马克思主义的"书斋式"批判与革命走向经典马克思主义的实践性革命品格似乎尚待观察。或许，无论如何回归，无论是文化哲学批判还是政治经济批判，当代西方社会的语境和土壤毕竟已经迥异于马克思和恩格斯的时代，也必然迥异于与之同处"地球村"之中的社会主义社会，这就注定了它只可能仍然是西方激进知识分子从资本主义内部实现对资本主义的批判与抵制的途径或方式。正是在这个意义上，我们说，空间批评是西方马克思主义在西方社会的新转型时期，知识分子通过文化艺术等领域的学术研究和学术批判参与并推进西方社会发展，实现其通过自身方式影响社会现实的重要途径。也正是在这个意义上，我们认为，空间批评与马克思主义文学批评传统的其他形态或范式一样，寄寓着马克思主义知识分子的文化战略与文化理想。

结语

前文已经提及"后理论时期西方马克思主义文艺理论"并非一个具有恒定内在规定性的规范性概念，从某种意义上说，它是一个不断展开和丰富的描述性概念。它试图展现的是20世纪七八十年代以来，西方文化理论日渐陷入的深重危机，一方面是后继无人，另一方面是既有的概念、范畴、阐释框架都已过时，成为刻板的意识形态俗套。与此同时，伴随着东欧剧变、柏林墙的倒塌、苏联解体，以及新自由主义、保守主义的兴起，西方马克思主义既有的理论武器、分析方法在巨变的时代面前业已失效。晚期资本主义正在不以人的意志为转移地步入它的更高级阶段，特别是20世纪90年代"人类纪"或"后人类主义"等问题的提出更是提前耗尽了文化理论与西方马克思主义的思想资源。面对这样的现状，以伊格尔顿、巴迪欧、朗西埃、杰姆逊、哈维等为代表的西方左翼知识分子并没有缴械投降。相反，巨变的时代和每况愈下的境遇激发出了他们无穷的思想活力。其中又以巴迪欧、朗西埃这两位法语世界的理论家最为典型。他们以极富原创性的理论开辟出了西方马克思主义文艺理论的新天地，并通过自身的理论实践，为后继理论探索提供了诸多思想路径。"非美学思想""感性的分享/分配""艺术体制""电影寓言"等一系列新论题的提出，极大地拓展了传统西方马克思主义文艺理论的研究范围，更新了研究方法，转换了研究范式，开辟了新的研究方向。

回望西方马克思主义文艺理论的发展历程，无论是存在主义的马克思主义、精神分析的马克思主义，还是结构主义的马克思主义，基本上都没有真正摆脱资产阶级意识形态的笼罩。在全球资本主义日益精细化地渗透进社会每一个细胞的社会境况中，西方马克思主义文艺理论并没有真正掌握理论的主动权，其诸多议题或论题都是紧紧跟着资产阶级的发展在走的。这样一来，理论就变成了"实践清道夫"，而丧失了预流实践的基本功能。从这点说，西方马克思主义较之于经典马克思主义真可谓是"失之毫厘，差之千里"。因此，后理论时期的西方马克思主义从根本上说就是对传统西方马克思主义的纠偏与超克。特别是作为"五月风暴"亲历者成长的起来的巴迪欧、朗西埃等，更是在具体的革命实践中提升了自身的理论水平，形成了事实上的实践智慧。特别是巴迪欧对毛泽东的推崇和精深的理解，也从侧面印证了二者在实践智慧上的"相通"。这一点不仅在同时代的理论家中，甚至在整个西方马克思主义理论家中都是难能可贵的。也就是说，后理论时期的西方马克思主义文艺理论一方面承继了经典马克思主义的传统，即理论不只是解释世界，更重要的是改造世界。传统西方马克思主义正是在这点上与经典马克思主义发生了偏离，它长于对资本主义世界进行分析解释，而弱于对实践的预流和对世界的改造。另一方面，后理论时期的西方马克思主义文艺理论虽看似高蹈，甚至不乏艰涩、难以把握，但其理论与传统西方马克思主义文艺理论的最大区别就是其恰好是奠基于具体实践的。朗西埃的诗学、美学思想就是从对工人阶级运动的具体研究中开始的。换句话说，巴迪欧、朗西埃等人的理论之所以晦暗，不是源于他们自身的刻意追求，而是来自现实的晦暗。如果当代资本主义实行的是男耕女织、鸡犬之声相闻、老死不相往来的生产方式，那理论自然可以表述得澄明而自然。但当代资本主义已经发展到任何一个个体都无法把握其全貌的阶段了，甚至大数据、人工智能都只能把握这个世界的某一区块。在这样的时代中，理论只可能是晦暗的、艰涩的、难以理解的。在通过数据主义都无法了解这个世界的全貌时，也许剩下的就只有理论了。

此外，后理论时期的西方马克思主义文艺理论打开了一条全新的通向西方传统的通道。传统的西方马克思主义文艺理论的对话对象一般并不包括以苏格拉底、柏拉图、亚里士多德等为代表的古希腊思想，特别是古希腊的政治哲学。但伴随着保守主义的兴起，特别是古典学的兴盛，西方右翼知识分子试图从西方文明的源头去寻找现存秩序的合法性根基。在保守主义看来，马克思主义只是西方文明传统中的一条非常边缘化的支脉，重要的是苏格拉底开启的经柏拉图、亚里士多德到马基雅维利、卢梭、霍布斯再到尼采的这一思想脉络。面对这一强大的理论压力，巴迪欧、朗西埃、伊格尔顿等都不约而同地全面介入西方古典政治哲学的讨论。他们回溯并介入西方古典政治哲学的意图就是发现被哲学所压抑乃至阉割的政治。朗西埃认为，古典政治被政治哲学压缩成了"治安"；巴迪欧则认为是艺术产生真理，哲学从一开始就是为统治阶级设计完美的统治秩序的。后理论时期西方马克思主义文艺理论对古典政治哲学的介入一方面极大地拓展了西方马克思主义文艺理论的探讨范畴，使政治与文学、美学与政治、哲学与艺术、艺术与真理等论题被重新发现或激活；另一方面，也使得西方马克思主义本身得以逐渐转变"实践清道夫"的角色，能够更为主动地设置论题、预流实践并改造世界。

最后，由法国理论家列斐伏尔所开启的"空间批评"也是后理论时期西方马克思主义重大的收获之一。以戴维·哈维为代表的理论家，承继了经典马克思主义政治经济学的理论资源，并结合城市地理学、城市研究、城市文学等理论，对当代资本主义的发展现状做出了非常精准的判断和阐释。特别是对"历史－地理唯物主义"的发现，弥补了经典马克思主义关于资本主义诊断的不足，具有十分重要的理论价值和现实意义。历史－地理唯物主义所推动的文学的"空间批评"打开了文学研究的一条新的路径，并为其奠定了科学主义的基础。

综上，由于后理论时期西方马克思主义文艺理论是一个不断开放、不断生长的存在，而且本文所重点阐述的诸位理论家多还健在，且笔耕不辍，一直在面对巨变的资本主义社会并进行深入的理论思考和艰难的理论探索，所以后理论时期西方马克思主义文艺理论也是未完结的。期待能有更令知识界叹为观止的理论创造。

参考文献

一、伊格尔顿著作

（一）英文著作（以出版时间为序）

1. Terry Eagleton. *The New Left Church* [M]. London: Sheed & Ward, 1966.
2. Terry Eagleton. *Exiles And Émigrés: Studies in Modern Literature* [M]. New York: Schocken Books, 1970.
3. Terry Eagleton. *The Body as Language: Outline of a "New Left" Theology* [M]. London: Chatoo & Windus, 1970.
4. Terry Eagleton. *Criticism & Ideology* [M]. London: Verso, 1976.
5. Terry Eagleton. *Marxism and Literary Criticism* [M]. Otkland: The University of California Press, 1976.
6. Terry Eagleton. *Walter Benjamin, or, Towards a Revolutionary Criticism* [M]. London: Verso, 1981.
7. Terry Eagleton. *The Rape of Clarissa: Writing, Sexuality, and Class Struggle in Samuel Richardson* [M]. Minneapolis: University of Minnesota Press, 1982.
8. Terry Eagleton. *Literary Theory: An Introduction* [M]. Minneapolis: University of Minnesota Press, 1983.
9. Terry Eagleton. *The Function of Criticism* [M]. London: Verso, 1984.
10. Terry Eagleton. *Saint Oscar (a play about Oscar Wilde)* [M].

Hoboken: Wiley-Blackwell Publishing, 1997.

11. Terry Eagleton. *Saints and Scholars* [M]. London: Verso, 1987.

12. Terry Eagleton. *Raymond Williams: Critical Perspectives* [M]. Boston: Northeastern University Press, 1989.

13. Terry Eagleton. *The Significance of Theory* [M]. Hoboken: Wiley-Blackwell Publishing, 1989.

14. Terry Eagleton. *The Ideology of the Aesthetic* [M]. London: Blackwell Publishers, 1990.

15. Terry Eagleton. *Nationalism, Colonialism, and Literature* [M]. Minneapolis: University of Minnesota Press, 1990.

16. Terry Eagleton. *Ideology: An Introduction* [M]. London: Verso, 1991.

17. Terry Eagleton. *Wittgenstein* [M]. London: British Film Institute, 1993.

18. Terry Eagleton. *Literary Theory* [M]. Minneapolis: University of Minnesota Press, 1996.

19. Terry Eagleton. *The Illusions of Postmodernism* [M]. Hoboken: Wiley-Blackwell Publishing, 1996.

20. Terry Eagleton. *Heathcliff and the Great Hunger* [M]. London: Verso, 1996.

21. Terry Eagleton. *Marx and Freedom* [M]. London: Phoenix, 1997.

22. Terry Eagleton. *Crazy John and the Bishop and Other Essays on Irish Culture* [M]. Cork: Cork University Press, 1998.

23. Terry Eagleton. *The Idea of Culture* [M]. Hoboken: Wiley-Blackwell Publishing, 2000.

24. Terry Eagleton. *The Gatekeeper: A Memoir* [M]. New York: St. Martin's Griffin, 2001.

25. Terry Eagleton. *The Truth about the Irish* [M]. New York: St. Martin's Press, 2001.

26. Terry Eagleton. *Sweet Violence: The Idea of the Tragic* [M]. Hoboken: Wiley-Blackwell Publishing, 2002.

27. Terry Eagleton. *After Theory* [M]. London: Penguin, 2003.

28. Terry Eagleton. *Figures of Dissent: Reviewing Fish, Spivak, Zizek and Others* [M]. London: Verso, 2003.

29. Terry Eagleton. *The English Novel: An Introduction* [M]. Hoboken: Wiley-Blackwell Publishing, 2004.

30. Terry Eagleton. *Holy Terror* [M]. New York: Oxford University Press, 2005.

31. Terry Eagleton. *The Meaning of Life* [M]. New York: Oxford University Press, 2007.

32. Terry Eagleton. *How to Read a Poem* [M]. Hoboken: Wiley-Blackwell Publishing, 2007.

33. Terry Eagleton. *Trouble with Strangers: A Study of Ethics* [M]. Hoboken: Wiley-Blackwell Publishing, 2008.

34. Terry Eagleton. *Literary Theory* [M]. Minneapolis: University of Minnesota Press, 2008.

35. Terry Eagleton. *Reason, Faith, and Revolution: Reflections on the God Debate* [M]. New Haven and London: Yale University Press, 2009.

36. Terry Eagleton. *On Evil* [M]. New Haven and London: Yale University Press, 2010.

37. Terry Eagleton. *Why Marx Was Right* [M]. New Haven: Yale University Press, 2011.

38. Terry Eagleton. *The Great Philosophers: Marx* [M]. London: Weidenfeld & Nicolson, 2011.

39. Terry Eagleton. *The Event of Literature* [M]. New Haven and London: Yale University Press, 2012.

40. Terry Eagleton. *How to Read literature* [M]. New Haven and London: Yale University Press, 2013.

41. Terry Eagleton. *Culture and the Death of God* [M]. New Haven and London: Yale University Press, 2014.

42. Terry Eagleton. *Across the Pond: An Englishman's View of America* [M]. New York: W. W. Norton & Company, 2014.

43. Terry Eagleton. *Hope without Optimism* [M]. New Haven and London: Yale University Press, 2015.

44. Terry Eagleton. *Culture* [M]. New Haven and London: Yale University Press, 2016.

45. Terry Eagleton. *Materialism* [M]. New Haven and London: Yale University Press, 2017.

46. Terry Eagleton. *Radical Sacrifice* [M]. New Haven and London: Yale University Press, 2018.

(二) 中文译著 (以出版时间为序)

1. 伊格尔顿. 历史中的政治、哲学、爱欲 [M]. 马海良, 译. 北京: 中国社会科学出版社, 1999.
2. 伊格尔顿. 后现代主义的幻象 [M]. 华明, 译. 北京: 商务印书馆, 2000.
3. 特里·伊格尔顿. 审美意识形态 [M]. 王杰, 傅德根, 麦永雄, 译. 柏敬泽, 校. 桂林: 广西师范大学出版社, 2001.
4. 伊格尔顿. 沃尔特·本雅明: 或走向革命批评 [M]. 陆汉臻, 郭国良, 译. 南京: 译林出版社, 2005.
5. 伊格尔顿. 现象学, 阐释学, 接受理论 [M]. 王逢振, 译. 南京: 江苏教育出版社, 2006.
6. 特雷·伊格尔顿. 二十世纪西方文学理论 [M]. 伍晓明, 译. 北京: 北京大学出版社, 2007.
7. 特里·伊格尔顿. 甜蜜的暴力——悲剧的观念 [M]. 方杰, 方宸, 译. 南京: 南京大学出版社, 2007.
8. 特里·伊格尔顿. 理论之后 [M]. 商正, 译. 欣展, 校. 北京: 商务印书馆, 2009.
9. 特里·伊格尔顿. 马克思为什么是对的 [M]. 李杨, 任文科, 郑义, 译. 北京: 新星出版社, 2011.
10. 伊格尔顿. 人生的意义 [M]. 朱新伟, 译. 南京: 译林出版社,

2012.

11. 伊格尔顿. 异端人物 [M]. 陈叶，刘超，译. 南京：江苏人民出版社，2014.

12. 伊格尔顿. 论邪恶：恐怖行为忧思录 [M]. 林雅华，译. 长沙：湖南人民出版社，2014.

13. 伊格尔顿. 批评家的任务 [M]. 王杰，贾洁，译. 北京：北京大学出版社，2014.

14. 特里·伊格尔顿. 文学阅读指南 [M]. 范浩，译. 郑州：河南大学出版社，2015.

15. 特里·伊格尔顿. 如何读诗 [M]. 陈太胜，译. 北京：北京大学出版社，2016.

16. 伊格尔顿. 文化与上帝之死 [M]. 宋政超，译. 郑州：河南大学出版社，2016.

17. 特里·伊格尔顿. 文学事件 [M]. 阴志科，译. 郑州：河南大学出版社，2017.

二、阿兰·巴迪欧著作

（一）英译本（以出版时间为序）

1. Alain Badiou. *Manifesto for Philosophy* [M]. Translated by Norman Madarasz. Albany: State University of New York Press, 1999.

2. Alain Badiou. *Deleuze: The Clamor of Being* [M]. Translated by

Louise Burchill. Minneapolis: Minnesota University Press, 1999.

3. Alain Badiou. *Ethics: An Essay on the Understanding of Evil* [M]. Translated by Peter Hallward. London: Verso, 2001.

4. Alain Badiou. *On Beckett* [M]. Translated by Alberto Toscano and Nina Power. Manchester: Clinamen Press, 2003.

5. Alain Badiou. *Infinite Thought: Truth and the Return to Philosophy* [M]. Translated and edited by Oliver Feltham and Justin Clemens. New York: Continuum, 2003.

6. Alain Badiou. *Saint Paul: The Foundation of Universalism* [M]. Translated by Ray Brassier. Stanford: Stanford University Press, 2003.

7. Alain Badiou. *Theoretical Writings* [M]. Translated by Ray Brassier. New York: Continuum, 2004.

8. Alain Badiou. *Handbook of Inaesthetics* [M]. Translated by Alberto Toscano. Stanford: Stanford University Press, 2005.

9. Alain Badiou. *Metapolitics* [M]. Translated by Jason Barker. London: Verso, 2005.

10. Alain Badiou. *Briefings on Existenc: A Short Treatise on Transitory Ontology* [M]. Translated by Norman Madarasz. Albany: State University of New York Press, 2005.

11. Alain Badiou. *Being and Event* [M]. Translated by Oliver Feltham. New York: Continuum, 2005.

12. Alain Badiou. *Polemics* [M]. Translated by Steve Corcoran. London: Verso, 2007.

13. Alain Badiou. *The Century* [M]. Translated by Alberto Toscano. New York: Polity Press, 2007.

14. Alain Badiou. *The Concept of Model* [M]. Translated by Zachery Luke Fraser and Tzuchien Tho. Melbourne: Repress, 2007.

15. Alain Badiou. *Number and Numbers* [M]. Cambridge & Malden: Polity Press, 2008.

16. Alain Badiou. *The Meaning of Sarkozy* [M]. Translated by David Fernbach. London: Verso, 2008.

17. Alain Badiou. *Conditions* [M]. Translated by Steve Corcoran. New York: Continuum, 2009.

18. Alain Badiou. *Logics of Worlds: Being and Event*, Volume 2 [M]. Translated by Alberto Toscano. New York: Continuum, 2009.

19. Alain Badiou. *Pocket Pantheon: Figures of Postwar Philosophy* [M]. London & New York: Verso, 2009.

20. Alain Badiou. *Theory of the Subject* [M]. Translated by Bruno Bosteels. New York: Continuum, 2009.

21. Alain Badiou. *Philosophy in the Present* [M]. with Slavoj Zizek. Cambridge & Malden: Polity Press, 2009.

22. Alain Badiou. *The Communist Hypothesis* [M]. London & New York: Verso, 2010.

23. Alain Badiou. *Five Lessons on Wagner* [M]. Translated by Susan Spitzer. London & New York: Verso, 2010.

24. Alain Badiou. *Democracy in What State?* [M]. Translated by

William McCuaig. New York: Columbia University Press, 2010.

25. Alain Badiou. *Second Manifesto for Philosophy* [M]. Cambridge & Malden: Polity Press, 2011.

26. Alain Badiou. *Wittgenstein's Anti-Philosophy* [M]. Translated by Bruno Bosteels. London & New York: Verso, 2011.

27. Alain Badiou. *What Does a Jew Want? On Binationalism and Other Specters* [M]. Udi Aloni (Author), Slavoj Žižek (Contributor), Alain Badiou (Contributor), Judith Butler (Contributor). New York: Columbia University Press, 2011.

28. Alain Badiou. *In Praise of Love* [M]. Translated by Peter Bush. New York: The New Press, 2012.

29. Alain Badiou. *Plato's Republic* [M]. Cambridge & Malden: Polity Press, 2012.

30. Alain Badiou. *The Adventure of French Philosophy* [M]. Edited by Bruno Bosteels. London: Verso, 2012.

31. Alain Badiou. *The Rebirth of History: Times of Piots and Uprisings* [M]. Translated by Gregory Elliott. London & New York: Verso, 2012.

32. Alain Badiou. *Philosophy for Millitants* [M]. Translated by Bruno Bosteels. London & New York: Verso, 2012.

33. Alain Badiou. *Cinema* [M]. Translated by Susan Spitzer. Cambridge & Malden: Polity Press, 2013.

34. Alain Badiou. *Reflections on Anti-Semitism* [M]. with Eric

Hazan and Ivan Segre. London & New York：Verso，2013.

35. Alain Badiou. *Philosophy and the Event* [M]. Translated by Fabien Tarby. Cambridge & Malden：Polity Press，2013.

36. Alain Badiou. *Mathematics of the Transcendental：Onto-Logy and Being-There* [M]. Translated by A. J. Bartlett and Alex Ling. London：Bloomsbury Academic，2014.

（二）中译本（以出版时间为序）

1. 阿兰·巴迪欧. 世纪 [M]. 蓝江，译. 南京：南京大学出版社，2011.

2. 阿兰·巴迪欧，尼古拉·特吕翁. 爱的多重奏 [M]. 邓刚，译. 上海：华东师范大学出版社，2012.

3. 阿兰·巴迪欧. 哲学宣言 [M]. 蓝江，译. 南京：南京大学出版社，2014.

4. 阿兰·巴迪欧. 第二哲学宣言 [M]. 蓝江，译. 南京：南京大学出版社，2014.

5. 阿兰·巴迪欧. 小万神殿 [M]. 蓝江，译. 南京：南京大学出版社，2014.

6. 阿兰·巴丢. 圣保罗 [M]. 董斌孜孜，译. 桂林：漓江出版社，2015.

7. 阿兰·巴丢. 维特根斯坦的反哲学 [M]. 严和来，译. 桂林：漓江出版社，2015.

8. 阿兰·巴迪欧. 元政治学概述 [M]. 蓝江，译. 上海：复旦大学出版社，2015.

9. 阿兰·巴迪欧. 柏拉图的理想国［M］. 曹丹红，胡蝶，译. 郑州：河南大学出版社，2015.

10. 阿兰·巴迪欧. 当前时代的色情［M］. 张璐，译. 郑州：河南大学出版社，2015.

11. 阿兰·巴迪欧，让－克洛德·米尔纳. 论争：关于当代政治与哲学的对话［M］. 郑州：河南大学出版社，2016.

12. 巴迪乌，等. 巴迪乌论张世英（外二篇）［M］. 上海：上海三联书店，2016.

13. 阿兰·巴迪欧，芭芭拉·卡桑. 海德格尔：纳粹主义、女人和哲学［M］. 刘冰菁，译. 重庆：重庆大学出版社，2016.

14. 阿兰·巴迪欧. 瓦格纳五讲［M］. 艾士薇，译. 郑州：河南大学出版社，2017.

15. 阿兰·巴迪欧. 哲学与政治之间谜一般的关系［M］. 李佩纹，译. 北京：中央编译出版社，2017.

16. 阿兰·巴迪欧，斯拉沃热·齐泽克. 当下的哲学［M］. 蓝江，吴冠军，译. 北京：中央编译出版社，2017.

17. 阿兰·巴迪欧，吉尔·艾利. 数学颂［M］. 蓝江，译. 北京：中信出版社，2017.

18. 阿兰·巴迪欧. 存在与事件［M］. 蓝江，译. 南京：南京大学出版社，2018.

19. 阿兰·巴迪欧. 德勒兹：存在的喧嚣［M］. 杨凯麟，译. 南京：南京大学出版社，2018.

20. 阿兰·巴迪欧. 苏格拉底的第二次审判［M］. 胡蝶，译. 重庆：

西南师范大学出版社，2018.

三、雅克·朗西埃著作

（一）英译本（以出版时间为序）

1. Jacques Rancière. *The Night of Labor* [M]. Translated by John Drury. Philadelphia: Temple University Press, 1989.
2. Jacques Rancière. *The Ignorant Schoolmaster* [M]. Translated by Kristin Ross. Redwood City: Stanford University Press, 1991.
3. Jacques Rancière. *The Names of History: On the Poetics of Knowledge* [M]. Translated by Hassan Melehy. Minneapolis: University of Minnesota Press, 1994.
4. Jacques Rancière. *Dis-agreement* [M]. Translated by Julie Rose. Minneapolis: University of Minnesota Press, 1999.
5. Jacques Rancière. *The Philosopher and His Poor* [M]. Translated by John Drury. Corinne Oster and Andrew Parker, Durham: Duke University Press, 2003.
6. Jacques Rancière. *Short Voyages to the Land of the People* [M]. Translated by James B. Swenson. Redwood City: Stanford University Press, 2003.
7. Jacques Rancière. *The Flesh of Words* [M]. Translated by Charlotte Mandell. Redwood City: Stanford University Press, 2004.
8. Jacques Rancière. *The Politics of Aesthetics: The Distribution of*

the Sensible [M]. New York: Continuum, 2004.
9. Jacques Rancière. *Film Fables* [M]. Translated by Emiliano Battista. Providence: Berg Publishers, 2006.
10. Jacques Rancière. *Hatred of Democracy* [M]. Translated by Steven Corcoran. London: Verso, 2006.
11. Jacques Rancière. *The Future of the Image* [M]. Translated by Gregory Elliott. London: Verso, 2007.
12. Jacques Rancière. *On the Shores of Politics* [M]. Translated by Liz Heron. London: Verso, 2007.
13. Jacques Rancière. *The Aesthetic Unconscious* [M]. Cambridge: Polity Press, 2009.
14. Jacques Rancière. *Aesthetics and Its Discontents* [M]. Translated by Steven Corcoran. Cambridge: Polity Press, 2009.
15. Jacques Rancière. *The Emancipated Spectator* [M]. Translated by Gregory Elliott. London: Verso, 2009.
16. Jacques Rancière. *Chronicles of Consensual Times* [M]. Translated by Steven Corcoran. New York: Continuum, 2010.
17. Jacques Rancière. *Dissensus: On Politics and Aesthetics* [M]. Translated by Steven Corcoran. New York: Continuum, 2010.
18. Jacques Rancière. *Mallarmé: The Politics of the Siren* [M]. Translated by Steven Corcoran. New York: Continuum, 2011.
19. Jacques Rancière. *Mute Speech: Literature, Critical Theory, and Politics* [M]. Translated by James Swenson. New York: Columbia

University Press,2011.
20. Jacques Rancière. *Althusser's Lesson* [M]. Translated by Emiliano Battista. New York: Continuum,2011.
21. Jacques Rancière. *Democracy in What State? New Directions in Critical Theory* [M]. Translated by William McCuaig. New York: Columbia University Press,2011.
22. Jacques Rancière. *The Intellectual and His People: Staging the People Volume 2* [M]. Translated by David Fernbach. London: Verso,2012.
23. Jacques Rancière. *Aisthesis Scenes from the Aesthetic Regime of Art* [M]. Translated by Zakir Paul. London: Verso,2013.
24. Jacques Rancière. *Moments Politiques* [M]. Translated by Mary Foster. New York: Seven Stories Press,2014.
25. Jacques Rancière. *Figures of History* [M]. Translated by Julie Rose. Cambridge: Polity Press,2014.
26. Jacques Rancière. *The Intervals of Cinema* [M]. Translated by John Howe. London: Verso,2014.
27. Jacques Rancière, ed. *What is a People?* [M]. Translated by Jody Gladding. New York: Columbia University Press,2016.

（二）中译本（以出版时间为序）

1. 雅克·朗西埃. 政治的边缘 [M]. 姜宇辉,译. 上海：上海译文出版社,2007.

2. 雅克·朗西埃. 图像的命运［M］. 张新木，陆洵，译. 南京：南京大学出版社，2014.

3. 雅克·朗西埃. 文学的政治［M］. 张新木，译. 南京：南京大学出版社，2014.

4. 雅克·朗西埃. 哲学家和他的穷人们［M］. 蒋海燕，译. 南京：南京大学出版社，2014.

5. 雅克·朗西埃. 歧义：政治与哲学［M］. 刘纪蕙，等译. 西安：西北大学出版社，2015.

6. 雅克·朗西埃. 词语的肉身：书写的政治［M］. 朱康，朱羽，黄锐杰，译. 西安：西北大学出版社，2015.

7. 雅克·朗西埃. 沉默的言语：论文学的矛盾［M］. 臧小佳，译. 上海：华东师范大学出版社，2016.

8. 雅克·朗西埃. 对民主之恨［M］. 李磊，译. 北京：中央编译出版社，2016.

9. 雅克·朗西埃. 美感论：艺术审美体制的世纪场景［M］. 赵子龙，译. 北京：商务印书馆，2016.

10. 雅克·朗西埃. 历史之名：论知识的诗学［M］. 魏德骥，杨淳娴，译. 上海：华东师范大学出版社，2017.

11. 雅克·朗西埃. 马拉美：塞壬的政治［M］. 曹丹红，译. 郑州：河南大学出版社，2017.

12. 雅克·朗西埃. 贝拉·塔尔：之后的时间［M］. 尉光吉，译. 郑州：河南大学出版社，2017.

13. 雅克·朗西埃. 历史的形象［M］. 蓝江，译. 上海：华东师范大学出版社，2018.

14. 雅克·朗西埃. 美学的不满 [M]. 蓝江，李三达，译. 南京：南京大学出版社，2019.

四、其他文献

（一）英文文献

1. Adam Miller. *Badiou, Marion, and St. Paul: Immanent Grace* [M]. New York: Continuum, 2008.
2. A. J. Bartlett. *Badiou and Plato: An Education by Truths* [M]. Edinburgh: Edinburgh University Press, 2011.
3. David Alderson. *Terry Eagleton* [M]. New York: Palgrave Macmillan, 2004.
4. Andrew Gibson. *Beckett and Badiou: The Pathos of Intermittency* [M]. Oxford: Oxford University Press, 2006.
5. Antonio Calcagno. *Badiou and Derrida: Politics, Events, and Their Time* [M]. New York: Continuum, 2007.
6. Christopher Watkin. *Difficult Atheism: Post-Theological Thinking in Alain Badiou, Jean-Luc Nancy and Quentin Meillassoux* [M]. Edinburgh: Edinburgh University Press, 2011.
7. Daphne Pata, Will Corral. *Theory's Empire: An Anthology of Dissent* [C]. New York: Columbia University Press, 2005.
8. Gabriel Riera. *Alain Badiou: Philosophy and Its Conditions* [M].

New York: State University of New York Press, 2005.
9. Isaiah Berlin. *The Roots of Romanticism* [M]. Princeton: Princeton University Press. 1999.
10. Jean-Jacques Lecercle. *Badiou and Deleuze Read Literature* [M]. Edinburgh: Edinburgh University Press, 2010.
11. John Holbo. *Framing Theory's Empire* [C]. West Lafayette: Parlor Press, 2007.
12. Jon Roffe. *Badiou's Deleuze* [M]. Montreal & Kingston: Mc Gill-Queen's University Press, 2012.
13. Judith Butler, John Guillory, Kendall Thomas. *What's Left of Theory: New Work on the Politics of Literary Theory* [C]. New York: Routledge, 2000.
14. Julian Wolfreys. *Introducing Criticism at The 21st Century* [M]. Edinburgh: Edinburgh University Press, 2002.
15. Martin McQuillan, Graeme Macdonald, Robin Purves, Stephen Thomson. *Post-Theory: New Directions in Criticism* [C]. Edinburgh: Edinburgh University Press, 1999.
16. Michael Payne, John Schad. *Life After Theory* [C]. London: Continuum, 2003.
17. Noel Castree, Derek Gregory. *David Harvey: A Critical Reader* [M]. Oxford: Blackwell, 2006.
18. Oliver Marchart. *Post-Foundational Political Thought: Political Difference in Nancy, Lefort, Badiou and Laclau* [M].

Edinburgh：Edinburgh University Press，2007.
19. Paul Ashton, A. J. Bartlett, Justin Clemens. *The Praxis of Alain Badiou* [C]. London：Repress，2006.
20. Paul M. Livingston. *The Politics of Logic: Badiou, Wittgenstein, and the Consequences of Formalism* [M]. London：Routledge，2012.
21. Peter Hallward. *Badiou: A Subject to Truth* [M]. Minneapolis：University of Minnesota Press，2003.
22. Peter Hallward. *Think Again: Alain Badiou and the Future of Philosophy* [M]. London：Continuum，2004.
23. Richard Gilman-Opalsky. *Spectacular Capitalism: Guy Debord and the Practice of Radical Philosophy* [M]. London：Minor Compositions，2011.
24. Sam Gillespie. *The Mathematics of Novelty: Badiou's Minimalist Metaphysics* [M]. London：Repress，2008.
25. Smith. *Terry Eagleton: A critical Introduction* [M]. Cambridge：Polity Press，2008.

（二）中文文献

1. 路易·阿尔都塞. 保卫马克思 [M]. 顾良，译. 杜章智，校. 北京：商务印书馆，1984.
2. 阿尔都塞，巴里巴尔. 读《资本论》[M]. 李其庆，冯文光，译. 北京：中央编译出版社，2008.
3. 吉奥乔·阿甘本. 潜能 [M]. 王立秋，严和来，译. 桂林：漓江出版社，2014.

4. 艾布拉姆斯. 镜与灯 [M]. 郦稚牛，张照进，童庆生，译. 北京：北京大学出版社，2004.

5. 爱德蒙森. 文学对抗哲学——从柏拉图到德里达 [M]. 王柏华，马晓冬，译. 北京：中央编译出版社，2000.

6. 佩里·安德森. 后现代性的起源 [M]. 王晶，译. 台北：联经出版事业公司，1999.

7. 巴特雷，克莱门斯，编. 巴迪欧：关键概念 [M]. 蓝江，译. 重庆：重庆大学出版社，2016.

8. 包亚明. 现代性与空间的生产 [M]. 上海：上海教育出版社，2003.

9. 本雅明. 德国悲剧的起源 [M]. 陈永国，译. 北京：文化艺术出版社，2011.

10. 本雅明. 发达资本主义时代的抒情诗人 [M]. 张旭东，魏文生，译. 北京：生活·读书·新知三联书店，1989.

11. 柏拉图. 理想国 [M]. 王扬，译注. 北京：华夏出版社，2012.

12. 波微. 拉康 [M]. 牛宏宝，陈喜贵，译. 北京：昆仑出版社，1999.

13. 布里曼. 迪斯尼风暴 [M]. 北京：中信出版社，2006.

14. 布鲁姆. 如何读，为什么读 [M]. 黄灿然，译. 南京：译林出版社，2015.

15. 柴焰. 伊格尔顿文艺思想研究 [M]. 青岛：中国海洋大学出版社，2004.

16. 陈晓明. 后现代主义 [M]. 郑州：河南大学出版社，2004.

17. 陈学明. "西方马克思主义"命题辞典 [M]. 北京：东方出版社，2004.

18. 陈永国. 激进哲学：巴丢读本 [M]. 北京：北京大学出版社，2010.

19. 程镇海. 全球化语境下马克思主义文论中国化研究 [M]. 上海：上海三联书店，2014.

20. 道格拉斯·凯尔纳. 波德里亚：一个批判性读本 [M]. 陈维振，陈明达，王峰，译. 南京：江苏人民出版社，2008.

21. 德波. 景观社会评论 [M]. 梁虹，译. 桂林：广西师范大学出版社，2007.

22. 德波. 景观社会 [M]. 张新木，译. 南京：南京大学出版社，2017.

23. 德里达. 马克思的幽灵 [M]. 何一，译. 北京：人民大学出版社，2008.

24. 斯坦利·费什. 读者反应批评：理论与实践 [M]. 文楚安，译. 北京：中国社会科学出版社，1998.

25. 米歇尔·福柯. 规训与惩罚：监狱的诞生 [M]. 刘北成，杨远婴，译. 北京：生活·读书·新知三联书店，1999.

26. 弗朗西斯·福山. 历史的终结与最后的人 [M]. 陈高华，译. 孟凡礼，校译. 桂林：广西师范大学出版社，2014.

27. 歌德伯戈，钦洛依. 城市土地经济学 [M]. 国家土地管理局科技宣教司，译. 北京：中国人民大学出版社，1990.

28. 戈尔曼. "新马克思主义"传记辞典 [M]. 赵培杰，李菱，邓玉庄，等译. 重庆：重庆出版社，1990.

29. 格雷林. 维特根斯坦与哲学［M］. 张金言，译. 南京：译林出版社，2013.

30. 管晓刚. 马克思技术实践论思想研究［M］. 太原：山西教育出版社，2011.

31. 伊恩·哈金. 驯服偶然［M］. 刘钢，译. 北京：中央编译出版社，2000.

32. 大卫·哈维. 巴黎城记——现代性之都的诞生［M］. 黄煜文，译. 桂林：广西师范大学出版社，2010.

33. 戴维·哈维. 后现代的状况——对文化变迁之缘起的探究［M］. 阎嘉，译. 北京：商务印书馆，2003.

34. 哈维. 叛逆的城市——从城市权利到城市革命［M］. 叶齐茂，倪晓晖，译. 北京：商务印书馆，2014.

35. 哈维. 希望的空间［M］. 胡大平，译. 南京：南京大学出版社，2006.

36. 哈维. 正义、自然和差异的地理学［M］. 胡大平，译. 上海：上海人民出版社，2010.

37. 哈维. 资本之谜：人人需要知道的资本主义真相［M］. 陈静，译. 北京：电子工业出版社，2011.

38. 海德格尔. 林中路（修订本）［M］. 孙周兴，译. 上海：上海译文出版社，2008.

39. 海伍德. 政治学核心概念［M］. 吴勇，译. 天津：天津人民出版社，2008.

40. 黄应全. 西方马克思主义艺术观研究［M］. 北京：北京大学出版社，2009.

41. 杰姆逊. 后现代主义与文化理论［M］. 唐小兵，译. 北京：北京大学出版社，1997.

42. 卡勒. 当代学术入门：文学理论［M］. 李平，译. 沈阳：辽宁教育出版社，1998.

43. 凯尔纳. 媒体奇观：当代美国社会文化透视［M］. 史安斌，译. 北京：清华大学出版社，2003.

44. 克拉克. 财富的分配［M］. 陈福生，陈振骅，译. 北京：商务印书馆，1981.

45. 拉库－拉巴尔特，让－吕克·南希. 文学的绝对：德国浪漫派文学理论［M］. 张小鲁，李伯杰，李双志，译. 南京：译林出版社，2012.

46. 李海峰. 维特根斯坦语言哲学评析［M］. 北京：中国社会科学出版社，2012.

47. 利科. 解释的冲突［M］. 莫伟民，译. 北京：商务印书馆，2007.

48. 利科. 从文本到行动［M］. 夏小燕，译. 上海：华东师范大学出版社，2014.

49. 列斐伏尔. 美学概论［M］. 杨成寅，姚岳山，译. 北京：朝花美术出版社，1957.

50. 林奇. 城市的印象［M］. 项秉仁，译. 北京：中国建筑工业出版社，1990.

51. 林骊珠. 亚里士多德、上帝与马克思的邂逅：伊格尔顿的马克思主义伦理－政治批评研究［M］. 北京：中国社会科学出版社，2015.

52. 卢卡奇. 历史与阶级意识［M］. 杜章智，等译. 北京：商务印书馆，1992.

53. 戴维·洛奇. 写作人生［M］. 金晓宇，译. 郑州：河南大学出版社，2015.

54. 罗森. 诗与哲学之争——从柏拉图到尼采、海德格尔［M］. 张辉，译. 北京：华夏出版社，2004.

55. 马海良. 文化政治美学［M］. 北京：中国社会科学出版社，2004.

56. 马克思. 资本论（第三卷）［M］. 中共中央马恩列斯著作编译局，译. 北京：人民出版社，2004.

57. 马克思，恩格斯. 马克思恩格斯文集［M］. 中共中央马克思恩格斯列宁斯大林著作编译局. 编译. 北京：人民出版社，2009.

58. 麦克莱伦. 马克思以后的马克思主义［M］. 李智，译. 中国人民大学出版社，2004.

59. 曼德尔. 晚期资本主义［M］. 马清文，译. 哈尔滨：黑龙江人民出版社，1983.

60. 托马斯·皮凯蒂. 21世纪资本论［M］. 巴曙松，等译. 北京：中信出版社，2014.

61. 瑙曼，等. 作品、文学史与读者［M］. 李智，译. 北京：文化艺术出版社，1997.

62. 斯拉沃热·齐泽克. 意识形态的崇高客体［M］. 季广茂，译. 北京：中央编译出版社，2002.

63. 乔瑞金. 英国的新马克思主义 [M]. 北京：人民出版社，2012.

64. 让—菲利普·德兰蒂. 朗西埃：关键概念 [M]. 李三达，译. 重庆：重庆大学出版社，2018.

65. 戈兰·瑟伯恩. 从马克思主义到后马克思主义？[M]. 孟建华，译. 北京：社会科学文献出版社，2011.

66. 列维—施特劳斯. 野性的思维 [M]. 李幼燕，译. 北京：商务印书馆，1987.

67. 卡尔·施米特. 政治的概念 [M]. 刘宗坤，等译. 上海：上海人民出版社，2004.

68. 列维—施特劳斯. 自然权利与历史 [M]. 彭刚，译. 北京：生活·读书·新知三联书店，2003.

69. 斯通普夫，菲泽. 西方哲学史（第七版）[M]. 丁三东，等译. 邓晓芒，校. 北京：中华书局，2004.

70. 宋伟. 后理论时代的来临：当代社会转型中的批评理论重构 [M]. 北京：文化艺术出版社，2011.

71. 田龙过. 后现代文学提问方式及问题域转换研究 [M]. 北京：中国社会科学出版社，2012.

72. 汪晖. 去政治化的政治——短 20 世纪的终结与 90 年代 [M]. 北京：生活·读书·新知三联书店，2008.

73. 汪民安. 生产："五月风暴"四十年反思 [M]. 桂林：广西师范大学出版社，2008.

74. 王宁. "后理论时代"的文学与文化研究 [M]. 北京：北京大学出版社，2009.

75. 王晓群. 理论的帝国［M］. 北京：中国社会科学出版社，2004.

76. 威廉斯. 关键词［M］. 刘建基，译. 生活·读书·新知三联书店，2005.

77. 维特根斯坦. 哲学研究［M］. 汤潮，范光棣，译. 北京：生活·读书·新知三联书店，1992.

78. 沃林. 东风：法国知识分子与20世纪60年代的遗产［M］. 董树宝，译. 北京：中央编译出版社，2017.

79. 斯图亚特·西姆. 后马克思主义思想史［M］. 吕增奎，陈红，译. 南京：江苏人民出版社，2011.

80. 徐飞. 马克思主义哲学与后现代主义的比较［M］. 北京：知识产权出版社，2006.

81. 亚里士多德. 诗学［M］. 罗念生，译. 上海：上海人民出版社，2005.

82. 伊瑟尔. 阅读行为［M］. 金慧敏，译. 长沙：湖南文艺出版社，1991.

83. 伊瑟尔. 怎样做理论［M］. 朱刚，译. 南京：南京大学出版社，2008.

84. 英加登. 对文学的艺术作品的认识［M］. 陈燕谷，译. 北京：中国文联出版公司，1988.

85. 詹明信. 晚期资本主义的文化逻辑［M］. 张旭东，编. 陈清侨，等译. 北京：生活·读书·新知三联书店，1997.

86. 詹姆逊. 詹姆逊文集（第一卷）：新马克思主义［M］. 王逢振，编. 北京：中国人民大学出版社，2004.

87. 詹姆逊. 詹姆逊文集（第四卷）：现代性、后现代性和全球化 [M]. 王逢振，编. 北京：中国人民大学出版社，2004.
88. 张亮. 英国新左派思想家 [M]. 南京：江苏人民出版社，2010.
89. 张一兵. 文本的深度耕犁：后马克思思潮哲学文本解读（第二卷） [M]. 北京：中国人民大学出版社，2008.
90. 张一兵. 问题式、症候阅读与意识形态：关于阿尔都塞的一种文本学解读 [M]. 北京：中央编译出版社，2003.
91. 周凡. 后马克思主义：批判与辩护 [M]. 北京：中央编译出版社，2007.